따라하기만 해도 복을 받는

가정예배

따라하기만 해도 복을 받는 가정예배

저자 김대동

초판 1쇄 발행 2024. 12. 18.

발행처 도서출판 브니엘
발행인 권혁선

책임교정 조은경
책임영업 기태훈

등록번호 서울 제2006-50호
등록일자 2006. 9. 11.

서울특별시 송파구 백제고분로28길 25 B101호 (05590)
마케팅부 02)421-3436
편 집 부 02)421-3487
팩시밀리 02)421-3438

ISBN 979-11-93092-31-6 03230

독자의견 02)421-3487
이 메 일 editorkhs@empal.com

북카페 주소 cafe.naver.com/penielpub.cafe
인스타그램 @peniel_books

도서출판 브니엘은 독자들의 원고를 설레는 마음으로 기다리고 있습니다.
위의 이메일로 간단한 기획 내용 및 원고, 연락처 등을 보내주십시오.

도서출판 브니엘은 갓구운 빵처럼 항상 신선한 책만을 고집합니다.

따라하기만 해도
복을 받는
가정예배

김대동 | 지음

브니엘

"가정예배는 흉내만 내도 복을 받는다." 이 말은 필자가 목회를 하며 끊임없이 강조한 내용입니다. 이것은 사실입니다. 가정예배는 흉내만 내도 복을 받는 이유는 세 가지로 정리할 수 있습니다. 첫째로 우리는 가정예배를 통해서 통합세대 전체의 신앙을 새롭게 할 수 있습니다. 특별히 이 책을 통해 가정예배를 드리면 성경의 큰 흐름을 이해할 수 있고 성경의 가치관을 따라 우리의 신앙을 새롭게 할 수 있습니다. 둘째로 우리는 가정예배를 통하여 다음 세대를 신앙으로 잘 양육할 수 있습니다. 이스라엘의 신앙은 가정을 통해 자녀들에게 전수되었습니다. 그래서 이 책의 가정예배를 따라 하기만 하면 자녀들의 신앙을 새롭게 할 수 있습니다. 셋째로 우리는 가정예배를 통하여 행복한 가정을 이룰 수 있습니다. 가정예배를 드릴 때 삶과 신앙의 대화를 주고받을 수밖에 없는데, 바로 이 대화를 통해서 가족들이 서로 이해하고 사랑하며 참 행복한 가정을 이룰 수 있게 되는 것입니다. 그래서 "가정예배는 흉내만 내도 복을 받는다"라는 이 말은 진리입니다.

이 책은 기존에 나와 있는 다양한 가정예배문의 형식과 구성을 자세히 조사하고 각각의 장단점을 분석하여 완전히 새롭게 구성하였습니다. 특히 필자는 가정예배야말로 이 시대 우리의 신앙을 지켜내는 가장 중요한 신앙 행위임을 마음 깊이 자각하였고, 그 뒤로 연구에 연구를 거듭하여 오늘 이와 같은 가정예배서를 펴내게 되었습니다. 그러므로 이 책을 잘 활용하기만 하면 멈추지 않는 가정예배를 통하여 기존 통합 세대의 신앙 지키기와 다음 세대의 신앙 양육에 큰 도움을 주리라 확신합니다.

이 책만이 가진 몇 가지 특징과 장점을 기술하면 다음의 5가지로 요약할 수 있습니다. 첫째, 이 책의 가정예배문은 전체가 풀텍스트(full-text)로 구성되어 있어서 읽기만 해도 은혜가 됩니다. 장년은 물론 노년에도 풀텍스트의 내용은 크게 은혜를 끼칠 수가 있고, 특히 글을 떠듬떠듬 읽는 어린 자녀들도 가정예배문의 내용을 읽어나가는 중에 쉽고 재미있게 그 메시지를 체득할 수 있습니다. 둘째, 이 책의 가정예배문은 쉽고 이해하기 쉬울 뿐만 아니라 아주 흥미 있는 풀텍스트로 구성되어 있어서 자녀들도 주체가 되어 가정예배를 인도할 수 있습니다. 이것은 우리 자녀들의 인성과 사회성 발달에 큰 훈련이 될 것입니다. 셋째, 이 책의 가정예배문은 기독교적 가치관을 익히는 데 탁월한 내용으로 구성되어 있습니다. 포스트모더니즘이 가득하고 탈종교화 및 배교가 밀려오는 시대 속에서 이 세태에 휩쓸리지 않고 기독교적 가치관을 잘 지켜내는 것은 이 시대에 너무나 중요한 실천이 아닐 수 없습니다. 그런데 바로 이 가정예배문은 이와 같은 가치관 훈련에 적격이어서 우리 가정을 믿음으로 지켜내는 데 대단히 유용합니다. 넷째, 이 책의 가정예배문에 사용된 성경은 개역성경 개정판이며 찬송은 장년예배 시에 사용하는 찬송가입니다. 그래서 이 가정예배문을 통하여 개역성경의 정신을 알려주고, 또 함께 찬송가를 부르며 나아갈 때 우리 가정의 신앙은 후대에 아름답게 전수될 수 있습니다. 다섯째, 이 책의 가정예배문 내용은 '성경의 153개 핵심 주제'를 따라가고 있습니다. 그러므로 이 책을 따라 가정예배를 드리면 성경의 큰 흐름을 이해할 수 있게 되고, 신학과 신앙의 균형을 갖도록 도와주며, 무엇보다 기독교적 가치관을 체득할 수 있도록 이끌어 줍니다. 그러므로 이 가정예배서의 순서를 따라 가정예배를 성실히 진행하기만 하면 그 신앙적 유익은 실로 엄청날 것입니다.

오늘날 이 시대 그리스도인들은 물신주의(mammonism), 세속주의(secularism), 쾌락주의(hedonism), 이기주의(egoism), 포스트모더니즘(postmodernism)의 도전 앞에 무방비로 노출되어 있습니다. 더더군다나 우리의 자녀들은 점점 더 신앙에서 멀어지고 있고 다음 세대의 신앙문제는 큰 위기 상황이 아닐 수 없습니다. 바로 이와 같은 시점에 필자는 가정예배야말로 이 시대 기성세대와 우리 다음 세대의 신앙을 새롭게 하는 가장 중요한 실천이라고 확신합니다. 그래서 이 책을 잘 활용하여 독자 여러분의 가정이 믿음의 명품 가문이 되고 다음 세대 신앙 양육에 성공하여 참으로 행복하고 아름다운 가정을 꼭 이루시기를 기원합니다.

이 책이 나오기까지 기꺼이 가정예배를 실천해주신 분당구미교회의 교우들에게 진심으로 감사를 드립니다. 날마다 아름다운 목적을 향해 함께 걸어가 주신 당회원과 동역자들의 사랑과 섬김에도 깊은 감사를 드립니다. 이 시대 가정예배가 얼마나 중요한지 알아주시고 기꺼이 이 책을 출판해 주신 브니엘 출판사 직원들께도 깊은 감사를 드립니다. 이 책을 쓸 수 있도록 언제나 곁에서 지지와 격려를 아끼지 않는 아내와 두

딸에게 온 마음을 다해 감사를 전합니다. 무엇보다 이 책이 나오기까지 날마다 선한 길로 인도해 주신 하나님께 모든 영광을 올려드립니다.

간절히 바라기는, 이 책을 통하여 이 땅의 교회들이 꼭 회복되었으면 참 좋겠습니다. 이 책을 통하여 그리스도인들의 가정들이 진정으로 행복해졌으면 정말 좋겠습니다. 이 책을 통하여 우리의 다음 세대가 진실로 신앙의 사람들이 되었으면 정말 좋겠습니다.

안타깝게도 지금 세계교회는 자꾸만 영적 불씨가 꺼져가고 있습니다. 포스트모더니즘의 시대에 탈종교화와 배교의 현상은 전 세계교회를 강타하고 있습니다. 그래도 아직도 남아 있는 한국교회의 불씨가 다시금 되살아나 세계교회를 살리는 역사가 일어나기를 간절히 소망합니다. 이처럼 한국교회를 살리는 불쏘시개의 역할을 이 작은 책이 감당할수 있게 되기를 바랄 뿐입니다.

글쓴이 김대동

C·O·N·T·E·N·T·S
차 례

가정예배,
이렇게 드리면 복을 받는다

가정예배, 왜 드려야 하는가?

심각한 신앙의 위기

오늘날 한국교회는 성장이 둔화되고 오히려 빙하기를 맞이하고 있습니다. 교인들의 숫자는 감소하고 있으며 사회적 영향력도 크게 줄어들고 있습니다. 이와 같은 모습은 우리나라가 경제적으로 많은 성장을 이루고 주 5일제가 실시된 2004년부터 본격적으로 시작되었으며, 특히 최근 국민소득 3만 달러를 달성한 이후부터는 더욱더 가속화되어 가고 있습니다. 이것은 이미 서구 기독교 국가에서 공통으로 일어난 현상이며, 국민소득 3만 달러를 달성한 이후에도 계속해서 교회가 부흥 성장한 예는 찾아보기 힘듭니다.

그래서 지금 많은 현대의 그리스도인들은 교회생활이나 믿음생활을 자신들의 여러 생활의 한 영역에 불과한 것으로 생각하고 있습니다. 그야말로 피자파이 한 조각의 신앙이 되고 말았습니다. 결국 한 세대 전에 우리 선배들의 신앙이 절대적인 신앙이었다면 지금은 상대적인 신앙이 되고 만 것입니다. 바로 이와 같은 현상이 지난 20년 동안 한국교회에 물밀듯이 밀어닥쳐 왔습니다. 그 결과 한국교회도 서구교회들처럼 성장이 멈춰버렸고, 신앙의 빙하기를 맞이하고 있는 것입니다.

이미 우리는 서구 기독교의 흥망성쇠 과정을 통하여 많은 교훈을 받아왔습니다. 성도들이 썰물처럼 사라지고 무늬만 교회인 건물들, 심지어는 예배당이 매각되어 쇼핑센터나 식당이나 술집으로 변해 버린 곳도 많습니다. 한국교회는 서구교회의 전철을 밟지 않을 것이라고 호언장담하던 때도 있었지만 지금은 한국교회도 급격하게 쇠락의 길을 걸어가고 있습니다. 최근에는 부도가 나서 교회 문이 닫히고 건물이 매각되는 사례도 상당히 늘어나고 있습니다.

이런 분위기 속에서 기독교에 찬물을 끼얹는 일들이 계속해서 언론 매체에 보도되고 있습니다. 종교 관련 설문조사를 할 때마다 사람들이 한국교회에 크게 바라는 점이 있다는 것을 알 수 있는데, 그것은 다름 아닌 교회의 도덕성 회복입니다. 안타깝게도 오늘날 한국교회는 도덕성의 약화로 인하여 온전히 교회의 사명을 감당하지 못하고 있는 것이 현실입니다. 그래서 지금 한국교회는 오히려 사회로부터 지탄의 대상이 되고 있습니다. 교회가 사회를 걱정해야 하는데 거꾸로 사회가 교회를 걱정하는 상황이 되고 말았습니다.

이러한 혼란스러운 상황을 타개하기 위해서 우리는 현실을 직시할 필요가 있습니다. 그리고 무엇이 우리 한국교회를 쇠락하게 하는지 명확하게 분별해야 합니다. 그 후에야 이 어려움을 극복할 수 있는 바른 가치관을 제시해 줄 수 있기 때문입니다.

오늘날의 시대상을 한 단어로 말한다면 포스트모더니즘 시대라고 할 수 있습니다. 포스트모더니즘은 인류가 지금까지 구축한 지극히 합리

적이고 이성적인 가치관의 집대성인 모더니즘을 해체하는 사조입니다. 그래서 근대의 이성 중심 사조에 반하는 반이성적인 사조이고 기존의 절대적 가치 체계를 거부하고 모든 것을 상대주의적 관점에서 바라보는 개념이 그 특징입니다. 그렇기에 이런 상대주의적 관점은 기존의 가치체계, 도덕, 윤리, 종교 등을 거부하고 각자의 감각과 만족을 중요시하는 지극히 개인주의적 성향을 갖게 만드는 것입니다.

바로 이와 같은 풍토가 사회 전반에 밀어닥침으로 인하여 오늘날 기독교적 가치관은 크게 위협받고 있습니다. 왜냐하면 우리 기독교는 절대 가치의 신앙을 붙들고 있는데, 포스트모더니즘은 모든 것을 다 상대화시킴으로 기독교 신앙에 큰 위협이 되는 것입니다. 그래서 오늘날은 마치 사사 시대처럼 사람들이 자기 소견에 옳은 대로 행하고 있는 포스트모더니즘의 시대이므로 우리가 기독교 신앙의 가치를 지켜내기는 무척 어려운 일이 아닐 수 없습니다.

그뿐만 아니라 오늘날은 오직 돈이면 다 된다는 생각을 가지고 물신(mammon)을 섬기는 맘몬이즘(mammonism)의 도전도 아주 거셉니다. 사람들은 마치 돈을 하나님처럼 섬기며 잘 먹고 잘사는 일에 몰두하고 있습니다. 그리고 세속주의(secularism)는 영적인 세계를 무시하고 이 세상이 전부라고 생각하는 가치관인데 기독교의 복음도 세속주의를 만나면서 복음의 절대성과 순수성을 잃어버리고 혼합주의로 변질되고 있습니다. 또 한 가지, 쾌락주의(hedonism)는 인생은 그저 행복하고 즐거워야 한다고 생각하는 가치관인데 기복주의의 모습으로 나타나 우리 기독교에 큰 도전이 되고 있습니다. 쾌락주의에 빠지면 영적인 눈이 멀게 되고 지극히 세속적인 것만 추구하게 되는 것입니다. 마지막으로 이기주의(egoism)는 그저 자신의 욕심을 채우고 오직 자기의 유익을 도모하며 지극히 자기중심적으로 살아가는 가치관입니다. 이것은 하나님 사랑과 이웃 사랑의 하나님의 원래 계획(original design)을 거부하는 참으로 심각한 도전이 아닐 수 없습니다.

이렇게 거대 시대풍조가 밀려오는 세상 가운데서 우리가 참된 그리스도인이라면 깊은 영적 고민을 감당할 수밖에 없습니다. 그래서 거대 시대풍조에 잠식당하는 나의 신앙을 바라보며 고뇌해야 합니다. 탈종교화로 말미암아 교회가 위축되고 쇠락하는 모습을 바라보고 아파해야 합니다. 한국교회가 하나님의 영광을 잃어버리고 있는 모습을 바라보며 탄식해야 합니다.

특히 우리는 이제 이러한 상황 속에서 가치관의 문제에 집중할 수밖에 없습니다. 오늘날 그리스도인들과 교회가 절실히 회복해야 하는 것은 바로 기독교적 가치관입니다. 우리가 지향하는 기독교적 가치관을 회복하려면 오직 예수님을 붙들고 '예수님이라면 어떻게 하실까' 하는 마음으로 이 거대한 시대적 흐름을 거슬러 올라가는 용기와 지혜가 필요합니다. 그래야만 그리스도인들이 세상 풍파에 휩쓸리지 않고 묵묵히 믿음의 길을 걸어갈 수 있는 것입니다. 지금 우리가 기독교적인 가치관을 회복하지 못한다면 우리의 다음 세대인 자녀들 세대에는 기독교적 가치관 자체가 아예 찾아볼 수 없는 유물이 되어버릴지도 모르는 일입니다. 진실로 지금은 영적으로 대오각성해야 할 때가 아닐 수 없습니다.

그리고 또 한편 참 중요한 것은 기성세대의 신앙뿐만 아니라 신앙의 계승문제 역시 지금의 한국교회가 당면한 가장 중요하고도 시급한 과제입니다. 청소년들과 대학생들을 대상으로 한 최근 조사에 따르면 기독교를 자신의 신앙으로 고백하고 교회에 출석하는 비율이 3~5%라는 충격적인 결과가 나왔습니다. 참으로 안타까운 지표가 아닐 수 없습니다.

한국교회 성도들의 분포도가 전에는 삼각형 구조였는데 이제는 역삼각형 구조가 되고 말았습니다. 최근에는 이것이 더욱더 가속화되어 요 몇 년 사이에 이제는 아주 T자형으로 빠르게 변형되고 있습니다. 이것은 한국교회가 신앙의 대잇기에 실패하고 있음을 잘 알려주는 지표들입니다. 이를 해결하기 위해 한국교회는 다음 세대의 신앙 계승문제를 놓고 많은 고심을 하고 있지만 뚜렷한 대안을 제시하지 못하고 있습니다.

사실 교회학교에서 진행하는 주일 1시간의 신앙교육으로는 우리의 다음 세대 신앙 양육의 문제를 해결하기에는 역부족이라 할 수 있습니다. '168:1' 이라는 숫자가 말해주듯이 교회 교육 1시간으로는 일주간의 168시간을 이길 수는 없습니다. 우리의 다음 세대 신앙 양육은 교회 교육만이 아니라 우리의 각 가정 안에서도 반드시 이루어져야 합니다. 바로 이런 의미에서 가정은 핵심적인 신앙교육의 장이 되어야만 하고 신앙교육의 주체는 부모가 되어야만 하는 것입니다. 바로 이와 같은 가정 신앙교육을 통해 자녀들은 부모의 신앙을 배우게 되고 말씀 속에서 기독교적 가치관을 배우게 되는 것입니다. 그렇게 될 때 우리의 자녀들은 사사기 2장 10절에서 안타까이 외치는 말씀대로 '다른 세대'(another generation)가 아니라 신앙으로 세워지는 진정한 '다음 세대'(next generation)로 일어설 수 있게 되는 것입니다.

가정예배를 드려야 하는 이유

가정은 하나님께서 직접 만드신 가장 기본적인 인간 최초의 기관입니다. 하나님은 가정을 통하여 인간의 삶이 영위되도록 하셨고 가정을 통하여 자손이 번성하도록 하셨습니다. 무엇보다 하나님은 가정을 통하여 신앙의 유산이 자손 대대로 물려지도록 계획하셨습니다. 그러므로 기독교 가정은 예수 그리스도를 주로 영접한 공동체로서 그 자체가 살아있는 작은 교회이며 선교의 역할까지 감당하는 축소된 교회라 할 수 있습니다. 이와 같은 기독교 가정에서 가족들이 함께 하나님께 드리는 예배가 바로 가정예배입니다.

특별히 가정예배는 오늘날 무너져 가는 다음 세대를 회복하여 신앙으로 양육하는 가장 중요한 영적 도구라 할 수 있습니다. 물론 교회가 다음 세대 양육을 위하여 최선을 다하는 것이 필요하지만 이것만으로는 여전히 큰 한계가 있고 어떡하든지 각 가정에서 가정예배가 살아나야 다음 세대 신앙 양육에 성공할 수 있습니다. 이 말의 의미는 다음 세대 신앙 양육의 현장은 가정이 되어야 하고 다음 세대 신앙 양육의 주체는 부모가 되어야 한다는 말입니다.

바로 이런 의미에서 가정예배는 가족 구성원들의 믿음 표현의 현장이라 할 수 있고 가족 구성원들이 죄로부터의 용서를 얻고 구원을 체험할 수 있는 가장 소중한 구원의 장이라 할 수 있습니다. 그래서 가정예배를 통하여 가족 구성원들이 수직적으로는 창조주이신 하나님을 경외하고 수평적으로는 가족들 간의 신앙적 교제를 나눌 수 있게 되는 것입니다. 이처럼 가정예배는 하나님의 말씀을 통하여 온 가족 구성원들이 그리스도인으로서의 성숙을 이루게 할 뿐만 아니라 서로에게 사랑을 나타내며 아름다운 대화가 넘치게 함으로써 행복한 가정을 이루게 하는 원천이 되는 것입니다.

그래서 거대 시대풍조가 밀려오는 심각한 신앙의 위기 상황 속에서 통합세대 전체가 신앙으로 새로워질 수 있는 것도 바로 가정예배이며,

나아가 우리의 다음 세대를 신앙으로 양육할 수 있는 가장 좋은 방법도 바로 가정예배입니다. 우리는 가정예배를 통하여 우리의 신앙을 새롭게 할 수 있고 교회의 부흥을 가져올 수 있고 다음 세대 신앙 양육에 성공할 수 있게 되는 것입니다. 진실로 가정예배는 흉내만 내도 복을 받게 되는 것입니다.

가정예배의 유익함

① 신앙의 가정을 이루는 가정예배

인간은 가정에서 태어나 가족과 함께 생활합니다. 가정은 우리가 태어나면서 가장 처음으로 만나게 되는 신앙공동체입니다. 가정은 가장 작은 신앙공동체이지만 가족들의 신앙의 토대를 만들어 주는 가장 큰 사역의 장(場)이라 할 수 있습니다.

한 개인은 부모로부터 태어나 자라나며 가정에서 가장 많은 시간을 보냅니다. 유아기부터 성인이 되어 독립할 때까지 인간은 부모로부터 언어와 기본예절을 비롯하여 삶에 필수적인 지식을 습득합니다. 나아가 인생을 어떻게 살아야 하는지, 무엇이 옳고 그른지, 어떤 삶이 진정으로 아름답고 가치 있는 삶인지, 가치와 기준을 배우고 자신의 정체성을 형성하며 하나의 온전한 인격체로 자라갑니다. 이처럼 가정은 가장 기초적인 공동체인 동시에 한 개인의 인격과 삶의 태도에 절대적인 영향을 미치는 가장 중요한 공동체인 것입니다. 따라서 하나님은 자기 백성이 가정에서부터 신앙을 배우고 전수하도록 명령하셨습니다.

하나님은 아브라함을 부르셨을 때 "내가 그로 그 자식과 권속에게 명하여 여호와의 도를 지켜 의와 공도를 행하게 하려고 그를 택하였나니 이는 나 여호와가 아브라함에게 대하여 말한 일을 이루려 함이니라"(창 18:19)고 말씀하셨습니다. 또한 이스라엘의 가장 핵심적인 가르침인 '쉐마 이스라엘'의 본문인 신명기 6장 4~5절에서 먼저 "이스라엘아 들으라. 우리 하나님 여호와는 오직 유일한 여호와이시니 너는 마음을 다하고 뜻을 다하고 힘을 다하여 네 하나님 여호와를 사랑하라"는 명령을 주신 후에, 이어서 다음과 같이 말씀하셨습니다. "오늘 내가 네게 명하는 이 말씀을 너는 마음에 새기고 네 자녀에게 부지런히 가르치며 집에 앉았을 때에든지 길을 갈 때에든지 누워 있을 때에든지 일어날 때에든지 이 말씀을 강론할 것이며 너는 또 그것을 네 손목에 매어 기호를 삼으며 네 미간에 붙여 표로 삼고 또 네 집 문설주와 바깥 문에 기록할지니라"(신 6:6~9). 이처럼 하나님은 이스라엘 민족의 시작에서부터 신앙교육의 핵심기관으로 가정을 지정해 주신 것이고, 또 가정을 통해 모든 신앙의 양육과 전수가 이루어도록 계획하신 것입니다. 그러므로 오늘날 우리가 우리 가정을 신앙공동체로 세워나가는 것은 이 시대 우리에게 주신 가장 중요한 영적 사명이 아닐 수 없습니다.

이렇게 우리의 가정을 신앙의 공동체로 세워가기 위해서는 무엇보다 말씀이 기초가 되어야 합니다. 그리고 말씀의 기초를 세워나가는 가장 좋은 방법이 바로 가정예배입니다. 자녀들은 가정예배를 통하여 하나님의 말씀을 배우고 부모로부터 하나님의 말씀을 묵상하며 삶에 적용하는 것을 자연스럽게 배우게 됩니다. 이처럼 가정예배를 드리는 것은 단순히 가정 안에서 예배한다는 차원을 뛰어넘어 가족 구성원들이 그리스도인이라는 정체성을 세우게 하고, 세상의 가치관이 아닌 기독교적 가치관으로 살아가며 옛적 길(올람)을 걸어가는 온전한 그리스도인으로 자라나게 하는 가장 중요한 일이 되는 것입니다.

② 행복한 가정을 이루는 가정예배

가정예배의 유익함에는 신앙의 가정을 이루고 다음 세대를 신앙으로 양육하는 것 외에 또 하나의 아주 중요한 내용이 있습니다. 그것은 우리 가정의 행복에 관한 것입니다.

모든 사람은 다 행복하기를 원합니다. 남녀노소를 막론하고 모든 사람이 추구하는 것이 바로 행복입니다. 하지만 자신의 만족만을 추구하는 세상의 방식은 온전한 행복을 우리에게 주지 못하고 공허함만 느끼게 합니다. 이런 과정을 통해 우리는 결국 진실한 관계 안에서 참된 행복이 주어진다는 것을 깨닫게 됩니다. 따라서 행복한 가정을 이루는 데 있어서 가장 중요한 요소는 가족 구성원들이 서로의 마음을 나누는 진솔한 대화라 할 수 있습니다. 그러나 현대 사회는 가족이 함께 모여 대화하기가 참 어려운 시대입니다. 어린 자녀는 학업으로, 청년 자녀는 취업과 진로에 대한 고민으로, 부모는 생업 등으로 바쁘게 살아가느라 함께 모여 유의미한 대화 한마디 나누기가 참 어렵습니다. 이러한 이유로 가족 간의 대화는 줄어들고 서로 이해하기 위해 힘쓰기보다 짜증을 내고 화를 내는 모습으로 치닫곤 합니다. 바로 이러한 시대 속에서 가정예배는 온 가족이 함께 모여 하나님의 말씀 안에서 서로의 삶을 나누고 소통할 수 있는 아주 훌륭한 방편이 되는 것입니다.

가정예배는 먼저 하나님의 말씀을 통해 은혜를 나누고 말씀을 중심으로 서로 이야기할 수 있도록 돕습니다. 가정예배를 드릴 때 부모는 자녀들이 평소에 무슨 생각을 하고 있는지, 어디에 관심을 두고 있으며, 또 어떤 문제로 어려워하고 있는지 등의 이야기를 자연스럽게 들을 수 있게 되고 자녀는 부모가 가진 가치관과 삶을 살아가는 태도가 무엇인지를 배우게 됩니다. 특히 하나님의 말씀대로 살기 위해 발버둥 치는 부모의 모습과 생각을 공유하는 것은 자녀들에게 큰 깨달음을 주게 되는 것입니다.

그뿐만 아니라 가정예배를 드리는 것은 단지 예배를 드리는 것을 뛰어넘어 가족 구성원들이 서로의 생각을 나누고 서로를 이해하고 수용하는 시간을 통해 진정한 관계로 발전하게 만들어 줍니다. 또한 이러한 관계 안에서 이루어지는 진솔한 대화와 소통은 참된 행복을 느끼는 중요한 요소가 됩니다. 무엇보다 가정 안에서 서로를 이해하고 수용하는 관계는 든든한 지지자로 서로를 인식하게 하여 세상에서 경험하는 수많은 갈등과 어려움 속에서도 든든히 서 나가는 큰 힘이 되는 것입니다. 바로 이런 의미에서 가정예배는 신앙 양육은 물론이고 행복한 가정을 이루게 하는 데 있어 참 중요한 방편이 되는 것입니다.

그래서 가정예배는 첫째로 신앙의 가정을 이루게 하고, 둘째로 다음 세대 신앙 양육을 성공하게 만들고, 셋째로 대화가 넘치는 행복한 가정을 이루게 하는 가장 중요한 영적 도구가 아닐 수 없습니다. 바로 이런 의미에서 "가정예배는 흉내만 내도 복을 받는다"라고 말할 수 있습니다. 이 말은 필자가 목회하면서 수도 없이 반복한 표현인데, 이것은 진실로 진리가 아닐 수 없습니다.

가정예배, 어떻게 준비할까?

이렇게 중요한 가정예배를 잘 드리려고 하면 몇 가지 준비가 필요합니다. 이 준비를 잘해야만 우리는 가정예배에 성공할 수 있고, 나아가 통합세대의 신앙 지키기와 다음 세대의 신앙 양육에 성공할 수 있습니다. 그러므로 다음의 준비 사항을 잘 감당하여 이 책으로 말미암아 가정예배에 성공하고, 통합세대와 다음 세대의 신앙 양육과 행복한 가정을 이루길 바랍니다.

이 가정예배서의 특징과 장점

지금까지 서점가에는 수많은 가정예배서가 출간되어 나름대로 목회자와 성도들에게 큰 은혜를 끼쳐왔습니다. 하지만 그 구성과 내용이 가정예배를 계속 지속할 수 있도록 만드는 힘은 부족하여 나름대로 한계를 지니고 있음을 발견하였습니다. 특히 기존의 가정예배서들은 가정예배에 참석하는 어린 자녀들에게는 큰 울림과 흥미를 주기가 어렵다는 것도 깨닫게 되었습니다. 기존의 가정예배문 대다수는 특별한 주제가 없이 해당 주차의 찬송이나 성경 본문을 배열하고 있거나, 주제가 제시되어 있다고 해도 인도자가 따로 준비하지 않으면 진행이 쉽지 않은 경우가 많았습니다. 그래서 나눔과 적용, 함께 기도하기를 위한 공간을 빈칸으로 제공하기도 하지만 가족들의 적극적인 참여가 없이는 풍성한 나눔을 갖기가 어렵다는 것을 발견하였습니다.

그래서 이 책의 가정예배문은 기존에 나와 있는 다양한 가정예배문의 형식과 구성을 자세히 조사하고 각각의 장단점을 분석하여 완전히 새롭게 구성하였습니다. 특히 필자는 가정예배야말로 이 시대 우리의 신앙을 지켜내는 가장 중요한 신앙 행위임을 마음 깊이 자각하였고, 그 뒤로 연구에 연구를 거듭하여 오늘 이와 같은 가정예배서를 펴내게 되었습니다. 그러므로 이 책을 잘 활용하기만 하면 멈추지 않는 가정예배를 통하여 기존 통합세대의 신앙 지키기와 다음 세대의 신앙 양육에 큰 도움을 주리라 확신합니다.

이 책은 가정예배문의 기본 방향을 다음의 몇 가지 원칙으로 설정하였습니다. 즉 가정예배문 하나만 가지고도 예배 인도와 진행, 나눔과 적용이 모두 쉽고 풍성하게 진행되도록 기획하고 구성한 것입니다. 이는 가족 구성원의 수에 맞게 성경과 찬송가를 구비하고 있지 못한 가정도 있고, 아직 신앙을 갖지 않은 가족 구성원이 있는 경우라도 언제든지 쉽고 편하게 함께 참여하는 것이 가능하게 한 것입니다. 이와 같은 목적을 이루기 위해서는 가정예배문을 풀텍스트(full-text)로 작성하는 것이 참 중요하다고 생각하였습니다. 그래서 가족 구성원 누구든지 순서를 따라 인도를 할 수 있고, 가정 구성원들이 각 부분을 돌아가며 읽기만 해도 은혜가 되는 훌륭한 가정예배가 이루어질 수 있도록 하였습니다.

이처럼 이 가정예배문은 단순한 순서지가 아니라 그 자체로서 하나의 완전한 인도문이 되게 하였고, 그래서 가족 구성원 중에 누구든지 인도를 맡아 진행할 수 있게 하였으며, 그리고 같이 읽어나가기만 해도 은혜가 될 수 있도록 깊은 고민 끝에 창안되었습니다.

그리고 여기서 중요한 것은 그 내용을 진부하지 않고 참신하고 의미 있고 이해하기 쉬운 내용으로 구성하였다는 점입니다. 그래서 누구든지 어느 가정이든지 매주의 주제를 잘 소화할 수 있도록 하였고, 이를 통해 기독교적 가치관을 자연스럽게 습득할 수 있도록 하였습니다. 그래서 이와 같은 가정예배문을 가지고 3년 동안 훈련을 감당한다면 이를 통해 신앙의 가정, 행복한 가정, 다음 세대 신앙 양육을 동시에 이룰 수 있게 될 것입니다.

이 가정예배서가 가지고 있는 몇 가지 특징과 장점을 서술하면 다음의 5가지 정도로 요약할 수가 있습니다.

① 풀텍스트(full-text)로 구성

이 책의 가정예배문은 전체가 다 풀텍스트로 구성되어 있어서 읽기만 해도 은혜가 됩니다. 장년은 물론 노년들에도 풀텍스트의 내용은 크게 은혜를 끼칠 수가 있고, 특히 글을 떠듬떠듬 읽는 어린 자녀들도 가정예배문의 내용을 읽어나가는 중에 쉽고 재미있게 그 메시지를 체득할 수 있습니다. 이것은 모든 나이의 가족들에게 복음을 접하여 경험할 수 있게 만드는 가장 큰 장치가 아닐 수 없습니다.

② 쉽고 흥미로워 자녀들도 인도 가능

이 책의 가정예배문은 쉽고 이해하기 쉬울 뿐만 아니라 아주 흥미 있는 풀텍스트로 구성되어 있어서 자녀들도 주체가 되어 가정예배를 인도할 수 있습니다. 흔히 가정예배 시에 자녀들은 말씀을 듣기만 하는 소극적인 자리에 머물기 쉬운데, 이 책의 가정예배문은 읽기만 해도 은혜가 되고 쉽고 재미있게 구성되어 있어서 어린 자녀들도 충분히 가정예배를 인도할 수 있습니다. 이것은 우리 자녀들의 인성과 사회성 발달에 큰 훈련이 될 것입니다.

③ 기독교 가치관 훈련에 적격

이 책은 기독교적 가치관을 익히는 데 탁월한 내용으로 구성되었습니다. 통합세대나 다음 세대나 포스트모더니즘이 가득하고 탈종교화 및 배교가 밀려오는 시대 속에서 이 세태에 휩쓸리지 않고 기독교적 가치관을 잘 지켜내는 것은 이 시대에 너무나 중요한 실천이 아닐 수 없습니다. 그런데 바로 이 가정예배문은 이와 같은 가치관 훈련에 적격이어서 우리 가정을 믿음으로 지켜내는 데 대단히 유용합니다.

④ 성경과 찬송가에 익숙

이 책의 가정예배문에 사용된 성경은 개역성경 개정판이며 찬송은 장년 예배 시에 사용하는 찬송가입니다. 흔히 어린 자녀들에게는 더욱 쉽게 번역된 성경을 많이 사용하고 찬송가 대신 찬양곡을 많이 부르는 것이 오늘날의 현실입니다. 그러나 개역성경은 한국교회 신앙의 원천이며 찬송가는 오고 오는 세대에도 계속해서 불리어져야 할 신앙의 노래라고 필자는 확신합니다. 그래서 이 가정예배문을 통하여 개역성경의 정신을 알려주고 어려운 말이 있으면 해설해 주고, 또 함께 찬송가를 부르며 나아갈 때 우리 가정의 신앙은 후대에 아름답게 전수될 줄로 믿습니다.

⑤ 성경의 153개 핵심 주제에 충실

이 책의 가정예배 내용은 성경의 153개 핵심 주제를 따라가고 있습니다. 필자는 이 책을 집필하면서 가장 먼저 작업한 것이 성경의 153개 핵심 본문을 선정한 것인데 이렇게 선정된 말씀을 일주일에 한 번, 3년 동안 성경 전체를 핵심 주제로 예배드릴 수 있도록 했습니다.

그러므로 이 책 가정예배문은 153개의 핵심 주제를 따라 3년 동안 진행하도록 3권으로 구성되어 있습니다. 이 153개의 핵심 주제 내용은 성경의 큰 흐름을 따라 성경의 맥을 습득할 수 있게 해주고, 신학과 신앙의 균형을 갖도록 만들어주며, 무엇보다 기독교적 가치관을 체득할 수 있도록 해줍니다. 그러므로 이 가정예배서의 순서를 따라 가정예배를 성실히 진행하기만 하면 그 신앙적 유익은 엄청날 것입니다.

가정예배 요일과 시간 정하기

① 온 가족의 결심 유도

위와 같은 가정예배의 특성과 유익함을 인지하고 가장 먼저 해야 할 일은 온 가족이 함께 가정예배 드릴 것을 결심해야 합니다. 그래서 믿음의 가장은 어떡하든지 이제부터 가정예배를 드려야 함을 설득도 하고, 혹은 아주 큰 보상도 내 걸기도 하고, 그것도 안 되면 협박까지 해서라도 가정예배를 함께 드릴 것을 약속해야 합니다.

어린 자녀들을 둔 가정이나 또 예수님을 잘 믿는 자녀들이 있는 가정은 아무 어려움이 없을 것입니다. 가정예배 드린다고 하면 오히려 더 좋아할 테니까 말입니다. 문제는 좀 장성한 자녀들이나 또 신앙이 잘 없는 자녀들이 있는 경우인데 그야말로 온갖 방법을 다 동원해서 마음을 돌이켜 놔야 합니다. 잘 구슬리든지, 선물 공세를 하든지, 아니면 뭐 협박을 하든지 해서라도 꼭 가정예배 드리자고 강권해야 합니다.

그렇게 해서 온 가족의 마음이 정해졌다면 이 책에 예시된 '가정예배 결심서'에 온 가족이 서명하는 것이 좋습니다. 이 행위는 말로만의 약속이 아니라 문서로 남는 서명이기 때문에 온 가족이 끝까지 함께 가정예배에 동참한다는 약속을 지켜내는 데 있어서 아주 훌륭한 장치가 될 것입니다.

② 일주일에 한 번

이 예배서의 가정예배문은 일주일에 한 번 예배드리는 것으로 구성되어 있습니다. 사실 매일이라면 바쁜 현대 사회 속에서 어느 정도 부담도 될 수 있겠지만 일주일에 한 번은 마음만 먹으면 얼마든지 기쁨으로 동참할 수 있으리라 생각합니다. 그렇기에 이것을 가지고도 온 가족에게 호소하여 반드시 가정예배를 드리자고 강권할 수 있는 것입니다.

③ 가정예배의 요일과 시간 정하기

이렇게 가족이 함께 가정예배 드리는 것을 결심하였다면 그다음에는 가정예배를 드리는 요일과 시간을 정해야 합니다. 그래서 일주일 중에 가족이 다 모일 수 있는 요일과 시간을 딱 정해두고 이 시간만큼은 온 가족들이 생명처럼 지키겠다고 결심하는 것이 참 중요합니다. 바로 여기에 가정예배의 성공과 실패 여부가 달려 있습니다. 아무 때나 시간 날 때 가정예배를 드리는 것으로 하면 이것은 대번에 흐지부지하게 되고, 결국은 흐지부지 가정예배는 사라지고 말 것입니다.

그래서 우리 가정의 가정예배를 위한 시간과 요일을 반드시 정하고, 이 시간만큼은 다른 약속도 잡지 않고 온 가족이 꼭 지켜서 이 시간에 충실하게 만들어야 합니다. 물론 시간 날 때마다 드리는 것도 안 드리는 것보다는 낫지만, 그런데 그런 식으로 시작하면 이것은 하나님께 대한 정성도 아니고 신앙의 결단도 안 되며, 또 시간 날 때마다 드리면 나중에는 가정예배가 흐지부지하게 되는 것입니다. 그러므로 시간과 장소를 결정하는 바로 이것에 가정예배의 성공 여부가 달려 있습니다.

한편 요일과 시간을 분명히 정해두면 부득이한 사정으로 가족들이 멀리 떨어져 있는 경우에도 얼마든지 함께 가정예배를 드릴 수 있습니다. 먼 거리에 있는 가족에게는 휴대폰을 통해 가정예배문을 주중에 미리 보내고 줌(zoom)이나 영상통화를 하면서 함께 가정예배를 드릴 수가 있습니다. 만일 이것조차도 여의찮다면 약속한 시간에 함께 가정예배문을 읽는 것으로도 동참할 수 있습니다. 그래서 어떡하든지 모든 가족이 함께 가정예배를 드릴 수 있도록 요일과 시간을 분명히 정하는 것이 참 중요합니다.

흉내만 내도 복을 받는 가정예배

필자는 가정예배의 중요성을 역설하면서 성도들에게 가정예배는 흉내만 내도 복을 받는다는 사실을 수도 없이 많이 강조하였습니다. 그렇습니다. 이것은 사실입니다. 가정예배는 우선 통합세대의 가치관을 새롭게 하여 기독교적 가치관으로 우리 가정을 무장할 수 있게 하므로 우리의 신앙을 새롭게 할 수 있습니다. 나아가 가정예배는 심각한 다음 세대의 신앙 양육을 위한 가장 훌륭한 방법이므로 이를 통해 우리 자녀들을 신앙으로 양육할 수 있습니다.

그리고 가정예배를 드리면서 함께 나누는 대화 가운데서 가족의 친밀감을 느끼게 하고 서로의 마음을 알아차리게 만들어 주어서 진실로 행복한 가정을 이룰 수 있게 하는 것입니다. 이 책의 가정예배문은 이와 같은 목적을 가지고 충분히 대화할 수 있게 만들었기 때문에 이를 통해 진정으로 행복한 기독교 가정을 이룰 수 있게 하는 것입니다.

가정예배, 이렇게 드려라

가정예배의 준비를 마치고 정한 요일, 정한 시간에 가족들이 다 함께 모이면 이제 이 책의 가정예배문을 따라 가정예배를 드리면 됩니다. 이 책의 가정예배문은 ① 함께 찬양하기 ② 함께 본문 읽기 ③ 함께 생각하기 ④ 함께 관찰하기 ⑤ 함께 나눠보기 ⑥ 함께 기도하기 ⑦ 함께 축복하기의 7개 항목으로 구성되어 있습니다. 이것은 귀납법적 성경 공부의 핵심인 관찰-해석-적용을 확장해 놓은 것입니다. 그리고 가정예배문은 풀텍스트로 작성되어 있어서 가정예배문의 진행을 따라가기만 하면 누구나 쉽게 가정예배를 드릴 수 있습니다.

이제 다음의 각 항목의 설명을 잘 읽고 숙지하여서 축복받는 가정예배를 드릴 수 있기를 소망합니다.

1. 함께 찬양하기

'함께 찬양하기' 는 말씀으로 들어가기 전에 가족이 함께 찬양하면서 마음 문을 여는 시간입니다. 찬양할 때 중요한 점은 하나님의 말씀을 접하기 전에 내 마음을 하나님께 고정하고, 하나님께서 나에게 뭐라고 말씀하시는지를 기대하며 찬양하는 것입니다.

　이러한 마음으로 찬양할 때 우리는 보다 더 깊이 하나님의 음성에 민감하게 반응할 수 있게 됩니다. 바로 이런 의미에서 찬양은 내 마음을 하나님께로 열고 하나님께 내 마음을 고정하는 참 중요한 영적 도구가 됩니다.

2. 함께 본문 읽기

　'함께 본문 읽기'는 성경의 핵심 153주제를 따라 그 주간에 제시된 성경 본문을 읽는 것입니다. 성경 본문을 읽을 때는 무엇보다도 하나님께서 나와 우리 가족들에게 뭐라고 말씀하시는지 기대하는 마음으로 본문을 읽는 것이 대단히 중요합니다. 본문을 읽는 방법에는 여러 가지가 있는데, 대표로 한 사람이 읽어도 좋고(봉독), 인도자와 가족들이 교대로 읽어도 좋고(교독), 가족들이 한 절씩 돌아가며 읽어도 좋고(윤독), 온 가족이 모두 한목소리로 읽어도 좋습니다(합독).

　이렇게 본문을 읽을 때 가장 중요한 것은 단지 활자를 읽는 것이 아니라 하나님께서 나에게 뭐라고 말씀하시는지 생각하며 읽도록 하는 것이 참 중요하므로 이와 같은 경각심을 주기 위해 인도자는 "하나님께서 우리에게 주시는 말씀"이라는 표현을 사용하기도 하고, 부모가 자녀들에게 주의 깊게 성경을 읽자고 안내의 말을 주는 것도 좋을 것입니다.

3. 함께 생각하기

'함께 생각하기'는 성경 본문으로 들어가기 전에 마음을 예열하는 차원에서 읽는 예화 중심의 도움글입니다. 이것도 여러 가지 방법으로 읽을 수가 있는데 무엇보다도 중요한 것은 은혜를 사모하는 마음으로 읽는 것입니다.

특별히 '함께 생각하기'는 가정예배문의 근간이 되는 핵심 가치와 정신에 부합하는 글을 선정하기 위해 큰 노력을 기울였습니다. 왜냐하면 함께 생각하기의 도움글이 너무 교리적이거나 혹은 너무 신비적일 경우 다양한 가족 구성원의 공감을 불러일으키기 어렵기 때문입니다. 그래서 이 도움글은 생활 속에서 누구나 공감할 수 있는 예화를 싣는 것이 중요하고, 이 글만 읽어보아도 큰 은혜가 될 수 있도록 예화 선정과 문장 구성에 있어 정성을 들였습니다.

그리고 함께 생각하기를 다 읽은 후에는 다음 단계로 바로 넘어가지 말고 이 글을 읽은 느낌이 어떠했는지 그 느낀 점을 서로 말해보는 것도 좋습니다. 다만, 본 메뉴를 즐기기 위한 전채 음식에 비유되는 순서이므로 너무 많은 시간을 할애하거나 지나치게 무거운 토론으로 흐르지 않도록 하는 것이 좋습니다.

4. 함께 관찰하기

'함께 관찰하기'는 본문 가운데서 중요한 구절들을 익히기 위해서 네모 표(□) 안에 적당한 말을 찾아 넣는 단계입니다. 이것은 하나도 어렵지 않은 작업인데 그냥 정답을 찾아본다는 마음으로 하지 말고 이런 작업을 통해서 하나님께서 우리에게 말씀하시는 음성을 들어야 하는 것입니다. 찾은 말씀을 잘 각인시키기 위해서 어린 자녀들의 경우에는 퀴즈처럼 흥미롭게 진행하는 것도 좋은 방법입니다.

5. 함께 나눠보기

'함께 나눠보기'는 제시된 2개의 질문을 두고 서로의 생각과 느낀 점을 함께 나눠보는 것입니다. 이렇게 함께 나누고 이야기할 때 하나님의 뜻이 우리 안에 각인되고 이때 믿음이 강한 사람이 믿음이 약한 사람에게 좋은 믿음의 영향력을 끼칠 수가 있게 되는 것입니다.

두 개의 질문 중에서 첫 번째 질문은 개인적이면서도 구체적인 사례를 떠올리기 쉽도록 질문하는 것이므로 일상의 사건, 경험을 아주 깊이 생각하지 않아도 쉽게 이야기를 꺼낼 수 있도록 하였습니다. 두 번째 질문은 첫 번째 질문을 통해 나눈 내용을 디딤돌 삼아 조금 더 깊은 묵상과 적용으로 나아가도록 이끌어 주는 질문입니다. 이 질문들은 가장 중요한 본문의 핵심 주제와 정신을 담고 있으면서 가정의 변화와 회복, 은혜 안에서의 성장을 추구하도록 방향을 제시하고 격려하는 것이 질문 작성의 원리입니다. 그런데 이때 내 생각을 무조건 강압적으로 강요하지 말고 서로 나누는 마음으로, 좋은 말로 부드럽게 애정을 가지고 서로 대화하며 나누는 것이 필요합니다.

사실은 각각의 생각을 나눈다는 차원에서 바로 이 항목, '함께 나눠보기'가 가정예배에 있어 가장 중요한 핵심 항목이라 할 수 있습니다. 이 나눔을 통하여 서로 간의 생각을 공유할 수 있고 나아가 가족 간에 공감을 불러일으킬 수도 있습니다. 그리고 서로가 어떤 생각을 하고 있

는지, 혹은 어떤 고민이 있는지를 함께 나눌 수 있어서 바로 이 대화의
시간을 잘 활용하면 자녀에게 신앙의 가치관을 잘 심어줄 수 있고 문제
의 해결까지도 할 수 있게 되는 것입니다.

그렇게 서로 나눈 다음에는 그 밑에 오늘 말씀의 핵심 설명이 있는데
그것을 함께 읽습니다. 바로 이 설명문이 어쩌면 그날 가정예배의 핵심
내용을 담고 있다고 할 수 있습니다. 이 글을 통해 본문의 핵심 정신과
주제, 묵상과 적용을 종합적으로 정리할 수 있도록 하였습니다. 바로
이 설명문이 오늘의 본문이 전해주는 가장 중요한 핵심 가치관을 설명
하고 있기에 또박또박 정독하며 읽도록 하는 것이 좋습니다.

6. 함께 기도하기

'함께 기도하기'는 앞서 나눈 내용들을 가지고 함께 기도하며 하나님
의 도우심을 구하는 시간입니다. 기도문을 함께 읽으며 기도하는 것도
좋고 인도자가 대표로 읽거나 혹은 자녀들이 읽도록 하는 것도 좋습니
다. 제시된 기도문 외에 주기도문으로 기도하는 것도 좋은 방법입니다.

7. 함께 축복하기

가정예배의 마지막 순서는 '함께 축복하기'입니다. 가정예배문에 제
시된 악보를 가지고 찬양을 부르는데 이때 가족 상호 간에 사랑의 눈빛
을 교환하며 서로 안아주고 좋은 말로 축복을 해주면 참 좋겠습니다.
가족을 향한 축복의 말은 반드시 이루어진다는 것을 믿어야 합니다. 우
리가 축복할 때 사람이 변화되고 축복할 때 힘이 생기고 축복할 때 살

소망이 넘쳐나게 되는 것입니다.

함께 축복하기는 누구나 아는 쉬운 복음성가 중에서 축복의 내용을 담은 두 소절(8마디) 정도의 찬양을 선정하여 수록하였습니다. 이 찬양은 익숙한 곡으로 축복의 마음을 충분히 전달할 수 있도록 너무 자주 바꾸지 말고 분기에 한 번씩 바꾸는 정도로 구성하였습니다.

그리고 이렇게 축복의 시간을 가진 후에는 마지막으로 오늘 말씀에서 가장 중요한 성경 요절을 암송하도록 하면 좋습니다. 가족들이 함께 암송해도 좋겠고 혹은 흩어져서 암송하도록 해도 좋을 것입니다. 무슨 수를 써서라도 꼭 암송시키는 것이 필요합니다. 왜냐하면 이렇게 암송해 놓은 구절은 우리가 살아갈 때 정말 피가 되고 살이 되는 너무나 중요한 말씀이 되기 때문입니다. 그러므로 자녀들을 사랑한다면 꼭 말씀을 암송시켜야 합니다.

가정예배를 다 드린 후에는 '우리집 가정예배 일지'에 일시와 참석자를 기록하고, 현재 각 가족 구성원이 기도하고 있는 구체적인 기도 제목을 메모하도록 하였습니다. 이로써 응답된 내용, 하나님의 구체적인 인도하심을 경험한 게 있다면 서로 나눌 수 있도록 구성하였습니다. 기도 제목과 응답 내용을 기록하는 것은 실생활에서 하나님과 동행하는 매우 실제적이고 구체적인 훈련이자, 우리 가정을 신실하게 인도하시는 하나님의 놀라운 은혜를 기억하게 만드는 참 중요한 도구입니다.

PART_1

원역사

>> 창조　　창 1:1-5

하나님이 천지를 창조하시니라

001

1. 함께 찬양하기

찬송가 524장

〈 갈 길을 밝히 보이시니 〉

1) 갈 길을 밝히 보이시니 주 앞에 빨리 나갑시다

　　우리를 찾는 구주 예수 곧 오라 하시네

2) 우리를 오라 하시는 말 기쁘게 듣고 즐겨 하세

　　구주를 믿기 지체 말고 속속히 나가세

3) 주 오늘 여기 계시오니 다 와서 주의 말씀 듣세

　　듣기도 하며 생각하니 참 이치시로다

후렴) 죄악 벗은 우리 영혼은 기뻐 뛰며 주를 보겠네

　　하늘에 계신 주 예수를 영원히 섬기리

2. 함께 본문 읽기

창세기 1:1-5

(1) 태초에 하나님이 천지를 창조하시니라

(2) 땅이 혼돈하고 공허하며 흑암이 깊음 위에 있고 하나님의 영은 수면 위
　　에 운행하시니라

(3) 하나님이 이르시되 빛이 있으라 하시니 빛이 있었고

(4) 빛이 하나님이 보시기에 좋았더라 하나님이 빛과 어둠을 나누사

(5) 하나님이 빛을 낮이라 부르시고 어둠을 밤이라 부르시니라 저녁이 되고 아침이 되니 이는 첫째 날이니라

3. 함께 생각하기 인도자가 읽어줍니다

만유인력을 발견한 영국의 물리학자 뉴턴은 신실한 신앙인이었습니다. 그런데 그와 함께 천문학을 연구하던 한 친구는 하나님의 존재를 부인하는 사람으로 "태양계란 그 자체의 힘으로 생성된 것이고 누가 만든 것이 아니다"라고 주장하였습니다. 뉴턴은 그 친구에게 우주 만물이 하나님의 창조물임을 알게 해주고자 고심하였습니다.

그러던 어느 날 뉴턴은 태양계의 모형을 만들어 아름다운 색을 칠하고 별들이 빛을 발하며 빙글빙글 돌아가도록 하여 그 친구에게 보여주었습니다. 그것을 본 친구는 매우 감탄하였습니다. "누가 이렇게 아름답게 만들었나?" 뉴턴은 다음과 같이 대답했습니다. "아무도 만들지 않았네. 저절로 생겨나서 자기 힘으로 도는 것일세." 그때 친구는 이렇게 이야기 했습니다. "뭐야? 어떻게 만든 사람이 없이 저절로 만들어지고 돈단 말인가? 그런 일은 있을 수 없잖아?"

그때 뉴턴은 다시 이렇게 이야기했습니다. "이 친구야! 이렇게 작고 보잘것없는 장난감도 만들어 움직이는 사람이 있다면 이 거대한 우주 만물이 창조주가 없이 어떻게 생겨나고 한 치의 오차도 없이 질서 있게 돌아갈 수가 있겠는가?" 친구는 그 순간 자신의 잘못된 확신을 깨닫고 진정으로 창조주 하나님을 믿게 되었습니다.

4. 함께 관찰하기 성경 본문을 보며 빈칸을 채웁니다

① 태초에 □□□이 □□를 □□하시니라

② 땅이 □□하고 □□하며 흑암이 깊음 위에 있고 하나님의
□은 수면 위에 □□하시니라

③ 하나님이 이르시되 □□ □□□하시니 □이 있었고 □이
하나님이 보시기에 □□□□

5. 함께 나누기 질문에 따라 묵상한 내용을 나눕니다

① 자연 만물을 보거나 일상생활에서 하나님이 천지를 창조하셨다는 것
을 느꼈던 경험을 생각해보고 서로 나누어 봅시다.

② 창조신앙은 나에게 어떠한 가치관을 지니고 살라고 요청하고 있나요?

이 세상에서 태어나 살아가는 사람은 반드시 두 가지 가치관 중 하나
를 선택하여 살아갈 수밖에 없습니다. 그것은 창조냐 우연이냐의 가치
관입니다. 우연의 가치관은 이 세상 우주 만물, 생명의 출현, 지금의 나
도 다 그냥 우연히 만들어졌다고 주장을 합니다. 그러나 이 가치관은
열역학 제1법칙과 제2법칙에 위배되고 서로 모순됩니다. 그리고 빅뱅
이나 진화론 역시 여전히 증명할 수 없는 문제들입니다.

그러나 창조의 가치관은 이 세상 모든 만물, 생명의 출현, 지금의 나

까지도 그냥 우연히 만들어진 것이 아니라 하나님께서 특별한 목적을 가지고 만드셨다고 믿는 가치관입니다. 오늘 성경의 첫 구절인 창세기 1장 1절은 태초에 하나님이 천지를 창조하셨다고 분명히 우리에게 선포하고 있습니다. 모든 것이 하나님의 계획 안에 있습니다.

이제부터 우리는 이 창조신앙을 신앙의 기초로 삼아야 하겠습니다. 그리하여 "① 하나님께서 천지만물을 만드셨습니다. ② 천지만물을 만드신 하나님이 나도 만들어주셨습니다. ③ 나를 만드신 하나님이 나의 삶을 책임져주실 것입니다"라는 이 세 가지 가치관을 분명히 믿고 이 세상을 살아야 하겠습니다. 그럴 때 이 가치관은 우리를 용기백배하게 하고 지혜롭게 하고 참다운 삶을 살도록 만들어 줄 것입니다.

 6. 함께 기도하기　　마무리하며 함께 기도합니다

좋으신 하나님 아버지! 우리 가정이 창조주 하나님을 경외하고 예수님을 닮아가며 성령님의 인도하심을 받는 아름다운 믿음의 가정이 되게 하여 주시옵소서. 또한 우리 가정이 창조신앙을 분명히 기억하여서 날마다 하나님의 뜻을 따라 목적 있는 삶을 살아갈 수 있도록 인도하여 주시옵소서. 예수님의 이름으로 기도드립니다. (아멘)

7. 함께 축복하기
찬양하며 서로를 축복합니다

「 사랑의 주님이 」

오늘의 암송구절
창세기 1:1

태초에 하나님이 천지를 창조하시니라

우리집 가정예배 일지

일 시		참석자	
기도제목 • 응답내용			

>> 하나님의 형상 　창 1:26-31

하나님이 보시기에 심히 좋았더라

002

1. 함께 찬양하기
찬송가 79장

〈 주 하나님 지으신 모든 세계 〉

1) 주 하나님 지으신 모든 세계 내 마음속에 그리어 볼 때
　　하늘에 별 울려퍼지는 뇌성 주님의 권능 우주에 찼네
2) 숲속이나 험한 산골짝에서 지저귀는 저 새소리들과
　　고요하게 흐르는 시냇물은 주님의 솜씨 노래하도다
3) 주 하나님 독생자 아낌없이 우리를 위해 보내주셨네
　　십자가에 피 흘려 죽으신 주 내 모든 죄를 대속하셨네
후렴) 주님의 높고 위대하심을 내 영혼이 찬양하네
　　　주님의 높고 위대하심을 내 영혼이 찬양하네

2. 함께 본문 읽기
창세기 1:26-31

(26) 하나님이 이르시되 우리의 형상을 따라 우리의 모양대로 우리가 사람
　　을 만들고 그들로 바다의 물고기와 하늘의 새와 가축과 온 땅과 땅에
　　기는 모든 것을 다스리게 하자 하시고
(27) 하나님이 자기 형상 곧 하나님의 형상대로 사람을 창조하시되 남자와
　　여자를 창조하시고
(28) 하나님이 그들에게 복을 주시며 하나님이 그들에게 이르시되 생육하

고 번성하여 땅에 충만하라, 땅을 정복하라, 바다의 물고기와 하늘의 새와 땅에 움직이는 모든 생물을 다스리라 하시니라

(29) 하나님이 이르시되 내가 온 지면의 씨 맺는 모든 채소와 씨 가진 열매 맺는 모든 나무를 너희에게 주노니 너희의 먹을 거리가 되리라

(30) 또 땅의 모든 짐승과 하늘의 모든 새와 생명이 있어 땅에 기는 모든 것에게는 내가 모든 푸른 풀을 먹을 거리로 주노라 하시니 그대로 되니라

(31) 하나님이 지으신 그 모든 것을 보시니 보시기에 심히 좋았더라 저녁이 되고 아침이 되니 이는 여섯째 날이니라

3. 함께 생각하기　　　　인도자가 읽어줍니다

미국의 워싱턴DC에 있는 아트 뮤지엄(Art Museum)에는 피카소의 초기 작품들이 전시되어 있습니다. 그런데 피카소의 작품들을 보면 좀 독특한 면이 있습니다. 어떤 작품은 어린애가 장난한 것 같기도 하고, 또 어떤 작품은 별로 고상하게 보이지 않는 것도 있습니다. 그런데 피카소의 작품은 돈으로 환산하기 어려울 정도로 비쌉니다. 예를 들면 1942년에 피카소가 버려진 자전거의 안장과 핸들로 만든 작품 〈황소머리〉는 수백억 원에 팔렸습니다. 남이 버린 쓰레기에 피카소의 손이 닿자 놀라운 보물로 변하였던 것입니다. 이렇게 누구의 손이 닿느냐에 따라 물건의 가치가 달라진다는 것을 알 수 있습니다.

그런데 이것은 사람도 마찬가지입니다. 우리는 과연 얼마만큼의 가치가 있을까요? 놀랍게도 인간은 하나님의 작품이며, 하나님 창조의 정점입니다. 그렇기 때문에 우리의 가치는 감히 인간이 측량할 수 없을 정도입니다. 그런데 안타까운 것은 자신에 대한 가치를 인지하지 못하고 살아가는 사람이 너무나 많다는 사실입니다. 지금 우리에게는 자신

의 가치를 알아보는 믿음의 눈이 필요합니다.

4. 함께 관찰하기   성경 본문을 보며 빈칸을 채웁니다

① 하나님이 자기 형상 곧 ☐☐☐의 ☐☐대로 사람을 창조하시되 ☐☐와 ☐☐를 창조하시고

② 하나님이 그들에게 ☐을 주시며 하나님이 그들에게 이르시되 ☐☐하고 ☐☐하여 땅에 ☐☐하라 땅을 ☐☐하라

③ 하나님이 지으신 그 모든 것을 보시니 ☐☐☐☐ 심히 ☐ ☐☐☐ 저녁이 되고 아침이 되니 이는 여섯째 날이니라

5. 함께 나누기   질문에 따라 묵상한 내용을 나눕니다

① 하나님은 인간을 하나님의 형상을 따라 창조하셨습니다. 내 안에서 발견할 수 있는 하나님의 형상에는 어떤 것이 있을까요?

② 하나님은 인간을 창조하시고 심히 좋았다고 말씀하셨습니다. 가족들의 모습에서 참 좋은 모습을 찾아보고 서로 격려해 봅시다.

하나님께서 인간을 창조하실 때 특별히 다음의 4가지 모습으로 창조하셨습니다.

첫째, 하나님을 닮은 존재로 만드셨습니다. 하나님은 우리를 하나님의 형상을 따라 관계성, 책임성, 대리자의 모습으로 창조하셔서 하나님

과 인격적인 관계를 맺는 귀한 존재로 만드셨습니다.

둘째, 하나님께 복 받은 존재로 만드셨습니다. 하나님은 먼저는 우리가 하나님과의 관계 속에서 번성을 누리게 하십니다. 인간은 하나님을 떠나서는 살 수 없는 존재입니다. 그리고 나아가 하나님의 복을 세상에 선포하는 축복의 통로로 쓰임 받는 복된 존재로 만드셨습니다.

셋째, 하나님 앞에서 긍정적인 존재로 만드셨습니다. 하나님은 인간을 창조하신 후에 보시니 보시기에 심히 좋았다고 말씀하셨습니다. 이것은 우리가 참으로 긍정적인 존재이며, 아주 대단한 존재임을 말해주고 있는 것입니다. 그러므로 우리는 자아존중감을 가지고 이 세상을 긍정적이고 창조적으로 살아갈 수 있어야 합니다.

넷째, 하나님께 사랑받는 존재로 만드셨습니다. 하나님은 세상의 모든 만물을 먼저 창조하시고 인간을 맨 나중에 만드심으로 우리가 아무런 불편함이 없이 살아가도록 하셨습니다. 우리는 이토록 하나님의 사랑받는 존재임을 기억하고 진정 가슴 뿌듯한 삶을 살아가야 합니다.

6. 함께 기도하기   마무리하며 함께 기도합니다

하나님 아버지! 우리가 하나님의 형상대로 창조되었다는 사실을 기억하며 날마다 가슴 뿌듯하게 살아가도록 인도하여 주시옵소서. 우리의 가정이 하나님과의 바른 관계를 세워가며, 하나님이 부어주시는 복을 풍성히 누리게 하시고, 하나님의 복을 흘려보내는 축복의 통로가 되게 하여 주시옵소서. 예수님의 이름으로 기도드립니다. (아멘)

7. 함께 축복하기

찬양하며 서로를 축복합니다

[사랑의 주님이]

사랑의 주님 이 날 사랑하시 네 내 모습 이대로 — 받으셨네 —

사랑의 주님 이 날 사랑하듯 이 나도 너를 사랑하며 섬기리 —

오늘의 암송구절

창세기 1:27

하나님이 자기 형상 곧 하나님의 형상대로 사람을 창조하시되 남자와 여자를 창조하시고

우리집 가정예배 일지

일 시		참석자	
기도제목 · 응답내용			

둘이 한 몸을 이룰지로다

003

　1. 함께 찬양하기　　찬송가 559장

〈 사철에 봄바람 불어 잇고 〉

1) 사철에 봄바람 불어 잇고 하나님 아버지 모셨으니
　믿음의 반석도 든든하다 우리집 즐거운 동산이라
2) 어버이 우리를 고이시고 동기들 사랑에 뭉쳐있고
　기쁨과 설움도 같이하니 한 간의 초가도 천국이라
3) 아침과 저녁에 수고하여 다 같이 일하는 온 식구가
　한 상에 둘러서 먹고 마셔 여기가 우리의 낙원이라
후렴) 고마워라 임마누엘 예수만 섬기는 우리집
　　고마워라 임마누엘 복되고 즐거운 하루하루

　2. 함께 본문 읽기　　창세기 2:18-25

(18) 여호와 하나님이 이르시되 사람이 혼자 사는 것이 좋지 아니하니 내가
　그를 위하여 돕는 베필을 지으리라 하시니라
(19) 여호와 하나님이 흙으로 각종 들짐승과 공중의 각종 새를 지으시고 아
　담이 무엇이라고 부르나 보시려고 그것들을 그에게로 이끌어 가시니
　아담이 각 생물을 부르는 것이 곧 그 이름이 되었더라
(20) 아담이 모든 가축과 공중의 새와 들의 모든 짐승에게 이름을 주니라

아담이 돕는 배필이 없으므로

(21) 여호와 하나님이 아담을 깊이 잠들게 하시니 잠들매 그가 그 갈빗대 하나를 취하고 살로 대신 채우시고

(22) 여호와 하나님이 아담에게서 취하신 그 갈빗대로 여자를 만드시고 그를 아담에게로 이끌어 오시니

(23) 아담이 이르되 이는 내 뼈 중의 뼈요 살 중의 살이라 이것을 남자에게서 취하였은즉 여자라 부르리라 하니라

(24) 이러므로 남자가 부모를 떠나 그의 아내와 합하여 둘이 한 몸을 이룰지로다

(25) 아담과 그의 아내 두 사람이 벌거벗었으나 부끄러워하지 아니하니라

 ## 3. 함께 생각하기 　　　　　인도자가 읽어줍니다

　루즈벨트(Roosevelt)는 열정적이고 패기가 있어 장래가 촉망되던 사람이었습니다. 그러나 그는 젊은 시절에 갑자기 소아마비에 걸려 다리를 쇠붙이에 대고 고정시킨 채 휠체어를 타고 다녀야만 했습니다.

　그러던 어느 날 루즈벨트가 아내인 엘레나에게 물었습니다. "내가 불구자가 되었는데 그래도 당신은 날 사랑하오?" 그러자 엘레나는 이렇게 말하였습니다. "그럼 내가 그동안 당신의 다리만 사랑한 줄 알았나요? 내가 사랑한 것은 당신의 다리만이 아니라 당신의 인격과 당신의 삶 전체에요." 이 말은 불구가 된 뒤 큰 열등감과 패배의식에 사로잡혀 있었던 루즈벨트에게 큰 용기와 힘을 주었습니다. 그 후에 루즈벨트의 삶은 바뀌게 되었고 1932년 미국의 대통령에 당선되었습니다. 그리고 1936년 재선, 1940년 3선, 1944년에 4선까지 당선되어 미국 역사상 전무후무한 4선 대통령이 되었습니다.

이것이 바로 가족의 힘입니다. 다른 무엇을 따지기 전에 먼저 내 편이 되어주는 것이 바로 가족입니다. 가족 안에서 우리는 힘을 얻고 용기를 얻고 이 세상을 넉넉히 이기며 살아갈 수 있습니다.

4. 함께 관찰하기   성경 본문을 보며 빈칸을 채웁니다

① 여호와 □□□이 이르시되 사람이 □□ 사는 것이 □□ 아니하니 내가 그를 위하여 □□ □□을 □□□□ 하시니라

② 아담이 이르되 이는 내 □ 중의 □요 □ 중의 □이라 이것을 □□에게서 취하였은즉 □□라 부르리라 하니라

③ 이러므로 □□가 □□를 떠나 그의 □□와 합하여 둘이 □□□을 이룰지로다

5. 함께 나누기   질문에 따라 묵상한 내용을 나눕니다

① 첫 번째 가정 이야기에서 가정의 중심축은 남편과 아내의 관계임을 알 수 있습니다. 남편과 아내가 서로의 장점을 3가지씩 말해봅시다.

② 아름다운 가정을 만들기 위해서는 서로 돕는 가족이 되어야 합니다. 이번 주간 동안 서로 어떻게 도울 수 있는지 1가지씩 정해 봅시다.

가족을 영어로는 FAMILY라고 합니다. 이 말을 누가 재미있게 이렇게 풀어쓴 적이 있습니다. "Father And Mother, I Love You." 이 말

은 "아빠 엄마 사랑해요"라는 뜻입니다. 이 얼마나 아름답고 사랑스러운 의미를 담고 있는 말인지요. 참 마음이 따뜻해지는 표현입니다.

천지를 만드신 하나님께서는 아담을 위하여 돕는 배필을 짓기로 작정하시고 아담을 깊이 잠들게 하신 후에 그의 갈빗대 하나를 취하여 살로 대신 채우시고 여자를 만드셨습니다. 그리고 그 여자를 아담에게로 이끌어오셨을 때 여자를 본 아담은 "이는 내 뼈 중의 뼈요 살 중의 살이라"(창 2:23)고 감탄하면서 심히 기뻐하였습니다. 바로 이것이 첫 번째 가정의 모습입니다. 이 모습을 통하여 우리는 가족 구성원이 진실로 서로 '돕는 가족'이 되어야 함을 분명히 알 수 있습니다.

가정의 중심축인 남편과 아내가 서로 돕는 배필로서 도와주고 사랑해야 합니다. 나아가 온 가족이 서로의 부족함을 채워주고 서로 내 편이 되어주는 가정을 만든다면 이보다 더한 행복은 없습니다. 그러므로 우리는 가족의 구성원으로서 서로 감정적으로 도와주고 자존감을 도와주고 노동을 도와주고 부족함을 도와주고 신앙적으로 도와주어야 합니다. 이것이 바로 하나님께서 세우신 가정의 참모습입니다.

6. 함께 기도하기   마무리하며 함께 기도합니다

하나님 아버지! 우리에게 좋은 가정을 이루게 하시고, 한마음이 되어 사랑하게 하시니 감사를 드립니다. 우리는 사람인지라 부족함과 연약함이 많습니다. 그러나 서로 도와주고 세워주어 아름다운 가정을 이루게 하여 주시옵소서. 그리하여 우리의 가정을 통하여 선한 영향력이 흘러가게 하여 주시옵소서. 예수님의 이름으로 기도드립니다. (아멘)

7. 함께 축복하기

찬양하며 서로를 축복합니다

「 사랑의 주님이 」

사랑 의 주님 이 날 사 랑하시 네 내 모 습 이대 로 ─ 받으셨 네 ─

사랑 의 주님 이 날 사 랑하듯 이 나도 너 를 사랑 하며 섬기 리 ─

오늘의 암송구절

창세기 2:24

이러므로 남자가 부모를 떠나 그의 아내와 합하여 둘이 한 몸을 이룰지
로다

우리집 가정예배 일지

일 시		참석자	
기도제목 · 응답내용			

아담아 네가 어디 있느냐

004

1. 함께 찬양하기 　　　　　　찬송가 270장

〈 변찮는 주님의 사랑과 〉

1) 변찮는 주님의 사랑과 거룩한 보혈의 공로를

　 우리 다 찬양을 합시다 주님을 만나 볼 때까지

2) 우리를 깨끗게 한 피는 무궁한 생명의 물일세

　 생명의 구원을 받은 자 하나님 찬양을 합시다

3) 주님의 거룩한 보혈을 날마다 입으로 간증해

　 담대히 싸우며 나가세 천국에 들어갈 때까지

4) 십자가 단단히 붙잡고 날마다 이기며 나가세

　 머리에 면류관 쓰고서 주 앞에 찬양 할 때까지

후렴) 예수는 우리를 깨끗게 하시는 주시니

　　　그의 피 우리를 눈보다 더 희게 하셨네

2. 함께 본문 읽기 　　　　　　창세기 3:1-9

(1) 그런데 뱀은 여호와 하나님이 지으신 들짐승 중에 가장 간교하니라 뱀이 여자에게 물어 이르되 하나님이 참으로 너희에게 동산 모든 나무 의 열매를 먹지 말라 하시더냐 (2) 여자가 뱀에게 말하되 동산 나무의 열매를 우

리가 먹을 수 있으나 (3) 동산 중앙에 있는 나무의 열매는 하나님의 말씀에 너희는 먹지도 말고 만지지도 말라 너희가 죽을까 하노라 하셨느니라 (4) 뱀이 여자에게 이르되 너희가 결코 죽지 아니하리라 (5) 너희가 그것을 먹는 날에는 너희 눈이 밝아져 하나님과 같이 되어 선악을 알 줄 하나님이 아심이니라 (6) 여자가 그 나무를 본즉 먹음직도 하고 보암직도 하고 지혜롭게 할 만큼 탐스럽기도 한 나무인지라 여자가 그 열매를 따먹고 자기와 함께 있는 남편에게도 주매 그도 먹은지라 (7) 이에 그들의 눈이 밝아져 자기들이 벗은 줄을 알고 무화과나무 잎을 엮어 치마로 삼았더라 (8) 그들이 그 날 바람이 불 때 동산에 거니시는 여호와 하나님의 소리를 듣고 아담과 그의 아내가 여호와 하나님의 낯을 피하여 동산 나무 사이에 숨은지라 (9) 여호와 하나님이 아담을 부르시며 그에게 이르시되 네가 어디 있느냐

3. 함께 생각하기   인도자가 읽어줍니다

현대사회를 중독의 시대라고 부르기도 합니다. 보통 '중독'이라 하면 약물을 남용하여 몸이 해롭게 되는 것을 말하는데, 더 넓게 무료함을 쾌락으로 채우기 위하여 해로운 결과가 있음을 알면서도 계속해서 행동하는 것을 의미합니다. 즉 음식, 사랑, 도박, 사람, 일, 인터넷, 게임, SNS 등에 계속 빠지게 되면 이것을 중독이라고 할 수 있습니다.

처음부터 중독자가 되는 사람은 없습니다. 그저 '한 번만' 해보자는 생각으로 시작합니다. 그러나 곧 같은 자극을 다시 원하게 되고, 점차 더 큰 자극을 원하게 되면서 자신도 모르게 중독에 빠지게 되는 것입니다. 대문호 도스토옙스키도 가볍게 시작한 도박에 중독되어서 빚에 시달려 생활고를 겪었고, 많은 유명인이나 정치인들도 마약이나 알코올,

성과 같은 중독으로 인하여 패가망신하기도 하였습니다.

　그런데 죄도 마찬가지로 중독이 됩니다. 그저 한순간의 편안함과 즐거움을 위해 '한 번만'이라는 마음으로 시작하지만 점차 반복하게 되고 나중에는 결국 빠져나오지 못하여 타락하게 되는 것입니다. 그러므로 우리는 항상 죄에 대하여 경각심을 가지고 살아야 합니다.

4. 함께 관찰하기　성경 본문을 보며 빈칸을 채웁니다

① 그런데 □은 여호와 하나님이 지으신 들짐승 중에 가장 □□하니라 뱀이 □□에게 물어 이르되 □□□이 참으로 너희에게 □□ 모든 나무의 □□를 먹지 말라 하시더냐

② 여자가 그 나무를 본즉 □□□도 하고 □□□도 하고 지혜롭게 할 만큼 □□□□□한 나무인지라

③ 여호와 하나님이 □□을 부르시며 그에게 이르시되 □□□□□ □□

5. 함께 나누기　질문에 따라 묵상한 내용을 나눕니다

① 최근에 살아오면서 유혹을 이기지 못하여 후회가 되었던 크고 작은 경험들을 생각해 보고 서로 나누어 봅시다.

② 범죄한 아담을 찾아오셔서 하나님은 "네가 어디 있느냐?"고 물으셨습니다. 하나님께서 이 질문을 하신 이유가 무엇인지 나누어 봅시다.

하나님이 보시기에 심히 좋은 모습으로 창조되었던 인간은 안타깝게도 간교한 사탄의 유혹에 넘어가 타락해 버리고 말았습니다. 그리하여 하나님과의 아름다웠던 관계도 다 파괴되고 인간에게 부여하신 아름다운 하나님의 형상도 다 잃어버리고 말았습니다. 인간의 범죄와 타락의 결과로 하나님과 깊이 교제했던 친밀함은 두려움으로 변하였고 서로 돕고 사랑하는 이웃과의 관계는 책임을 전가하는 모습으로 변질되었습니다. 자연을 보호하고 조화를 이루며 살아가던 모습은 오히려 저주의 관계가 되었으며 무엇보다 자신과의 관계 속에서 인간은 수치심으로 자신을 사랑하지 못하고 분열되고 말았습니다. 바로 이것이 인간의 범죄와 타락으로 말미암아 나타나게 된 비참한 모습입니다.

그러나 하나님께서는 이러한 안타까운 상황에 처한 인간을 긍휼히 여기셔서 다시금 원래의 모습으로 회복시켜 주실 것을 약속하셨습니다. 그리고 그 약속을 이루기 위하여 예수님을 이 땅에 보내주심으로 우리를 구원하시고 회복시켜 주셨습니다. 바로 이 은혜로 살아가는 사람이 그리스도인입니다. 우리는 이 은혜에 감사와 감격하면서 더 이상 죄를 짓지 않기 위하여 최선을 다해야 하겠습니다.

6. 함께 기도하기　　　마무리하며 함께 기도합니다

사랑의 하나님 아버지! 죄인인 우리에게 예수님을 보내주셔서 죄와 사망에서 구원해 주시고, 하나님이 지으신 원래의 모습으로 살아갈 수 있도록 인도하여 주셔서 감사드립니다. 우리가 이 은혜를 늘 마음에 품고 죄의 유혹에서 승리할 수 있도록 도와주시고, 죄는 어떤 모양이라도 버릴 수 있도록 인도하여 주시옵소서. 예수님의 이름으로 기도드립니다. (아멘)

7. 함께 축복하기

찬양하며 서로를 축복합니다

[사랑의 주님이]

사랑의주님이날사랑하시 네내모습이대로－받으셨네－

사랑의주님이날사랑하듯이나도너를사랑하며섬기리－

오늘의 암송구절

창세기 3:9

여호와 하나님이 아담을 부르시며 그에게 이르시되 네가 어디 있느냐

우리집 가정예배 일지

일 시		참석자	
기도제목 · 응답내용			

네 아우 아벨이 어디 있느냐

005

1. 함께 찬양하기

찬송가 218장

〈 네 맘과 정성을 다하여서 〉

1) 네 맘과 정성을 다하여서 주 너의 하나님을 사랑하라

　　네 몸을 아끼고 사랑하듯 형제와 이웃을 사랑하라

　　주께서 우리게 명하시니 그 명령 따라서 살아가리

2) 널 미워 해치는 원수라도 언제나 너그럽게 사랑하라

　　널 핍박하는 자 위해서도 신실한 맘으로 복을 빌라

　　주께서 우리게 명하시니 그 명령 따라서 살아가리

3) 나 항상 주님을 멀리하고 형제를 사랑하지 못하였다

　　이러한 죄인을 사랑하사 주께서 몸 버려 죽으셨다

　　속죄의 큰 사랑 받은 이 몸 내 생명 다 바쳐 충성하리 (아멘)

2. 함께 본문 읽기

창세기 4:3-12

(3) 세월이 지난 후에 가인은 땅의 소산으로 제물을 삼아 여호와께 드렸고 (4) 아벨은 자기도 양의 첫 새끼와 그 기름으로 드렸더니 여호와께서 아벨과 그의 제물은 받으셨으나 (5) 가인과 그의 제물은 받지 아니하신지라 가인이 몹시 분하여 안색이 변하니 (6) 여호와께서 가인에게 이르시되 네가 분하여 함은 어찌 됨이며 안색이 변함은 어찌됨이냐 (7) 네가 선을 행하면

어찌 낯을 들지 못하겠느냐 선을 행하지 아니하면 죄가 문에 엎드려 있느니라 죄가 너를 원하나 너는 죄를 다스릴지니라 (8) 가인이 그의 아우 아벨에게 말하고 그들이 들에 있을 때에 가인이 그의 아우 아벨을 쳐죽이니라 (9) 여호와께서 가인에게 이르시되 네 아우 아벨이 어디 있느냐 그가 이르되 내가 알지 못하나이다 내가 내 아우를 지키는 자니이까 (10) 이르시되 네가 무엇을 하였느냐 네 아우의 핏소리가 땅에서부터 내게 호소하느니라 (11) 땅이 그 입을 벌려 네 손에서부터 네 아우의 피를 받았은즉 네가 땅에서 저주를 받으리니 (12) 네가 밭을 갈아도 땅이 다시는 그 효력을 네게 주지 아니할 것이요 너는 땅에서 피하며 유리하는 자가 되리라

3. 함께 생각하기　　　　인도자가 읽어줍니다

　　북극 지방의 사냥꾼들은 독특한 방법으로 곰을 사냥합니다. 사냥꾼들은 곰이 자주 다니는 길목에 있는 나무에 커다란 돌덩이를 매달아 놓습니다. 그러면 곰은 그곳을 지나가면서 돌덩이에 머리를 부딪치게 됩니다. 머리를 부딪친 곰은 자기가 가는 길을 막은 것이 화가 나서 돌덩이를 다시 이마로 들이받는다고 합니다.

　　그러면 돌덩이는 저만큼 밀려갔다가 다시 곰을 향하여 세차게 밀려와 곰을 들이받습니다. 자신을 공격해오는 돌덩이에 더 화가 난 곰은 더욱 세게 돌덩이를 들이받습니다. 이러한 곰의 반복되는 무차별적인 공격은 그 도가 점점 더 심해지게 되고 결국 그 어리석은 힘겨루기로 인하여 곰은 머리가 터지고 녹초가 되어 그 자리에서 죽어간다는 것입니다. 그리고 마침내 이 순간을 기다리던 사냥꾼들이 다가와서 죽어가는 곰을 끌고 간다는 것입니다.

　　오늘도 얼마나 많은 사람이 어리석은 힘겨루기로 인하여 자신을 파괴시켜 가고 있습니까? 스스로 분을 다스리지 못하는 미련한 곰처럼 문제를 들이받기만 하고 있지는 않습니까? 갈등 앞에서 먼저 나를 살펴보

고 분노를 다스려 참아낼 줄 아는 것이 지혜입니다. 참고 피해 가야 할 일을 깨닫지 못하고 분을 내어 충돌하는 것의 결국은 파멸입니다. 우리는 항상 분을 잘 다스려 파멸로 끝나는 길에서 돌이켜야 합니다.

4. 함께 관찰하기   성경 본문을 보며 빈칸을 채웁니다

① 아벨은 자기도 양의 □ □□와 그 □□□으로 드렸더니 여호와
께서 □□과 그의 □□은 받으셨으나 □□과 그의 □□
은 받지 아니하신지라

② 네가 □을 행하면 어찌 □을 들지 못하겠느냐 □을 행하지 아니
하면 □가 □에 엎드려 있느니라 □가 너를 원하나 너는 □를
□□□□□□□

③ 여호와께서 가인에게 이르시되 네 아우 □□이 □□ □□
□ 그가 이르되 내가 알지 못하나이다

5. 함께 나누기   질문에 따라 묵상한 내용을 나눕니다

① 최근에 가장 화가 났던 경험과 그 화를 참지 못해서 일어난 좋지 않은
결과들을 서로 이야기해 봅시다.

② 하나님께서는 아우 아벨을 죽인 가인에게 "네 아우 아벨이 어디있느
냐?" 라고 질문하셨습니다. 이 질문의 진정한 의미는 무엇일까요?

타락에도 불구하고 하나님께서 허락하신 생육과 번성의 역사는 계속 이어졌고 아담과 하와 사이에 가인과 아벨이라는 두 자녀가 태어났습니다. 나중에 가인은 농사하는 자가 되었고 아벨은 양을 치는 자가 되었는데, 이 둘은 각각 준비한 제물로 하나님께 제사를 드렸습니다. 그러나 하나님은 "아벨과 그의 제물"은 받으셨으나 "가인과 그의 제물"은 받지 않으셨습니다. 제물만 아니라 그들 각자의 삶을 보신 것입니다.

하나님께서 아벨의 제물만 받으시고 자신의 제물은 받지 않으셨다는 사실에 분개한 가인은 분을 참지 못하고 들판에서 동생 아벨을 쳐죽였습니다. 하나님께서는 가인에게 "네 아우 아벨이 어디 있느냐?"라고 물으셨습니다. 이 질문은 사랑하라고 붙여주신 너의 형제를 사랑하지 못하고 왜 그를 쳐죽였느냐고 물으시는 하나님의 안타까운 질문입니다.

하나님께서는 끊임없이 우리에게 질문하십니다. 하나님의 질문은 스스로의 행실을 살펴서 돌이킬 수 있는 기회를 베풀어주시는 것입니다. 우리를 향한 하나님의 질문에 대한 정답은 오직 하나님의 성품을 닮아 사랑하며 살아가는 것입니다. 자신의 감정을 잘 다스려 하나님을 사랑하듯 형제와 이웃을 사랑하며 살아가는 것이 참된 신앙인의 삶입니다.

 ## 6. 함께 기도하기   마무리하며 함께 기도합니다

하나님 아버지! 하나님께서 기쁘게 받으신 아벨과 그의 제사처럼 우리 가족들도 하나님이 인정하시는 신앙의 삶을 잘 살아갈 수 있도록 인도하여 주시옵소서. 우리 가족이 서로가 서로를 더욱 사랑하게 하시고, 각자 삶의 자리에서도 하나님의 크신 사랑을 나누며 실천하게 하옵소서. 예수님의 이름으로 기도드립니다. (아멘)

7. 함께 축복하기

찬양하며 서로를 축복합니다

[사랑의 주님이]

사랑 의 주님 이 날 사랑하시 네 내 모 습 이대 로―받으셨 네 ―

사랑 의 주님 이 날 사 랑하듯 이 나도 너 를 사랑 하며 섬기 리 ―

오늘의 암송구절

창세기 4:7

네가 선을 행하면 어찌 낯을 들지 못하겠느냐 선을 행하지 아니하면 죄가 문에 엎드려 있느니라 죄가 너를 원하나 너는 죄를 다스릴지니라

우리집 가정예배 일지

일 시		참석자	
기도제목 · 응답내용			

내가 그것들을 지었음을 한탄함이니라

006

1. 함께 찬양하기

찬송가 325장

〈 예수가 함께 계시니 〉

1) 예수가 함께 계시니 시험이 오나 겁없네
　 기쁨의 근원 되시는 예수를 위해 삽시다
2) 이 세상 사는 동안에 주 이름 전파하면서
　 무한한 복락 주시는 예수를 위해 삽시다
3) 이 세상 친구 없어도 예수는 나의 친구니
　 불의한 일을 버리고 예수를 위해 삽시다
4) 주께서 심판하실 때 잘했다 칭찬 하리니
　 이러한 상급 받도록 예수를 위해 삽시다
후렴) 날마다 주를 섬기며 언제나 주를 기리고
　　 그 사랑 안에 살면서 딴 길로 가지 맙시다

2. 함께 본문 읽기

창세기 6:1-8

(1) 사람이 땅 위에 번성하기 시작할 때에 그들에게서 딸들이 나니 (2) 하나님의 아들들이 사람의 딸들의 아름다움을 보고 자기들이 좋아하는 모든 여자를 아내로 삼는지라 (3) 여호와께서 이르시되 나의 영이 영원히 사람과 함께 하지 아니하리니 이는 그들이 육신이 됨이라 그러나 그들의 날은 백이

십 년이 되리라 하시니라 (4) 당시에 땅에는 네피림이 있었고 그 후에도 하나님의 아들들이 사람의 딸들에게로 들어와 자식을 낳았으니 그들은 용사라 고대에 명성이 있는 사람들이었더라 (5) 여호와께서 사람의 죄악이 세상에 가득함과 그의 마음으로 생각하는 모든 계획이 항상 악할 뿐임을 보시고 (6) 땅 위에 사람 지으셨음을 한탄하사 마음에 근심하시고 (7) 이르시되 내가 창조한 사람을 내가 지면에서 쓸어버리되 사람으로부터 가축과 기는 것과 공중의 새까지 그리하리니 이는 내가 그것들을 지었음을 한탄함이니라 하시니라 (8) 그러나 노아는 여호와께 은혜를 입었더라

3. 함께 생각하기 인도자가 읽어줍니다

미국의 한 통나무집에는 다음과 같은 글이 씌어 있다고 합니다. "이 집은 작습니다. 하지만 이 집은 위대한 집입니다. 왜냐하면 이 집의 후손들에 의하여 오늘의 미국이 빛을 발하게 되었기 때문입니다." 이 통나무집의 주인은 탁월한 신학자이자 사상가이며 1740년대 영적대각성 운동의 주역이었던 조나단 에드워즈와 그의 아내 사라 부부였습니다.

미국의 교육가 알버트 윈쉽(Albert E. Winship)의 연구에 의하면 에드워즈 부부는 신앙이 깊었고, 특히 가정에서 신앙교육을 중요시하며 자녀들을 양육하였다고 합니다. 그리하여 이 부부의 후손들을 조사해 보니 부통령이 1명, 대학 총장 12명, 교수 65명, 의사 60명, 성직자 100명, 판사 30명, 하원의원 3명, 상원의원 2명, 그리고 수많은 기독교인이 었습니다. 반면에 에드워즈와 같은 시대의 인물인 맥스 쥬크는 신앙을 떠나 방탕한 삶을 살았는데 이 쥬크의 후손들을 조사해 보니 거지 310명, 도둑 60명, 살인자 70명, 유아사망 309명, 매춘부 50명이었습니다. 하나님 안에서 경건하게 살았던 조나단 에드워즈와 하나님을 떠난 사람

이었던 맥스 쥬크 가문의 이와 같은 결말은 결코 우연이 아닙니다. 하나님을 떠나 방탕한 삶을 살아가면 결코 아름다운 삶을 살아갈 수 없습니다. 오직 하나님 안에서 우리는 참된 인생을 살아갈 수 있습니다.

4. 함께 관찰하기   성경 본문을 보며 빈칸을 채웁니다

① 여호와께서 이르시되 나의 ☐☐이 영원히 ☐☐☐과 함께 하지 아니하리니 이는 그들이 ☐☐이 됨이라 그러나 그들의 ☐은 ☐☐ 년이 되리라 하시니라

② 여호와께서 사람의 ☐☐이 세상에 ☐☐☐과 그의 ☐☐으로 생각하는 모든 ☐☐이 항상 ☐☐ ☐☐을 보시고

③ 그러나 ☐☐는 여호와께 ☐☐를 입었더라

5. 함께 나누기   질문에 따라 묵상한 내용을 나눕니다

① 하나님께서 세상을 홍수로 심판하실 수밖에 없었던 이유에 대해 성경은 무엇이라고 말씀하시는지 찾아봅시다.

② 홍수심판 중에도 노아는 하나님께 은혜를 입었습니다. 최근에 하나님께 받은 은혜에 감격했던 경험을 생각해 보고 서로 나누어 봅시다.

사람이 땅 위에 번성하기 시작할 때 셋의 후손인 경건한 하나님의 아들들이 가인의 후예인 불경건한 사람들과 뒤섞여서 심각한 죄악 속에 빠졌습니다. 그 후 모든 인류는 마침내 '육신'이 되고 말았는데 이는

죄악의 오염으로 인해 타락한 인간을 지칭합니다. 이런 '죄악의 고질적 증가'로 인한 죄악상은 두 가지로 요약되는데 하나는 죄악으로 인한 부패(쇠하트)이고 다른 하나는 포악함으로 함부로 살아가는 폭력(하마스)의 모습입니다.

이런 모습들 때문에 결국 하나님의 홍수심판이 시행되었는데 그 과정에서 우리가 꼭 기억해야 할 3가지 중요한 메시지가 있습니다. 첫째, 방주는 '테바'인데 테바는 상자로서 하나님에 의해 움직이는 배라는 사실입니다. 둘째, 방주는 오직 한 척뿐이었는데 이것은 구원은 오직 예수님을 통하는 길밖에 없다는 것입니다. 셋째, 방주에 들어갔던 사람만 구원받았는데 방주는 오늘날의 교회이며 교회는 구원사역을 위한 거룩한 공동체입니다. 오늘 말씀 중에 가장 중요한 구절은 "그러나 노아는 여호와께 은혜를 입었더라"(8절)라는 말씀입니다. 노아가 선택받은 것도 은혜이고 방주 속에 들어간 것도 은혜이며 무지개 언약을 통해 새로운 조상으로 삼아주신 것도 하나님의 은혜입니다. 우리는 은혜 아니면 한순간도 살아갈 수 없는 존재입니다. 은혜 가운데 믿음으로 살아가는 아름다운 가정이 되시기를 바랍니다.

 ## 6. 함께 기도하기   마무리하며 함께 기도합니다

하나님 아버지! 감사합니다. 하나님께서 기쁘게 받으신 아벨과 그의 제사처럼 우리 가족들도 하나님이 인정하시는 신앙의 삶을 잘 살아갈 수 있도록 인도하여 주시옵소서. 우리 가족이 서로가 서로를 더욱 사랑하게 하시고, 각자 삶의 자리에서도 하나님의 크신 사랑을 나누며 실천하게 하옵소서. 예수님의 이름으로 기도드립니다. (아멘)

7. 함께 축복하기   찬양하며 서로를 축복합니다

[사랑의 주님이]

사랑 의 주님 이 날 사 랑하시 네 내 모 습 이대 로 - 받으셨 네 -

사랑 의 주님 이 날 사 랑하듯 이 나도 너 를 사랑 하며 섬기 리 -

 ## # 오늘의 암송구절   창세기 6:8

그러나 노아는 여호와께 은혜를 입었더라

 ## # 우리집 가정예배 일지

일 시		참석자	
기도제목 • 응답내용			

>> 바벨탑 　창 11:1-9

그들을 온 지면에 흩으셨더라

007

1. 함께 찬양하기　　　　　　찬송가 38장

〈 예수 우리 왕이여 〉

1) 예수 우리 왕이여 이곳에 오셔서
　우리가 왕께 드리는 영광을 받아 주소서
　우리는 주님의 백성 주님은 우리 왕이라
　왕이신 예수님 오셔서 좌정하사 다스리소서
2) 예수 우리 주시여 이곳에 오셔서
　우리가 주께 드리는 찬양을 받아 주소서
　우리는 주님의 종들 주님은 우리 주시라
　주되신 예수님 오셔서 이 찬양을 받아주소서

2. 함께 본문 읽기　　　　　　창세기 11:1-9

(1) 온 땅의 언어가 하나요 말이 하나였더라 (2) 이에 그들이 동방으로 옮기다가 시날 평지를 만나 거기 거류하며 (3) 서로 말하되 자, 벽돌을 만들어 견고히 굽자하고 이에 벽돌로 돌을 대신하며 역청으로 진흙을 대신하고 (4) 또 말하되 자, 성읍과 탑을 건설하여 그 탑 꼭대기를 하늘에 닿게 하여 우리 이름을 내고 온 지면에 흩어짐을 면하자 하였더니 (5) 여호와께서 사람들이 건설하는 그 성읍과 탑을 보려고 내려오셨더라 (6) 여호와께서 이르시되 이 무리가 한 족속이요 언어도 하나이므로 이같이 시작하였으니 이 후로는 그

하고자 하는 일을 막을 수 없으리로다 (7) 자, 우리가 내려가서 거기서 그들의 언어를 혼잡하게 하여 그들이 서로 알아듣지 못하게 하자 하시고 (8) 여호와께서 거기서 그들을 온 지면에 흩으셨으므로 그들이 그 도시를 건설하기를 그쳤더라 (9) 그러므로 그 이름을 바벨이라 하니 이는 여호와께서 거기서 온 땅의 언어를 혼잡하게 하셨음이니라 여호와께서 거기서 그들을 온 지면에 흩으셨더라

3. 함께 생각하기　　　　　　　인도자가 읽어줍니다

맥스 루케이도의 동화 「너는 특별하단다 2」에는 '웸믹'이 등장합니다. 이들은 목수인 엘리가 만든 작은 나무 사람입니다. 어느 날 웸믹들 사이에 상자와 공을 남보다 많이 사 모으려는 소동이 벌어졌습니다. 상자와 공이 많으면 훌륭한 웸믹이, 적으면 볼품없는 웸믹이 되었기 때문입니다. 주인공인 펀치넬로도 훌륭한 웸믹이 되고 싶어서 자신의 물건과 집까지 팔아가며 상자와 공을 열심히 사 모았습니다. 하지만 언제나 자기보다 다른 웸믹들이 더 많은 상자와 공을 가진 것처럼 보여 속상하였습니다.

그러던 어느 날 마을의 규칙이 바뀌었습니다. 이제부터는 공과 상자를 가지고서 가장 높은 곳에 올라가는 웸믹이 가장 훌륭하다고 평가를 받게 된 것입니다. 뚱뚱한 시장이 큰 소리로 외쳤습니다. "나는 산꼭대기에 가장 먼저 올라가겠다!" 그러자 눈이 휘둥그레진 웸믹들은 너나 할 거 없이 산꼭대기를 향해 달려가기 시작하였습니다. 그들은 넘어지고 자빠지고 다투고, 심지어 앞서가기 위해 팔꿈치로 서로를 치기까지 하였습니다.

엘리 아저씨가 펀치넬로에게 물었습니다. "내가 저렇게 행동하라고 나무 사람을 만들었다고 생각하니? 네가 상자와 공을 얻기 위해 무엇

을 대가로 치렀는지 아니?" 펀치넬로가 "책과 돈과 집이요"라고 대답하자 엘리 아저씨가 이야기합니다. "넌 그보다 훨씬 더 많은 대가를 치렀단다. 너는 네 행복을 대가로 치른 거란다. 넌 친구들과의 우정도 잃었어. 무엇보다도 믿음을 잃었지. 넌 내가 너를 행복하게 살게끔 만들었다는 것을 믿지 못했어. 대신 넌 상자와 공을 믿었을 뿐이란다."

4. 함께 관찰하기   성경 본문을 보며 빈칸을 채웁니다

① 온 [　]의 [　　]가 하나요 [　]이 하나였더라

② 또 말하되 자 [　　]과 [　]을 건설하여 그 [　]꼭대기를 [　　]에 닿게 하여 우리 [　　]을 내고 온 [　　]에 [　　]을 면하자

③ 그러므로 그 이름을 [　　]이라 하니 이는 [　　　]께서 거기서 온 땅의 언어를 [　　]하게 하셨음이니라 여호와께서 그들을 온 [　　]에 흩으셨더라

5. 함께 나누기   질문에 따라 묵상한 내용을 나눕니다

① 살아오면서 지나친 욕심을 가졌다가 일을 그르치거나 후회했던 경험을 생각해 보고 서로 나누어 봅시다.

② 하나님 없는 '높이에 대한 갈망'은 허망한 결과를 낳습니다. 겸손하게 하나님과 동행하는 삶을 살아가기 위한 실천 방안을 나누어 봅시다.

바벨탑 사건은 창세기 3~11장까지의 '원역사'를 결론짓는 사건입니

다. 인류 문명이 발달하자 사람들은 4가지 계획을 세워 실행하였습니다. 첫째는 '성읍' 곧 '도시문명'을 건설하고자 한 것입니다. 둘째는 높은 탑, 곧 바벨탑을 쌓고자 한 것입니다. 셋째는 "우리 스스로 이름을 내자"라고 말하며 교만한 계획을 도모한 것입니다. 넷째는 "온 지면에 흩어짐을 면하자"고 하면서 하나님의 창조질서에 위배되는 악한 계획을 세운 것입니다. 이와 같은 악한 계획은 하나님을 향한 반역을 의미합니다. 기술문명을 총동원한 거대한 탑과 도시를 건설하고 '우리끼리 잘 살아보자'고 하는 추구 속에는 교만과 허영이 있습니다. 이러한 모습은 오늘날에도 무신론과 과학주의, 세속화와 물신주의의 모습으로 개인과 사회에 넘쳐나고 있습니다.

마침내 하나님은 인류의 언어를 혼잡하게 하시고 그들을 온 지면에 흩어버리셨습니다. 바벨탑 사건은 하나님 없는 역사, 하나님 없는 문명은 실패할 수밖에 없다는 사실을 분명히 알려줍니다. 그러므로 바벨탑 사건은 하나님을 떠나 고질적인 죄악 가운데 살아가면 멸망할 수밖에 없다는 '원역사'의 결론입니다. 이제 우리는 '높이에 대한 갈망'을 그치고, 창조주이신 하나님께로 돌아가야 합니다. 하나님과 겸손히 동행하며 올람, 그 옛적 길을 신실하게 걸어가야 하겠습니다.

 ## 6. 함께 기도하기   마무리하며 함께 기도합니다

창조주 하나님! 우리는 여전히 바벨탑을 쌓기를 추구하는 세상의 문화 속에서 살아가고 있습니다. 교만과 허영의 악한 마음을 십자가에 못 박고 오직 하나님만을 경외하며 살아가게 하여 주옵소서. 성령님의 도우심을 의지하며 매일 겸손히 하나님과 동행하는 우리 가정이 되게 하여 주시옵소서. 예수님의 이름으로 기도드립니다. (아멘)

7. 함께 축복하기   찬양하며 서로를 축복합니다

「 사랑의 주님이 」

사랑 의 주님 이 날사 랑하시 네내모 습 이대 로—받으셨 네 —

사랑 의 주님 이 날사 랑하듯 이나도 너 를사랑 하며섬기 리 —

오늘의 암송구절   창세기 11:9

그러므로 그 이름을 바벨이라 하니 이는 여호와께서 거기서 온 땅의 언어를 혼잡하게 하셨음이니라 여호와께서 거기서 그들을 온 지면에 흩으셨더라

우리집 가정예배 일지

일 시		참석자	
기도제목 • 응답내용			

"보라, 자식들은 여호와의 기업이요 태의 열매는 그의 상급이로다. 젊은 자의 자식은 장사의 수중의 화살 같으니 이것이 그의 화살통에 가득한 자는 복되도다. 그들이 성문에서 그들의 원수와 담판할 때에 수치를 당하지 아니하리로다"(시 127:3-5).

PART_2

족장사

>> 아브라함의 부르심 창 12:1-9

내가 네게 보여 줄 땅으로 가라

008

 ## 1. 함께 찬양하기
찬송가 430장

〈 주와 같이 길 가는 것 〉

1) 주와 같이 길가는 것 즐거운 일 아닌가
   우리 주님 걸어가신 발자취를 밟겠네
2) 어린아이 같은 우리 미련하고 약하나
   주의 손에 이끌리어 생명 길로 가겠네
3) 꽃이 피는 들판이나 험한 골짜기라도
   주가 인도하는 대로 주와 같이 가겠네
4) 옛 선지자 에녹같이 우리들도 천국에
   들려 올라갈 때까지 주와 같이 걷겠네
후렴) 한 걸음 한 걸음 주 예수와 함께
   날마다 날마다 우리 걸어가리

 ## 2. 함께 본문 읽기
창세기 12:1-9

(1) 여호와께서 아브람에게 이르시되 너는 너의 고향과 친척과 아버지의 집을 떠나 내가 네게 보여 줄 땅으로 가라 (2) 내가 너로 큰 민족을 이루고 네게 복을 주어 네 이름을 창대하게 하리니 너는 복이 될지라 (3) 너를 축복하는 자에게는 내가 복을 내리고 너를 저주하는 자에게는 내가 저주하리니 땅의 모든 족속이 너로 말미암아 복을 얻을 것이라 하신지라 (4) 이에 아브람

이 여호와의 말씀을 따라갔고 롯도 그와 함께 갔으며 아브람이 하란을 떠날 때에 칠십오 세였더라 (5) 아브람이 그의 아내 사래와 조카 롯과 하란에서 모은 모든 소유와 얻은 사람들을 이끌고 가나안 땅으로 가려고 떠나서 마침내 가나안 땅에 들어갔더라 (6) 아브람이 그 땅을 지나 세겜 땅 모레 상수리 나무에 이르니 그때에 가나안 사람이 그 땅에 거주하였더라 (7) 여호와께서 아브람에게 나타나 이르시되 내가 이 땅을 네 자손에게 주리라 하신지라 자기에게 나타나신 여호와께 그가 그 곳에서 제단을 쌓고 (8) 거기서 벧엘 동쪽 산으로 옮겨 장막을 치니 서쪽은 벧엘이요 동쪽은 아이라 그가 그 곳에서 여호와께 제단을 쌓고 여호와의 이름을 부르더니 (9) 점점 남방으로 옮겨갔더라

3. 함께 생각하기   인도자가 읽어줍니다

멕시코에 있는 쿠이케텍 인디언과 체르탈 인디언의 방언에는 '믿는다'라는 말과 '순종한다'라는 말이 구분되어 있지 않다고 합니다. 한 단어에 두 의미가 함께 포함되어 있는 것입니다. 이 같은 사실을 안 초기 선교사들은 미개한 인종의 언어라서 언어의 분화가 잘 이루어지지 않았다고 생각하며 그들의 언어는 불완전하다고 하였습니다.

그러나 도리어 그들은 두 단어를 애써 구별하려는 문명인들을 이상하게 생각하였습니다. 그들은 이 두 말이 반드시 하나가 되어야 한다고 생각하면서 이렇게 반문하였습니다. "믿으면 순종하게 되지 않습니까?" 이 표현은 믿는다는 것은 곧 순종하는 것임을 잘 드러내고 있습니다.

우리는 하나님을 믿는다고 하면서도 순종하지는 않는 뻔뻔스러운 존재일 수 있습니다. 즉 우리 자신을 날마다 믿음의 외식자로 만들어가고 있는지도 모릅니다. 쿠이케텍 인디언과 체르탈 인디언이 비록 미개하

다 할지라도 문명인들보다 훨씬 더 진리에 접근해 있는 것 같습니다. 그들은 적어도 문명인들이 빠져 있는 종교적 자가분열증에는 빠져 있지 않기 때문입니다. 믿으면 반드시 순종하게 되어 있습니다.

4. 함께 관찰하기 성경 본문을 보며 빈칸을 채웁니다

① 여호와께서 □□□에게 이르시되 너는 너의 □□과 친척과 아버지의 집을 □□ 내가 네게 보여 줄 □으로 □□

② 내가 너로 큰 □□을 이루고 네게 □을 주어 네 □□을 창대하게 하리니 너는 □이 될지라

③ 여호와께서 아브람에게 나타나 이르시되 내가 이 □을 네 □□에게 주리라 하신지라 자기에게 나타나신 □□□께 그가 그 곳에서 □□을 쌓고

5. 함께 나누기 질문에 따라 묵상한 내용을 나눕니다

① 하나님의 부름을 받고 아브람이 고향과 친척과 아버지의 집을 떠난 것처럼 우리가 하나님께 순종하여 떠나야 할 것은 무엇인지 나눠 봅시다.

② 하나님의 말씀에 믿음으로 잘 순종하여서 복을 받고 축복의 통로가 되었던 경험들을 함께 나누어 봅시다.

창세기 1~11장까지는 '원역사'에 대하여 기록하고 있습니다. 이 역

사는 인간의 타락과 죄악의 고질적인 증가로 인해 실패로 끝나고 말았습니다. 하지만 하나님께서는 새로운 구속사를 시작하고자 아브람을 선택하셨습니다. 하나님은 아브람에게 소명을 주시면서 너의 고향과 친척과 아버지의 집을 '떠나' '가라'고 말씀하셨습니다. 하나님의 '새 일'을 위해서는 반드시 죄악으로 점철된 과거를 떠나야 하고 새로운 사명을 향해 나아가야 합니다.

또한 하나님은 아브람에게 땅과 후손을 주시겠다고 약속해 주셨습니다. 이것은 결국 민족에 관한 약속인데 그 민족을 통하여 하나님의 구원역사를 이루어 나가기 위함이었습니다. 그리고 하나님은 아브람에게 복을 주시고 그에게 '복' 그 자체가 되게 해주시겠다고 말씀하셨습니다. 그뿐만 아니라 아브람을 '축복의 통로'가 되게 해주시겠다고 약속하셨습니다. 아브람은 온전히 순종하여 나아갔고 마침내 가나안 땅에 들어갔습니다. 그리고 가는 곳마다 제단을 쌓고 여호와의 이름을 불렀습니다. '순종'은 가장 중요한 신앙 덕목이며 핵심 신앙정신입니다. 아담의 불순종으로 인류는 죄와 사망 가운데 빠졌고 예수님의 순종으로 우리는 구원받았습니다. 진실로 순종함으로 하나님의 뜻을 온전히 이루며 살아가는 가정이 됩시다.

 ## 6. 함께 기도하기   마무리하며 함께 기도합니다

하나님 아버지! 우리를 택하사 자녀 삼아주시고 하나님을 섬기는 가정을 이루게 해주시니 감사드립니다. 우리 가정이 믿음의 조상 아브라함처럼 오직 하나님의 말씀만을 따라가는 복된 가정이 되게 하여주소서. 또한 하나님의 복을 많은 사람들에게 전하는 축복의 통로가 되게 하여 주시옵소서. 예수님의 이름으로 기도드립니다. (아멘)

7. 함께 축복하기

찬양하며 서로를 축복합니다

[사랑의 주님이]

사랑 의 주님 이 날 사 랑 하시 네 내 모 습 이대 로 — 받으셨 네 —

사랑 의 주님 이 날 사 랑하듯 이 나 도 너 를 사랑 하며 섬기 리 —

오늘의 암송구절

창세기 12:2

내가 너로 큰 민족을 이루고 네게 복을 주어 네 이름을 창대하게 하리
니 너는 복이 될지라

우리집 가정예배 일지

일 시	참석자	
기도제목 · 응답내용		

네 자손이 이와 같으리라

009

1. 함께 찬양하기

찬송가 542장

〈 구주 예수 의지함이 〉

1) 구주 예수 의지함이 심히 기쁜 일일세
　영생 허락 받았으니 의심 아주 없도다
2) 구주 예수 의지함이 심히 기쁜 일일세
　주를 믿는 나의 마음 그의 피에 적시네
3) 구주 예수 의지하여 죄악 벗어 버리네
　안위 받고 영생함을 주께 모두 얻었네
4) 구주 예수 의지하여 구원함을 얻었네
　영원 무궁 지나도록 주여 함께 하소서
후렴) 예수 예수 믿는 것은 받은 증거 많도다
　　예수 예수 귀한 예수 믿음 더욱 주소서 (아멘)

2. 함께 본문 읽기

창세기 15:1-7

(1) 이 후에 여호와의 말씀이 환상 중에 아브람에게 임하여 이르시되 아브
　람아 두려워하지 말라 나는 네 방패요 너의 지극히 큰 상급이니라
(2) 아브람이 이르되 주 여호와여 무엇을 내게 주시려 하나이까 나는 자식
　이 없사오니 나의 상속자는 이 다메섹 사람 엘리에셀이니이다
(3) 아브람이 또 이르되 주께서 내게 씨를 주지 아니하셨으니 내 집에서 길

린 자가 내 상속자가 될 것이니이다

(4) 여호와의 말씀이 그에게 임하여 이르시되 그 사람이 네 상속자가 아니라 네 몸에서 날 자가 네 상속자가 되리라 하시고

(5) 그를 이끌고 밖으로 나가 이르시되 하늘을 우러러 뭇별을 셀 수 있나 보라 또 그에게 이르시되 네 자손이 이와 같으리라

(6) 아브람이 여호와를 믿으니 여호와께서 이를 그의 의로 여기시고

(7) 또 그에게 이르시되 나는 이 땅을 네게 주어 소유를 삼게 하려고 너를 갈대아인의 우르에서 이끌어 낸 여호와니라

 ## 3. 함께 생각하기   인도자가 읽어줍니다

미국의 16대 대통령인 에이브러햄 링컨(Abraham Lincoln)이 마차를 타고 켄터키주를 방문하고 있었습니다. 그때 한 육군 대령이 대통령에게 얼음을 탄 위스키를 권하였습니다. 링컨은 이를 정중하게 거절하였습니다. "대령! 성의는 고맙지만 사양하겠소."

대령은 잠시 후 주머니에서 담배 한 개비를 꺼내 또 링컨에게 권하였습니다. 그러자 링컨은 대령에게 거듭 사양의 뜻을 전한 후 이야기 하나를 들려주었습니다. "아홉 살 때 어머니가 나를 침대 곁에 앉혀놓고 말씀하셨소. '에이브러햄아! 이제 나는 회복이 불가능하단다. 내가 죽기 전에 너는 나와 한 가지 약속을 해야겠다. 평생 술과 담배를 입에 대지 않겠다고 약속해 줄 수 있겠니?' 그날 나는 어머니와 약속했소. 그리고 지금까지 이 약속을 지켜왔소. 이것이 바로 내가 술과 담배를 거절하는 이유라오."

이 이야기를 들은 대령은 링컨에게 깊이 머리를 숙여 존경의 뜻을 표하였습니다. 링컨이 국민들로부터 존경을 받는 것은 그가 이처럼 약속

을 소중하게 생각했기 때문이었습니다. 약속을 반드시 지키는 사람에 게는 하나님께서 반드시 큰 복을 내려주십니다.

4. 함께 관찰하기   성경 본문을 보며 빈칸을 채웁니다

① 이 후에 여호와의 말씀이 ☐☐ 중에 아브람에게 임하여 이르시 되 아브람아 ☐☐☐☐☐ 말라 나는 네 ☐☐요 너의 지극 히 큰 ☐☐이니라

② 그를 이끌고 밖으로 나가 이르시되 ☐☐을 우러러 ☐☐을 셀 수 있나 보라 또 그에게 이르시되 네 ☐☐이 이와 같으리라

③ 아브람이 여호와를 ☐☐☐ 여호와께서 이를 그의 ☐로 여기 시고

5. 함께 나누기   질문에 따라 묵상한 내용을 나눕니다

① 다른 사람과의 약속을 지키지 못하여 낙심하거나 실망한 경험을 나눠 보고, 약속을 지키지 못한 이유가 무엇인지 생각해봅시다.

② 하나님은 약속해 주신 것을 반드시 이루어 주십니다. 하나님께서 우리 와 약속해 주신 것을 이루어 주셨던 경험을 서로 나눠봅시다.

족장사는 하나님의 약속이 실현되는 과정을 잘 보여줍니다. 하나님 은 아브람에게 은혜를 베풀어 주시고 수시로 약속을 재확인해 주셨습 니다. 가나안 땅에 흉년이 들어 아브람이 그 땅을 버리고 애굽으로 갔

을 때 하나님은 아브람에게 은혜를 베풀어 주셔서 그를 회복시켜 주셨습니다. 아브람이 목초지 문제로 조카 롯과 다툼이 생겼고 그가 먼저 희생적인 제안을 했을 때도 하나님께서는 아브람과의 약속을 재확인시켜 주셨습니다. 또한 가나안 땅에 전쟁이 일어나 아브람이 그 전쟁에 휘말리는 큰 위기를 당했을 때도 하나님께서 아브람을 도와주심으로 승리하게 해주셨습니다.

이 전쟁 후에 보복이 있을까 두려워하는 아브람에게 하나님은 다시금 나타나셔서 그에게 "두려워하지 말라, 나는 네 방패요 큰 상급"이라고 말씀해 주셨고 "네 자손이 하늘의 별과 같게 될 것"이라고 약속해 주셨습니다. 또한 아브람이 이 약속을 굳게 믿자 하나님은 이 약속을 굳게 믿는 그의 믿음을 보시고 그를 의롭다고 여겨주셨습니다.

참된 신앙은 이처럼 우리에게 베풀어 주시는 하나님의 은혜와 약속을 믿고 의지하는 것입니다. 이 믿음으로 세상 유혹에서 날마다 승리하시고 삶에서 하나님의 약속이 성취되는 복을 누리시기 바랍니다.

6. 함께 기도하기　　마무리하며 함께 기도합니다

사랑이 많고 은혜가 풍성하신 하나님 아버지! 아브람에게 약속하시고 이루어 주신 것처럼, 우리 가정과 약속해 주신 것도 반드시 이루어 주실 줄 믿습니다. 이 믿음으로 세상 유혹에 흔들리지 않고 날마다 승리하며 살아가도록 붙잡아 주시옵소서. 날마다 하나님의 기쁨이 되는 삶을 살아가게 하여 주시옵소서. 예수님의 이름으로 기도드립니다. (아멘)

7. 함께 축복하기　　찬양하며 서로를 축복합니다

[사랑의 주님이]

사랑 의 주님 이 날 사 랑하시 네 내모 습 이대 로―받 으셨 네 ―

사랑 의 주님 이 날 사 랑하듯 이 나도 너 롤사랑 하며섬기 리 ―

 ## # 오늘의 암송구절　　창세기 15:6

아브람이 여호와를 믿으니 여호와께서 이를 그의 의로 여기시고

 ## # 우리집 가정예배 일지

일 시		참석자	
기도제목 · 응답내용			

열 명으로 말미암아 멸하지 아니하리라

010

1. 함께 찬양하기

찬송가 310장

〈 아 하나님의 은혜로 〉

1) 아 하나님의 은혜로 이 쓸데없는 자
　 왜 구속하여 주는지 난 알 수 없도다
2) 왜 내게 굳센 믿음과 또 복음 주셔서
　 내 맘이 항상 편한지 난 알 수 없도다
3) 왜 내게 성령 주셔서 내 마음 감동해
　 주 예수 믿게 하는지 난 알 수 없도다
4) 주 언제 강림하실지 혹 밤에 혹 낮에
　 또 주님 만날 그 곳도 난 알 수 없도다
후렴) 내가 믿고 또 의지함은 내 모든 형편 아시는 주님
　　　 늘 보호해 주실 것을 나는 확실히 아네

2. 함께 본문 읽기

창세기 18:25-32

(25) 주께서 이같이 하사 의인을 악인과 함께 죽이심은 부당하오며 의인과 악인을 같이 하심도 부당하니이다 세상을 심판하시는 이가 정의를 행하실 것이 아니니이까 (26) 여호와께서 이르시되 내가 만일 소돔 성읍 가운데에서 의인 오십 명을 찾으면 그들을 위하여 온 지역을 용서하리라 (27) 아브라함이 대답하여 이르되 나는 티끌이나 재와 같사오나 감히 주께 아뢰나이

다 (28) 오십 의인 중에 오 명이 부족하다면 그 오 명이 부족함으로 말미암아 온 성읍을 멸하시리이까 이르시되 내가 거기서 사십오 명을 찾으면 멸하지 아니하리라 (29) 아브라함이 또 아뢰어 이르되 거기서 사십 명을 찾으시면 어찌 하려 하시나이까 이르시되 사십 명으로 말미암아 멸하지 아니하리라 (30) 아브라함이 이르되 내 주여 노하지 마시옵고 말씀하게 하옵소서 거기서 삼십 명을 찾으시면 어찌 하려 하시나이까 이르시되 내가 거기서 삼십 명을 찾으면 그리하지 아니하리라 (31) 아브라함이 또 이르되 내가 감히 내 주께 아뢰나이다 거기서 이십 명을 찾으시면 어찌 하려 하시나이까 이르시되 내가 이십 명으로 말미암아 그리하지 아니하리라 (32) 아브라함이 또 이르되 주는 노하지 마옵소서 내가 이번만 더 아뢰리이다 거기서 십 명을 찾으시면 어찌 하려 하시나이까 이르시되 내가 십 명으로 말미암아 멸하지 아니하리라

3. 함께 생각하기   인도자가 읽어줍니다

어느 기독교 라디오 방송국의 생방송 중 한 농부가 전화를 했습니다.
"저는 이 지역에서 농사를 짓고 있고, 무신론자입니다."
"아! 그렇군요. 그런데 어떤 일로 전화를 주셨나요?"
농부는 자신이 하나님이 계시지 않는다는 사실을 증명할 수 있다며 다음과 같이 말하였습니다. "나는 솔직히 기독교를 잘 모릅니다. 하나님이 누구인지, 예수님이 누구인지 알지도 못하고 관심도 없습니다. 그러나 나 같은 사람이 신앙이 좋은 사람보다 훨씬 더 나은 삶을 살고 있습니다. 우리 농장 옆에는 신앙이 정말 좋은 농부가 살고 있습니다. 그런데 우리 밭에서 자란 곡식이 거의 갑절이나 많습니다. 이 일을 어떻게 설명하실 수 있습니까? 내 머리론 아무리 생각해도 하나님이 없다는 증거로밖에 생각되지 않습니다."
이 말을 들은 진행자는 이렇게 답했습니다. "농사를 짓는 실력이 좋

으신 것 같군요. 축하드립니다. 그리고 이 말씀을 꼭 드리고 싶네요. 하나님은 가을마다 결산하시는 분이 아닙니다. 물론 연말에 결산하시는 분도 아니고요. 하나님의 결산은 우리의 인생이 끝나는 순간에 찾아온답니다." 우리는 누구나 다 언젠가는 하나님의 심판대 앞에 서게 되어 있습니다. 그러나 하나님이 당장이 아니라 인생 끝날까지 심판을 유보하신 이유는 우리에게 돌이킬 수 있는 기회를 주신 것입니다. 이런 하나님의 은혜를 붙들고 지금 바로 돌이키며 회개해야 하는 것입니다.

4. 함께 관찰하기   성경 본문을 보며 빈칸을 채웁니다

① 주께서 이같이 하사 ☐☐을 ☐☐과 함께 죽이심은 부당하오며 의인과 악인을 같이 하심도 부당하니이다 ☐☐을 ☐☐하시는 이가 ☐☐를 행하실 것이 아니니이까

② 여호와께서 이르시되 내가 만일 ☐☐ ☐☐ 가운데에서 ☐ ☐☐☐을 찾으면 그들을 위하여 온 지역을 ☐☐하리라

③ 거기서 ☐☐을 찾으시면 어찌하려 하시나이까 이르시되 내가 ☐☐으로 말미암아 ☐☐☐ 아니하리라

5. 함께 나누기   질문에 따라 묵상한 내용을 나눕니다

① 우리 하나님은 참 좋으신 분임과 동시에 죄에 대하여 반드시 심판하시는 분이라는 사실은 우리에게 무엇을 생각하게 하는지 나눠봅시다.

② 하나님이 심판하신 소돔과 오늘날 이 세상을 대조해 보고, 하나님이 찾는 한 사람이 되기 위하여 우리는 어떻게 해야할지 나눠봅시다.

하나님은 아브람의 이름을 '여러 민족의 아버지' 라는 약속의 의미를 가진 '아브라함' 으로 바꾸어 주셨습니다. 또 하나님은 아브라함에게 소돔의 심판에 대해 알려주셨습니다. 그때 아브라함은 의인을 악인과 함께 멸하심은 부당하다고 하며 의인 오십 명이 있을지라도 멸하시겠는지 하나님께 여쭈었습니다. 이렇게 시작한 중보의 대화 끝에 하나님은 최종적으로 "내가 십 명만 있어도 그들로 말미암아 멸하지 아니하리라"고 분명히 말씀해 주셨습니다. 그러나 하나님의 명령을 받은 두 천사가 소돔을 찾아갔을 때 소돔성 사람들의 음란과 폭력과 여러 죄악의 모습은 참으로 심각하였습니다. 결국 하나님은 소돔과 고모라에 유황과 불을 비같이 내려 악한 자들을 심판하셨습니다.

이러한 소돔성의 심판을 통해 우리를 향하신 하나님의 교훈을 깊이 묵상해야 합니다. 첫째, 하나님은 죄악을 반드시 심판하신다는 사실입니다. 둘째, 하나님은 죄악을 반드시 심판하시지만, 이런 중에도 한 생명이라도 구원하길 원해 끝없이 은혜를 베푸신다는 사실입니다. 셋째, 소돔은 결국 의인 열 사람이 없어 멸망당한 것을 기억하고 우리는 하나님이 찾으시는 한 사람이 되고(렘 5:1) 이 시대에 남은 자가 되어야 합니다. 이 교훈을 마음 깊이 기억하여 구속사의 주인공이 되길 바랍니다.

 ## 6. 함께 기도하기   마무리하며 함께 기도합니다

하나님 아버지! 연약하고 부족한 아브라함이었지만 그의 이름과 신분을 바꾸시고 마침내 언약을 성취하여 주신 것을 기억합니다. 우리 가정도 이 시대에 남은 자가 되어 하나님이 찾으시는 사람으로 살아갈 수 있도록 인도하여 주시옵소서. 또한 은혜받은 자로 은혜를 흘려보내는 사명도 잘 감당하게 하여 주시옵소서. 예수님의 이름으로 기도드립니다. (아멘)

7. 함께 축복하기 찬양하며 서로를 축복합니다

[사랑의 주님이]

사랑의 주님 이 날 사 랑 하시 네 내 모 습 이대 로 - 받 으 셨 네 -

사랑 의 주님 이 날 사 랑하듯 이 나도 너 를 사랑 하며 섬기 리 -

오늘의 암송구절 창세기 18:32

아브라함이 또 이르되 주는 노하지 마옵소서 내가 이번만 더 아뢰리이다 거기서 십 명을 찾으시면 어찌 하려 하시나이까 이르시되 내가 십 명으로 말미암아 멸하지 아니하리라

우리집 가정예배 일지

일 시		참석자	
기도제목 · 응답내용			

네가 나의 말을 준행하였음이니라

011

1. 함께 찬양하기   찬송가 445장

〈 태산을 넘어 험곡에 가도 〉

1) 태산을 넘어 험곡에 가도 빛 가운데로 걸어가면
   주께서 항상 지키시기로 약속한 말씀 변치않네
2) 캄캄한 밤에 다닐지라도 주께서 나의 길 되시고
   나에게 밝은 빛이 되시니 길 잃어버릴 염려없네
3) 광명한 그 빛 마음에 받아 찬란한 천국 바라보고
   할렐루야를 힘차게 불러 날마다 빛에 걸어가리
후렴) 하늘의 영광 하늘의 영광 나의 맘 속에 차고도 넘쳐
   할렐루야를 힘차게 불러 영원히 주를 찬양하리

2. 함께 본문 읽기   창세기 22:6-14

(6) 아브라함이 이에 번제 나무를 가져다가 그의 아들 이삭에게 지우고 자기는 불과 칼을 손에 들고 두 사람이 동행하더니 (7) 이삭이 그 아버지 아브라함에게 말하여 이르되 내 아버지여 하니 그가 이르되 내 아들아 내가 여기 있노라 이삭이 이르되 불과 나무는 있거니와 번제할 어린 양은 어디 있나이까 (8) 아브라함이 이르되 내 아들아 번제할 어린 양은 하나님이 자기를 위하여 친히 준비하시리라 하고 두 사람이 함께 나아가서 (9) 하나님이 그에게 일러 주신 곳에 이른지라 이에 아브라함이 그곳에 제단을 쌓고 나무

를 벌여 놓고 그의 아들 이삭을 결박하여 제단 나무 위에 놓고 (10) 손을 내밀어 칼을 잡고 그 아들을 잡으려 하니 (11) 여호와의 사자가 하늘에서부터 그를 불러 이르시되 아브라함아 아브라함아 하시는지라 아브라함이 이르되 내가 여기 있나이다 하매 (12) 사자가 이르시되 그 아이에게 네 손을 대지 말라 그에게 아무 일도 하지 말라 네가 네 아들 네 독자까지도 내게 아끼지 아니하였으니 내가 이제야 네가 하나님을 경외하는 줄을 아노라 (13) 아브라함이 눈을 들어 살펴본즉 한 숫양이 뒤에 있는데 뿔이 수풀에 걸려 있는지라 아브라함이 가서 그 숫양을 가져다가 아들을 대신하여 번제로 드렸더라 (14) 아브라함이 그 땅 이름을 여호와 이레라 하였으므로 오늘날까지 사람들이 이르기를 여호와의 산에서 준비되리라 하더라

 ## 3. 함께 생각하기 인도자가 읽어줍니다

탈무드에 나오는 이야기입니다. 어느 날 존경받는 한 랍비가 먼 길을 여행하게 되었습니다. 그는 책을 보기 위한 등불과 시간을 알리는 수탉, 그리고 나귀와 성경을 가지고 길을 떠났습니다. 날이 어두워지자, 랍비는 한 마을에 들어가 하룻밤 머물고자 하였지만 마을 사람들의 반대로 머물 수 없었습니다. 결국 랍비는 변두리에서 노숙하게 되었습니다.

그런데 그날 밤 랍비는 잠이 오지 않았습니다. 그래서 성경을 읽으려고 등불을 켰는데 그만 바람에 등불이 꺼져버리고 말았습니다. 랍비는 '분명 하나님이 더 유익하게 하실 거야' 생각하며 잠을 청했습니다. 그런데 이번에는 사나운 짐승 소리에 그만 나귀와 수탉이 놀라 도망쳐 버렸습니다. 그에게 남은 것은 이제 성경뿐이었습니다. 그래도 그는 '분명 하나님이 더 유익하게 하실 거야' 생각하고 잠자리에 들었습니다.

이튿날 아침이 밝았을 때 그는 깜짝 놀랐습니다. 전날 밤에 도적 떼가 마을을 습격해서 마을 사람들이 모두 죽임을 당한 것이었습니다. 랍

비는 '전날 밤에 만일 등불이 켜져 있었다면, 그리고 나귀와 수탉이 울 부짖었다면, 내가 과연 살아남을 수 있었을까?' 생각하였습니다.

　우리는 하나님의 뜻을 다 이해할 수 없지만 하나님은 합력해서 선을 이루시며 모든 일들을 섭리 가운데 행하십니다. 어떤 상황에서도 우리 에게 좋은 길을 예비해 주시는 하나님을 신뢰하는 것이 믿음입니다.

4. 함께 관찰하기　　성경 본문을 보며 빈칸을 채웁니다

① 아브라함이 이르되 내 아들아 ☐☐할 ☐☐ ☐은 ☐☐☐
　　이 자기를 위하여 친히 ☐☐하시리라 하고

② 네가 네 ☐☐ 네 ☐☐까지도 내게 아끼지 아니하였으니 내
　　가 이제야 네가 ☐☐☐을 ☐☐하는 줄을 아노라

③ 아브라함이 그 땅 이름을 ☐☐☐ ☐☐라 하였으므로 오늘
　　날까지 사람들이 이르기를 여호와의 산에서 ☐☐되리라 하더라

5. 함께 나누기　　질문에 따라 묵상한 내용을 나눕니다

① 아브라함은 하나님의 이해할 수 없는 명령에도 순종하였습니다. 어떻 게 아브라함이 순종할 수 있었겠는지 서로 나누어 봅시다.

② '여호와 이레'의 하나님은 언제나 우리를 위해 준비하시고, 선한 길로 인도하십니다. 이 은혜 때문에 감격했던 경험을 서로 나누어 봅시다.

아브라함은 우리와 똑같은 성정을 지닌 사람이라 실수가 많고 부족

한 사람이었습니다. 그러나 하나님께서는 이런 아브라함을 결코 포기하지 아니하시고 끝까지 그 모든 약속들을 하나하나 다 이루어주셨습니다. 이것이 바로 '하나님의 열심' 입니다. 결국 이 '하나님의 열심' 으로 인하여 하나님께서는 마침내 약속의 아들인 '이삭' 을 아브라함의 가정에 허락해 주셨습니다. 그런데 하나님은 어느 날 갑자기 아브라함에게 독자 이삭을 모리아 땅에 있는 산에서 번제로 드리라는 이해할 수 없는 명령을 하셨습니다. 그러나 불가능한 상황 중에서도 약속의 아들을 주신 하나님을 체험한 아브라함은 하나님을 깊이 신뢰하였고, 삼 일 길을 걸어가 모리아 땅에 있는 산에서 이삭을 번제로 바치려 하였습니다. 그런데 그때 하나님의 사자가 급히 아브라함을 막으며 네가 네 독자까지도 아끼지 아니하였으니 네가 이제야 하나님을 경외하는 줄을 안다고 말씀하셨습니다. 아브라함은 하나님의 시험에 합격하였습니다.

아브라함은 하나님이 준비해 주신 숫양으로 번제를 드리고 그 땅의 이름을 '여호와 이레' 라고 불렀습니다. 이는 '여호와께서 준비하신다' 라는 뜻입니다. 이처럼 하나님은 우리를 위해 준비하시고 날마다 선한 길로 인도하시는 여호와 이레의 하나님이십니다. 이 하나님을 꼭 붙들고 날마다 승리하시길 바랍니다.

 ## 6. 함께 기도하기   마무리하며 함께 기도합니다

> 하나님 아버지! 연약한 아브라함을 끝까지 포기하지 않으시고 믿음으로 세워주셨던 하나님께서 오늘도 우리 가정을 굳건하게 세워주실 줄 믿습니다. 이 믿음을 가지고 늘 하나님의 말씀에 순종하는 가정이 되게 하여 주시옵소서. 그리하여 '여호와 이레' 의 하나님을 체험하는 참으로 복된 가정이 되게 하여 주시옵소서. 예수님의 이름으로 기도드립니다. (아멘)

7. 함께 축복하기 찬양하며 서로를 축복합니다

[사랑의 주님이]

사랑 의 주님 이 날 사 랑하시 네 내모 습 이대 로 - 받으셨 네 -

사랑 의 주님 이 날 사 랑하듯 이 나도 너 를 사랑 하며 섬기 리 -

오늘의 암송구절 창세기 22:14

아브라함이 그 땅 이름을 여호와 이레라 하였으므로 오늘날까지 사람
들이 이르기를 여호와의 산에서 준비되리라 하더라

우리집 가정예배 일지

일 시		참석자	
기도제목 • 응답내용			

아버지가 부르던
이름으로 불렀더라

012

1. 함께 찬양하기

찬송가 191장

〈 내가 매일 기쁘게 〉

1) 내가 매일 기쁘게 순례의 길 행함은 주의 팔이 나를 안보함이요
　　내가 주의 큰 복을 받는 참된 비결은 주의 영이 함께 함이라

2) 전에 죄에 빠져서 평안함이 없을 때 예수 십자가의 공로 힘입어
　　그 발 아래 엎드려 참된 평화 얻음은 주의 영이 함께 함이라

3) 나와 동행하시고 모든 염려 아시니 나는 숲의 새와 같이 기쁘다
　　내가 기쁜 맘으로 주의 뜻을 행함은 주의 영이 함께 함이라

4) 세상 모든 욕망과 나의 모든 정욕은 십자가에 이미 못을 받았네
　　어둔 밤이 지나고 무거운 짐 벗으니 주의 영이 함께 함이라

후렴) 성령이 계시네 할렐루야 함께 하시네
　　　좁은 길을 걸으며 밤낮 기뻐하는 것 주의 영이 함께 함이라

2. 함께 본문 읽기

창세기 26:16-25

(16) 아비멜렉이 이삭에게 이르되 네가 우리보다 크게 강성한즉 우리를 떠나라 (17) 이삭이 그곳을 떠나 그랄 골짜기에 장막을 치고 거기 거류하며 (18) 그 아버지 아브라함 때에 팠던 우물들을 다시 팠으니 이는 아브라함이

죽은 후에 블레셋 사람이 그 우물들을 메웠음이라 이삭이 그 우물들의 이름을 그의 아버지가 부르던 이름으로 불렀더라 (19) 이삭의 종들이 골짜기를 파서 샘 근원을 얻었더니 (20) 그랄 목자들이 이삭의 목자와 다투어 이르되 이 물은 우리의 것이라 하매 이삭이 그 다툼으로 말미암아 그 우물 이름을 에섹이라 하였으며 (21) 또 다른 우물을 팠더니 그들이 또 다투므로 그 이름을 싯나라 하였으며 (22) 이삭이 거기서 옮겨 다른 우물을 팠더니 그들이 다투지 아니하였으므로 그 이름을 르호봇이라 하여 이르되 이제는 여호와께서 우리를 위하여 넓게 하셨으니 이 땅에서 우리가 번성하리로다 하였더라 (23) 이삭이 거기서부터 브엘세바로 올라갔더니 (24) 그 밤에 여호와께서 그에게 나타나 이르시되 나는 네 아버지 아브라함의 하나님이니 두려워하지 말라 내 종 아브라함을 위하여 내가 너와 함께 있어 네게 복을 주어 네 자손이 번성하게 하리라 하신지라 (25) 이삭이 그곳에 제단을 쌓고, 여호와의 이름을 부르며 거기 장막을 쳤더니 이삭의 종들이 거기서도 우물을 팠더라

3. 함께 생각하기   인도자가 읽어줍니다

연못가에 서 있는 갈대는 조금만 바람이 불어도 이리저리 나부낍니다. 조금 떨어진 곳에 서 있는 떡갈나무가 갈대를 보며 동정하였습니다. "이봐요 갈대, 자네의 가냘픈 몸집이 자네 자신에게 너무 무거운 짐이 되겠는걸. 내 건강한 머리를 좀 보게. 햇빛을 멈추게도 하고 강한 폭풍까지도 힘차게 맞설 수 있지. 삭풍이 자네에게는 폭풍이지만 나에겐 미풍만도 못하네. 자네가 내 몸 밑에 태어났던들 나의 그늘을 은신처로 삼고 고생이 없을 텐데. 내 생각으로는 자연은 불공평한 것 같네."

한동안 말없이 듣고 있던 갈대는 "나를 동정해 주는 것은 좋지만 그

다지 걱정은 마세요. 모든 바람은 나보다 당신에게 더 위험스럽소. 바람이 불면 나는 굽히기는 하지만 꺾이지는 않는다오"라고 말하였습니다. 이 말을 들은 떡갈나무는 갈대를 괘씸하게 생각하였습니다.

그때 지평선 저쪽에서 폭풍이 휘몰아쳐 왔습니다. 그러자 떡갈나무는 몸을 굽히지 않고 바람에 맞섰습니다. 바람은 점점 더 세차게 불어닥쳤습니다. 가냘픈 갈대는 당장 쓰러질 것만 같았습니다. 그러나 갈대는 바람이 부는 대로 몸을 기울일 뿐 아무 괴로움도 없었습니다.

그러나 떡갈나무는 강한 바람에 힘을 다하여 맞섰습니다. 바람은 더욱더 세차게 불었습니다. 결국 떡갈나무는 머리를 하늘로 쳐들고 맞서다가 뿌리째 뽑히고 말았습니다. 매사에 교만하여 강하고 딱딱하게 맞서는 것은 자신을 망치는 길입니다. 결국에는 부드럽고 온유한 사람이 승리합니다. 하나님은 온유하고 겸손한 사람을 반드시 높여주십니다.

4. 함께 관찰하기   성경 본문을 보며 빈칸을 채웁니다

① 이삭이 거기서 옮겨 다른 ☐☐을 팠더니 그들이 다투지 아니하였으므로 그 이름을 ☐☐☐이라 하여 이르되 이제는 여호와께서 우리를 위하여 ☐☐하셨으니 이 땅에서 우리가 ☐☐하리로다

② 나는 네 아버지 ☐☐☐☐의 하나님이니 ☐☐☐하지 말라 내 종 아브라함을 위하여 내가 너와 ☐☐ 있어 네게 ☐을 주어 네 ☐☐이 ☐☐하신지라

③ 이삭이 그곳에 ☐☐을 쌓고 여호와의 ☐☐을 부르며 거기 ☐☐을 쳤더니 이삭의 종들이 거기서도 ☐☐을 팠더라

5. 함께 나누기 질문에 따라 묵상한 내용을 나눕니다

> ① 화가 나서 참지 못했던 일이 있었다면 떠올려 보고, 화를 내는 대신에
>   우리가 선택할 수 있는 방법은 어떤 것이 있는지 서로 나눠봅시다.
>
> ② 이삭은 하나님의 약속을 굳게 신뢰했기에 온유한 삶을 살아갈 수 있
>   었습니다. 우리 가정이 붙잡아야 할 약속의 말씀은 무엇인가요?

이삭은 하나님의 약속을 믿고 그 땅에서 농사하여 첫째 백배나 얻었고, 둘째 창대하였고, 셋째 왕성하였으며, 넷째 거부가 되었고, 다섯째 양과 소가 떼를 이루었고, 여섯째 종이 심히 많게 되었습니다. 이것은 하나님께서 아브라함에게 주신 약속이 이삭에게 승계되었고 그 성취까지도 승계되어서 아름다운 복이 임한 것입니다. 이 모습을 잘 기억하여서 우리 가정도 하나님의 약속과 성취가 온전히 승계되는 믿음의 명품 가문을 꼭 이루어야 하겠습니다.

그런데 블레셋 사람들은 이삭을 시기하고 견제하여 이삭이 파는 우물들마다 메꾸어버렸습니다. 가나안 땅에서 우물은 사람과 가축의 생명과 직결되어 있는 소중한 자산이었습니다. 그러므로 우물을 흙으로 막고 메웠다는 것은 아주 심각한 도전행위이자 전쟁을 선포한 것이나 다름없었습니다. 그러나 이런 상황 중에서도 이삭은 그들과 더불어 싸우지 않았고, 그곳을 떠나서 다른 곳으로 옮겨가 다시 우물을 팠습니다. 이렇게 해서 이삭은 네 번씩이나 우물을 파게 되었는데, 이것은 이삭이 얼마나 온유한 사람인지를 잘 알려주고 있습니다. 이삭은 대립과 싸움이 아니라 양보와 온유의 방식으로 일관하였습니다.

이삭이 그렇게 할 수 있었던 것은 "내가 너와 함께 있어 네게 복을 주어 네 자손이 번성하게 하리라" 말씀하신 하나님의 약속을 굳게 믿었기 때문입니다. 우리도 하나님께서 반드시 나를 책임져 주실 줄로 믿고 날마다 온유하고 의연한 모습으로 살아갈 수 있어야 하겠습니다.

6. 함께 기도하기　　마무리하며 함께 기도합니다

　하나님 아버지! 다툼과 대립이 끊임없이 일어나는 세상을 살아가는 동안에 우리의 중심이 흔들릴 때가 많이 있음을 고백합니다. 그럴 때마다 하나님의 약속을 의지하여 온유와 겸손으로 승리하신 예수님을 기억하게 하여 주시옵소서. 또한 이삭처럼 하나님께서 이루실 약속을 굳게 붙잡고 승리하는 가정이 되게 하여 주시옵소서. 예수님의 이름으로 기도드립니다. (아멘)

7. 함께 축복하기　　찬양하며 서로를 축복합니다

「 사랑의 주님이 」

오늘의 암송구절 창세기 26:25

이삭이 그곳에 제단을 쌓고, 여호와의 이름을 부르며 거기 장막을 쳤더니 이삭의 종들이 거기서도 우물을 팠더라

 # 우리집 가정예배 일지

일 시		참석자	
기도제목 · 응답내용			

>> 축복의 사람   창 28:10-22

내가 너를 떠나지 아니하리라

013

1. 함께 찬양하기   찬송가 338장

〈 내 주를 가까이 하게 함은 〉

1) 내 주를 가까이 하게 함은 십자가 짐 같은 고생이나
   내 일생 소원은 늘 찬송하면서 주께 더 나가기 원합니다
2) 내 고생하는 것 옛 야곱이 돌베개 베고 잠 같습니다
   꿈에도 소원이 늘 찬송하면서 주께 더 나가기 원합니다
3) 천성에 가는 길 험하여도 생명길 되나니 은혜로다
   천사 날 부르니 늘 찬송하면서 주께 더 나가기 원합니다
4) 야곱이 잠 깨어 일어난 후 돌단을 쌓은 것 본받아서
   숨질 때 되도록 늘 찬송하면서 주께 더 나가기 원합니다

2. 함께 본문 읽기   창세기 28:10-19

(10) 야곱이 브엘세바에서 떠나 하란으로 향하여 가더니 (11) 한 곳에 이르러는 해가 진지라 거기서 유숙하려고 그곳의 한 돌을 가져다가 베개로 삼고 거기 누워 자더니 (12) 꿈에 본즉 사닥다리가 땅 위에 서 있는데 그 꼭대기가 하늘에 닿았고 또 본즉 하나님의 사자들이 그 위에서 오르락내리락 하고 (13) 또 본즉 여호와께서 그 위에 서서 이르시되 나는 여호와니 너의 조부

아브라함의 하나님이요 이삭의 하나님이라 네가 누워 있는 땅을 내가 너와 네 자손에게 주리니 (14) 네 자손이 땅의 티끌같이 되어 네가 서쪽과 동쪽과 북쪽과 남쪽으로 퍼져나갈지며 땅의 모든 족속이 너와 네 자손으로 말미암아 복을 받으리라 (15) 내가 너와 함께 있어 네가 어디로 가든지 너를 지키며 너를 이끌어 이 땅으로 돌아오게 할지라 내가 네게 허락한 것을 다 이루기까지 너를 떠나지 아니하리라 하신지라 (16) 야곱이 잠이 깨어 이르되 여호와께서 과연 여기 계시거늘 내가 알지 못하였도다 (17) 이에 두려워하여 이르되 두렵도다 이곳이여 이것은 다름 아닌 하나님의 집이요 이는 하늘의 문이로다 하고 (18) 야곱이 아침에 일찍이 일어나 베개로 삼았던 돌을 가져다가 기둥으로 세우고 그 위에 기름을 붓고 (19) 그곳 이름을 벧엘이라 하였더라 이 성의 옛 이름은 루스더라

 ## 3. 함께 생각하기   인도자가 읽어줍니다

북아메리카에 거주하던 인디언 체로키족은 어릴 때부터 사냥과 정찰 등의 기술들을 잘 가르칩니다. 그러다가 소년들이 어느덧 장성하면 부족의 전통에 따라 독특한 성인식을 치르게 됩니다.

먼저, 아버지는 아들의 눈을 가리고 깊은 숲속으로 데리고 갑니다. 그리고 아들을 그 숲속에 홀로 남겨둡니다. 여태껏 가족과 마을을 떠나본 적이 없는 소년은 낯선 숲속에서 혼자 밤을 지새워야 합니다. 어디인지도 모르는 곳에서 아무것도 볼 수 없으니 잔뜩 겁에 질릴 수밖에 없습니다. 바람소리도 무섭고 짐승들의 울음소리는 더욱 무섭게 들립니다. 하지만 소년은 이를 악물고 그 공포를 견뎌내어야만 합니다. 그

래야 부족 사람들로부터 어른으로 인정받을 수 있기 때문입니다.

어느덧 어둠이 걷히고 아침 햇살이 비치면 그제야 소년은 눈가리개를 벗고 비로소 주변을 살펴볼 수가 있습니다. 그런데 바로 그때 숲속 한구석에서 누군가 자기를 쳐다보는 사람이 있다는 것을 알게 됩니다. 그곳에는 소년의 아버지가 손에 활을 든 채로 소년을 지키고 있었습니다. 아버지는 두려움에 떨고 있는 아들을 혼자 내버려두지 않고 함께 긴 밤을 지새우면서 계속 지키고 있었던 것입니다.

4. 함께 관찰하기   성경 본문을 보며 빈칸을 채웁니다

① 나는 여호와니 너의 조부 ☐☐☐☐의 하나님이요 ☐☐의 하나님이라 네가 누워 있는 ☐을 내가 너와 네 ☐☐에게 주리니

② 네 자손이 땅의 ☐☐ 같이 되어 네가 서쪽과 동쪽과 북쪽과 남쪽으로 퍼져나갈지며 땅의 ☐☐ ☐☐이 너와 네 ☐☐으로 말미암아 ☐을 받으리라

③ 내가 너와 ☐☐ ☐☐ 네가 어디로 가든지 너를 ☐☐☐ 너를 이끌어 이 땅으로 돌아오게 할지라 내가 네게 ☐☐한 것을 다 이루기까지 너를 ☐☐☐ 아니하리라 하신지라

5. 함께 나누기 질문에 따라 묵상한 내용을 나눕니다

① 길 떠나는 야곱처럼 우리의 삶은 외롭고 두려울 때가 많습니다. 그 힘든 시기에 가장 큰 도움이 되었던 것은 무엇이었는지 나누어 봅시다.

② 벧엘에서 야곱을 만나주신 하나님은 우리와도 동행하시는 분입니다. 그 하나님을 만나서 위로와 용기를 얻었던 경험들을 나누어 봅시다.

형 에서와 아버지 이삭을 속여서 장자의 명분과 축복을 가로챈 야곱은 형의 보복이 두려워 외삼촌이 있는 밧단아람으로 도망하였습니다. 야곱이 살던 브엘세바에서 880km나 떨어진 아주 먼 곳이었습니다. 고대사회에서 고향을 떠난다는 것은 대단한 모험이었습니다. 낯선 곳에서 어떠한 위험이 기다리고 있는지도 모르고 강도의 습격을 받아 목숨이 위태로울 수도 있었습니다.

먼 길을 걸어간 야곱은 어느 한 장소에서 유숙하고자 하였습니다. 그리고 돌을 취하여 베개로 삼고 하늘을 이불 삼아 잠을 청하였습니다. 그런데 그곳에서 하나님은 야곱을 만나주셨습니다. 도망자이며 나그네로 정처 없이 고생길을 걸어가던 야곱을 만나주신 것입니다. 결국 야곱은 사닥다리 꿈을 통하여 하나님의 사자들을 보았고, 하나님의 음성을 듣게 되었습니다. 그리고 야곱은 그 꿈을 통해서 하나님은 ① 살아계시고 ② 약속을 성취하시며 ③ 복을 주시고 ④ 회복시켜 주시며 ⑤ 나와 함께 하시는 분이심을 알게 되었습니다.

이렇게 하나님을 체험한 야곱은 그 땅 '루스' 를 '하나님의 집' 이라는 뜻을 가진 '벧엘'이라고 바꿔 불렀습니다. 이 벧엘의 경험으로 야곱은 완전히 새로운 인생을 살게 되었습니다. 하나님은 우리와 함께 하시는 분입니다.

6. 함께 기도하기 마무리하며 함께 기도합니다

하나님 아버지! 오늘도 우리를 안전한 길로 인도하시고 평안케 하시니 감사드립니다. 때때로 혼자인 것 같은 외로움이 밀려오고 야곱처럼 두려운 길을 걸어갈 때에도 하나님께서 우리와 동행하고 계심을 잊지 않게 하여 주옵소서. "내가 너를 떠나지 아니하리라"는 하나님의 말씀을 의지하는 가정이 되게 하옵소서. 예수님의 이름으로 기도드립니다. (아멘)

7. 함께 축복하기 찬양하며 서로를 축복합니다

[사랑의 주님이]

사랑의 주님 이 날 사랑하시 네 내 모 습 이대 로 - 받으셨 네 -

사랑의 주님 이 날 사랑하듯 이 나도 너를 사랑하며 섬기 리 -

오늘의 암송구절

창세기 28:15

내가 너와 함께 있어 네가 어디로 가든지 너를 지키며 너를 이끌어 이 땅으로 돌아오게 할지라 내가 네게 허락한 것을 다 이루기까지 너를 떠나지 아니하리라 하신지라

우리집 가정예배 일지

일 시	참석자
기도제목 • 응답내용	

이스라엘이라 부를 것이니라

014

1. 함께 찬양하기
찬송가 436장

〈 나 이제 주님의 새 생명 얻은 몸 〉

1) 나 이제 주님의 새 생명 얻은 몸 옛것은 지나고 새 사람이로다

   그 생명 내 맘에 강같이 흐르고 그 사랑 내게서 해 같이 빛난다

2) 주 안에 감추인 새 생명 얻으니 이전에 좋던 것 이제는 값없다

   하늘의 은혜와 평화를 맛보니 찬송과 기도로 주 함께 살리라

3) 산천도 초목도 새 것이 되었고 죄인도 원수도 친구로 변한다

   새 생명 얻은 자 영생을 누리니 주님을 모신 맘 새 하늘이로다

4) 주 따라 가는 길 험하고 멀어도 찬송을 부르며 뒤따라 가리라

   나 주를 모시고 영원히 살리라 날마다 섬기며 주 함께 살리라

후렴) 영생을 누리며 주 안에 살리라 오늘도 내일도 주 함께 살리라

2. 함께 본문 읽기
창세기 32:24-32

(24) 야곱은 홀로 남았더니 어떤 사람이 날이 새도록 야곱과 씨름하다가

(25) 자기가 야곱을 이기지 못함을 보고 그가 야곱의 허벅지 관절을 치매

   야곱의 허벅지 관절이 그 사람과 씨름할 때에 어긋났더라

(26) 그가 이르되 날이 새려하니 나로 가게 하라 야곱이 이르되 당신이 내

게 축복하지 아니하면 가게 하지 아니하겠나이다

(27) 그 사람이 그에게 이르되 네 이름이 무엇이냐 그가 이르되 야곱이니이다

(28) 그가 이르되 네 이름을 다시는 야곱이라 부를 것이 아니요 이스라엘이라 부를 것이니 이는 네가 하나님과 및 사람들과 겨루어 이겼음이니라

(29) 야곱이 청하여 이르되 당신의 이름을 알려주소서 그 사람이 이르되 어찌하여 내 이름을 묻느냐 하고 거기서 야곱에게 축복한지라

(30) 그러므로 야곱이 그곳 이름을 브니엘이라 하였으니 그가 이르기를 내가 하나님과 대면하여 보았으나 내 생명이 보전되었다 함이더라

(31) 그가 브니엘을 지날 때에 해가 돋았고 그의 허벅다리로 말미암아 절었더라

(32) 그 사람이 야곱의 허벅지 관절에 있는 둔부의 힘줄을 쳤으므로 이스라엘 사람들이 지금까지 허벅지 관절에 있는 둔부의 힘줄을 먹지 아니하더라

3. 함께 생각하기   인도자가 읽어줍니다

기도의 사람으로 잘 알려진 조지 뮬러(George Muller)는 일생 동안에 수많은 기도 응답을 받았습니다. 그러나 그가 어려서부터 기도의 삶을 살았던 것은 아닙니다. 가난한 가정에 태어난 조지 뮬러는 10세가 되기 전에 부모님의 돈을 상습적으로 훔쳤고 19세까지 일상에서 온갖 거짓말을 하고 날마다 허랑방탕한 삶을 살았습니다. 그래서 형무소에 갇히기도 하였고 두 차례 무서운 질병을 앓기도 하였습니다. 그러다가 한 기도 모임을 통해서 그의 삶이 변하게 되었습니다.

그는 성경을 통해 자신 같은 탕자도 하나님께서 용서하신다는 것을

깨닫게 되었고 이후 자신의 삶을 온전히 하나님께 맡기고 모든 일에 하나님의 뜻을 찾는 사람이 되었습니다. 그런 가운데 그는 고아들에 대한 선교를 생각하게 되었고 영국 브리스톨에 있는 애슐리에 고아원을 세워 2천 명이 넘는 고아들을 기도로 양육하였습니다. 또한 평생 전 세계 42개국을 다니면서 복음을 전하였는데 93세를 일기로 세상을 떠날 때까지 약 3백만 명에게 복음을 전하였습니다.

그는 어떻게 이런 큰일을 할 수 있었는지 묻는 사람들에게 한결같이 대답하였습니다.

"나는 오직 하나님만 의지했기 때문입니다."

4. 함께 관찰하기　성경 본문을 보며 빈칸을 채웁니다

① 그가 이르되 날이 새려하니 나로 가게 하라 □□이 이르되 당신이 내게 □□□□ 아니하면 가게 하지 아니하겠나이다

② 그가 이르되 네 이름을 다시는 □□이라 부를 것이 아니요 □ □□□이라 부를 것이니 이는 네가 하나님과 및 사람들과 □ □□□□이니라

③ 그러므로 야곱이 그 곳 이름을 □□□이라 하였으니 그가 이르기를 내가 하나님과 □□하여 □□□□ 내 생명이 □ □되었다 함이더라

5. 함께 나누기 질문에 따라 묵상한 내용을 나눕니다

① 야곱이 하나님의 도우심을 바라며 씨름하였던 것처럼, 우리가 삶 속에서 씨름하듯 간절히 기도하여 응답받은 경험을 나눠봅시다.

② 야곱처럼 하나님의 것을 나의 것으로 삼고 하나님 중심으로 살기 위하여 내가 바꿔야 할 모습들에 대해 결단하며 서로 나눠봅시다.

야곱은 외삼촌 라반의 집에서 20년을 지내는 동안 하나님께 큰 복을 받아 많은 자녀와 재물을 얻었습니다. 그러나 그의 번성을 외삼촌 라반이 질시하였습니다. 하나님의 명령으로 야곱은 다시 가나안 땅으로 돌아가게 되었습니다. 그러나 귀향길에 오른 야곱은 자신에게 복수하고자 하는 형 에서 때문에 마음이 심히 불안하고 답답하였습니다.

야곱은 자기의 모든 가족을 먼저 얍복 시내 건너편으로 보내고 깊은 고뇌 속에서 얍복 나루터에 홀로 남았습니다. 그때 한 사람이 나타났는데 야곱은 그와 밤새도록 씨름하며 "당신이 내게 축복하지 아니하면 가게 하지 아니하겠나이다"라고 말하며 그를 붙들었습니다. 이 말은 야곱의 인생공식입니다. 야곱은 하나님의 것을 나의 것으로 삼으려고 하는 '거룩한 욕심'을 가진 사람인데 형 에서를 만나야 하는 너무나 불안하고 두려운 상황에서 하나님의 도움을 간절히 바라며 기도하였던 것입니다.

야곱과 씨름하던 사람은 야곱을 축복하고 그의 이름을 '이스라엘'로 바꾸어주었는데 이것은 야곱이 하나님 중심으로 사는 자임을 하나님께서 인정해 주신 것이었습니다. 우리에게는 그리스도인이라는 영광스런 이름이 있습니다. 이 이름에 부끄럽지 않도록 야곱처럼 하나님의 것을 나의 것으로 삼는 거룩한 열정으로 하나님께 인정받는 삶을 살아야 하겠습니다.

6. 함께 기도하기　　　마무리하며 함께 기도합니다

　　하나님 아버지! 우리의 삶에 어려움이 찾아와도 날마다 지키시고 선한 길로 인도하시는 하나님을 의지하게 하시고, 야곱처럼 하나님의 것을 나의 것으로 삼는 거룩한 열정으로 살아가게 하여 주시옵소서. 그리하여 하나님께 인정받고, 날마다 당당한 그리스도인으로서 이 땅을 승리하며 살아가게 하여 주시옵소서. 예수님의 이름으로 기도드립니다. (아멘)

7. 함께 축복하기　　　찬양하며 서로를 축복합니다

[형제의 모습 속에]

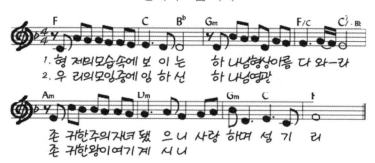

오늘의 암송구절

창세기 32:26

그가 이르되 날이 새려하니 나로 가게 하라 야곱이 이르되 당신이 내게
축복하지 아니하면 가게 하지 아니하겠나이다

우리집 가정예배 일지

일 시		참석자	
기도제목 • 응답내용			

>> 꿈꾸는 자 　창 37:1-11

네가 꾼 꿈이 무엇이냐

015

1. 함께 찬양하기 　　　　　　　　찬송가 490장

〈 주여 지난 밤 내 꿈에 〉

1) 주여 지난 밤 내 꿈에 뵈었으니 그 꿈 이루어 주옵소서
　　밤과 아침에 계시로 보여주사 항상 은혜를 주옵소서
2) 마음 괴롭고 아파서 낙심될 때 내게 소망을 주셨으며
　　내가 영광의 주님을 바라보니 앞길 환하게 보이도다
3) 세상 풍조는 나날이 변하여도 나는 내 믿음 지키리니
　　인생 살다가 죽음이 꿈같으나 오직 내 꿈은 참되리라
후렴) 나의 놀라운 꿈 정녕 나 믿기는 장차 큰 은혜 받을 표니
　　나의 놀라운 꿈 정녕 이루어져 주님 얼굴을 뵈오리라

2. 함께 본문 읽기 　　　　　　　　창세기 37:1-11

(1) 야곱이 가나안 땅 곧 그의 아버지가 거류하던 땅에 거주하였으니
(2) 야곱의 족보는 이러하니라 요셉이 십칠 세의 소년으로서 그의 형들과
　　함께 양을 칠 때에 그의 아버지의 아내들 빌하와 실바의 아들들과 더불
　　어 함께 있었더니 그가 그들의 잘못을 아버지에게 말하더라
(3) 요셉은 노년에 얻은 아들이므로 이스라엘이 여러 아들들보다 그를 더

사랑하므로 그를 위하여 채색옷을 지었더니

(4) 그의 형들이 아버지가 형들보다 그를 더 사랑함을 보고 그를 미워하여 그에게 편안하게 말할 수 없었더라

(5) 요셉이 꿈을 꾸고 자기 형들에게 말하매 그들이 그를 더욱 미워하였더라

(6) 요셉이 그들에게 이르되 청하건대 내가 꾼 꿈을 들으시오

(7) 우리가 밭에서 곡식 단을 묶더니 내 단은 일어서고 당신들의 단은 내 단을 둘러서서 절하더이다

(8) 그의 형들이 그에게 이르되 네가 참으로 우리의 왕이 되겠느냐 참으로 우리를 다스리게 되겠느냐 하고 그의 꿈과 그의 말로 말미암아 그를 더욱 미워하더니

(9) 요셉이 다시 꿈을 꾸고 그의 형들에게 말하여 이르되 내가 또 꿈을 꾼즉 해와 달과 열한 별이 내게 절하더이다 하니라

(10) 그가 그의 꿈을 아버지와 형들에게 말하매 아버지가 그를 꾸짖고 그에게 이르되 네가 꾼 꿈이 무엇이냐 나와 네 어머니와 네 형들이 참으로 가서 땅에 엎드려 네게 절하겠느냐

(11) 그의 형들은 시기하되 그의 아버지는 그 말을 간직해 두었더라

3. 함께 생각하기　　　인도자가 읽어줍니다

1963년 3월 8일 워싱턴 인권대행진 때에 있었던 일입니다. 흑인 한 사람이 수많은 군중 앞에서 이런 연설을 하였습니다.

"오늘도 내일도 곤란은 첩첩이 쌓여 있습니다. 그러나 나는 꿈을 꿉니다(I have a dream). 언젠가는 미시시피주까지도 자유와 정의의 오아시스로 변하리라고. 나는 꿈을 꿉니다. 나의 삼남매가 피부의 색으로

가 아니라 인격의 내용으로 판단되는 나라에 살게 될 것이라고. 나는 꿈을 꿉니다. 남쪽 알리바마주에서도 검고 또 흰 아이들의 손이 정답게 뭉쳐지리라고, 이 꿈만 버리지 않는다면 우리는 절망의 동산에서 희망의 반석을 캐내고, 이 꿈만 놓치지 않는다면 미국 내에 꽉 차 있는 불협화음을 형제사랑의 아름다운 심포니로 변화시킬 수가 있을 것입니다."

이 연설의 제목이 바로 'I have a dream(나에게는 꿈이 있습니다)' 이라는 제목이었고 이 유명한 연설을 한 사람은 바로 미국의 인권 운동가 마틴 루터 킹(Martin Luther King) 목사님이었습니다.

이러한 마틴 루터 킹 목사님의 사회적 상상력은 지금까지 미국 사회를 도도히 흐르는 정신적 물결이 되었고 그 꿈이 결국은 위대한 나라를 이루게 한 것입니다. 꿈은 하나님 안에서 이루어집니다.

 ## 4. 함께 관찰하기 성경 본문을 보며 빈칸을 채웁니다

① 요셉이 그들에게 이르되 청하건대 내가 ☐☐을 들으시오 우리
  가 밭에서 ☐☐☐을 묶더니 내 단은 ☐☐☐☐ 당신들의
  ☐은 ☐☐을 둘러서서 ☐하더이다

② 요셉이 다시 ☐을 꾸고 그의 ☐☐에게 말하여 이르되 내가 또
  꿈을 꾼즉 ☐와 ☐과 ☐☐ ☐이 내게 절하더이다 하니라

③ 그의 형들은 ☐☐하되 그의 아버지는 그 ☐을 간직해 두었더라

5. 함께 나누기　질문에 따라 묵상한 내용을 나눕니다

① 나는 어떤 꿈을 꾸고 있으며, 그 꿈을 이루기 위하여 어떠한 노력을 기울이고 있는지 가족들끼리 서로 나누어 봅시다.

② 개인의 욕심이 아니라 하나님이 기뻐하시는 거룩한 꿈을 꾸는 가정이 되기 위해 우리 가족이 함께 힘써야 할 것은 무엇일까요?

요셉 이야기 중에 가장 중요한 핵심은 바로 '꿈'입니다. 요셉이 꾼 꿈에는 아주 놀라운 네 가지 기능이 있습니다.

첫째, 꿈은 요셉이 현실의 모든 고난과 아픔을 이길 수 있도록 만들어 주었습니다. 요셉이 자라왔던 가정은 그렇게 행복하지도 아름답지도 못한 가정이었습니다. 그의 형제들은 우애가 좋지 않았고, 심지어 요셉을 팔아넘길 만큼 서로 미워하였습니다. 그러나 요셉이 이 모든 고난을 이겨낼 수 있었던 것은 그에게는 꿈이 있었기 때문입니다.

둘째, 요셉은 하나님이 주신 꿈을 가지고 성실과 최선을 다하였습니다. 그는 심지어 감옥 안에서도 성실한 사람이었습니다. 요셉이 이렇게 자신의 삶에 최선을 다할 수 있었던 것은 하나님이 주신 꿈이 있었고 그 꿈으로 말미암아 결코 게으르거나 낙담하지 않았기 때문입니다.

셋째, 요셉은 하나님이 주신 거룩한 꿈을 가지고 날마다 거룩하고 성결한 삶을 살았습니다. 보디발의 아내가 요셉을 유혹했을 때도 그는 유혹을 단호히 물리치고 자신의 거룩함을 끝까지 지켜내었습니다. 이것은 하나님이 주신 거룩한 꿈이 있었기 때문입니다.

넷째, 요셉은 개인의 성취를 넘어 사회적 상상력으로 내가 속한 공동체를 살리는 비전의 삶을 살았습니다. 자신을 팔아넘긴 형들이 양식을 구하기 위해 애굽에 왔을 때 요셉은 하나님이 생명을 구하시기 위해 자신을 먼저 보내신 것이라고 오히려 형들을 위로하였습니다. 하나님은 우리가 꿈을 꾸고 꾼 꿈대로 살아가고자 할 때 반드시 우리와 함께하시고 마침내 꿈을 이루어 주십니다. 성도는 꿈을 꾸는 사람입니다.

6. 함께 기도하기　　　마무리하며 함께 기도합니다

하나님 아버지! 요셉이 꿈을 통해 놀라운 역사를 이루어갔던 것처럼 우리 가정도 하나님의 꿈을 꾸며, 하나님의 도우심으로 꿈을 이루는 가정이 되게 해주소서. 또한 우리 가정이 서로의 꿈을 격려하고 세워주며 돕게 해주소서. 그리하여 우리 가정을 통해 하나님의 영광이 나타나게 하여 주소서. 예수님의 이름으로 기도드립니다. (아멘)

7. 함께 축복하기　　　찬양하며 서로를 축복합니다

「 형제의 모습 속에 」

오늘의 암송구절

창세기 37:10-11

그가 그의 꿈을 아버지와 형들에게 말하매 아버지가 그를 꾸짖고 그에게 이르되 네가 꾼 꿈이 무엇이냐 나와 네 어머니와 네 형들이 참으로 가서 땅에 엎드려 네게 절하겠느냐 그의 형들은 시기하되 그의 아버지는 그 말을 간직해 두었더라

우리집 가정예배 일지

일 시	참석자
기도제목 · 응답내용	

범사에 형통하게 하심을 보았더라

016

1. 함께 찬양하기

찬송가 405장

〈 주의 친절한 팔에 안기세 〉

1) 주의 친절한 팔에 안기세 우리 맘이 평안하리니
　 항상 기쁘고 복이 되겠네 영원하신 팔에 안기세
2) 날이 갈수록 주의 사랑이 두루 광명하게 비치고
　 천성 가는 길 편히 가리니 영원하신 팔에 안기세
3) 주의 보좌로 나아 갈 때에 기뻐 찬미소리 외치고
　 겁과 두려움 없어지리니 영원하신 팔에 안기세
후렴) 주의 팔에 그 크신 팔에 안기세
　　 주의 팔에 영원하신 팔에 안기세

2. 함께 본문 읽기

창세기 39:1-6

⑴ 요셉이 이끌려 애굽에 내려가매 바로의 신하 친위대장 애굽 사람 보디
　 발이 그를 그리로 데려간 이스마엘 사람의 손에서 요셉을 사니라
⑵ 여호와께서 요셉과 함께하시므로 그가 형통한 자가 되어 그의 주인 애
　 굽 사람의 집에 있으니
⑶ 그의 주인이 여호와께서 그와 함께하심을 보며 또 여호와께서 그의 범
　 사에 형통하게 하심을 보았더라

(4) 요셉이 그의 주인에게 은혜를 입어 섬기매 그가 요셉을 가정 총무로 삼
고 자기의 소유를 다 그의 손에 위탁하니

(5) 그가 요셉에게 자기의 집과 그의 모든 소유물을 주관하게 한 때부터 여
호와께서 요셉을 위하여 그 애굽 사람의 집에 복을 내리시므로 여호와
의 복이 그의 집과 밭에 있는 모든 소유에 미친지라

(6) 주인이 그의 소유를 다 요셉의 손에 위탁하고 자기가 먹는 음식 외에는
간섭하지 아니하였더라 요셉은 용모가 빼어나고 아름다웠더라

3. 함께 생각하기   인도자가 읽어줍니다

마틴 루터(Martin Luther)가 종교개혁을 추진하던 중 개혁의 말기
에 이르러 완전히 지쳐서 탈진하고 말았습니다. 그래서 그는 모든 것을
포기하고 자리에 누워 "모든 것이 끝났어!"라고 넋두리를 늘어놓았습
니다. 그때 지혜로운 그의 아내가 상복을 입고 방으로 들어왔습니다.
상복을 입은 아내를 보고 깜짝 놀란 그는 "아니 누가 죽었소?"라고 다
급히 물었습니다. 아내는 "예. 하나님께서 돌아가셨습니다"라고 말하
였습니다. 아내의 황당한 대답에 루터는 "아니 하나님께서 돌아가시다
니 무슨 소리요?"라고 소리쳤습니다. 그때 루터의 아내는 정색하고 이
렇게 말하였습니다. "모든 걸 포기하고 있는 당신을 보니 하나님이 돌
아가신 게 틀림이 없어요." 이 한마디가 루터를 깨웠습니다. "그렇지!
하나님은 여전히 살아계셔서 지금도 나와 함께하시지."

아내의 말에 정신 차린 루터는 하나님이 나와 함께하심에 대한 강한
확신을 가지고 종교개혁을 끝까지 완수할 수 있었습니다. 그 은혜를 가
지고 그가 작사 작곡한 것이 찬송가 585장 '내 주는 강한 성이요' 라는
찬송입니다. 하나님이 나와 함께 하심을 믿고 신뢰하는 자에게 하나님

은 평안함과 담대한 용기를 주시며 삶의 승리를 경험하게 해주십니다.

4. 함께 관찰하기   성경 본문을 보며 빈칸을 채웁니다

① 여호와께서 요셉과 □□ 하시므로 그가 □□한 자가 되어 그의 주인 애굽 사람의 □에 있으니

② 그의 주인이 □□□께서 그와 □□ 하심을 보며 또 여호와께서 그의 □□에 □□하게 하심을 보았더라

③ 그가 요셉에게 자기의 집과 그의 모든 □□□을 주관하게 한 때부터 □□□께서 요셉을 위하여 그 애굽 사람의 집에 □을 내리시므로 □□□□ □이 그의 집과 밭에 있는 모든 □ □에 미친지라

5. 함께 나누기   질문에 따라 묵상한 내용을 나눕니다

① 지금까지 삶을 살아오며 하나님께서 나와 함께 하신다는 것을 언제 느껴보았는지 그 경험을 함께 나누어 봅시다.

② 하나님께서 함께하심으로 요셉이 형통하였다는 것은 어떤 의미인지 생각해보고, 이것을 우리 믿음의 삶에 어떻게 적용할지 나눠 봅시다.

요셉은 17세에 꿈을 꾸기 시작하였는데 처음에는 요셉이 꿈을 꾸었으나 나중에는 그 꿈이 요셉을 이끌어가는 삶의 원동력이 되었습니다. 요셉은 꿈 때문에 형들의 모함을 받아 애굽으로 팔려가게 되었고 거기

서 애굽 왕 바로의 친위대장인 보디발이 요셉을 노예로 사서 그 집에 거하게 되었습니다. 요셉은 가는 곳마다 성실하였고 보디발은 요셉을 자기 집의 가정총무로 삼고 모든 것을 다 위탁하여 주관하게 하였습니다.

보디발의 아내는 지극히 음란한 여인이라 요셉을 유혹하였지만 거룩한 꿈을 갖고 있었던 요셉은 이것을 단호히 거절하였고 그것을 뿌리치는 과정에서 겉옷이 벗겨지고 말았습니다. 결국 요셉은 누명을 쓰고 모함받아 왕의 죄수를 가두는 감옥에 갇히고 말았습니다. 그러나 감옥에서도 관원장과 바로의 꿈을 해석해 주며, 그는 지극히 성실하였습니다.

창세기 39장에는 똑같은 표현이 무려 네 번씩이나 나오는데, 이것은 요셉의 인생 공식입니다.

"하나님께서 함께하심으로 그가 형통하게 되었더라."

하나님께서 나와 함께 하신다고 믿으면 먼저는 하나님께 대한 굳건한 '신뢰감'이 생기며 이 신뢰감은 우리에게 마음의 '평안함'을 가져다줍니다. 그리고 이 절대 평안으로 인하여 우리에게 놀라운 '용기'가 생겨납니다. 언제나 하나님께서 함께하심을 확신하며 신뢰와 평안과 용기를 가지고 날마다 형통한 삶을 살아가길 바랍니다.

 ## 6. 함께 기도하기　　마무리하며 함께 기도합니다

사랑의 하나님! 요셉에게 거룩한 꿈을 품게 하시고 그의 삶을 인도해주셨던 것처럼 오늘 우리 가정에도 함께해주실 줄로 분명히 믿습니다. 언제나 하나님만을 신뢰함으로 하나님이 주시는 평안을 누리는 가정이 되게 하여 주시고 그 평안으로 용기 내어 살아가는 가정이 되게 하여 주소서. 예수님의 이름으로 기도드립니다. (아멘)

7. 함께 축복하기

찬양하며 서로를 축복합니다

[형제의 모습 속에]

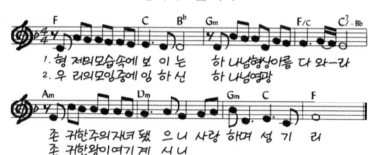

1. 형제의모습속에 보이는   하나님형상을 다 와—라
2. 우리의모임중에 임하신   하나님영광

존 귀한주의재겨됐 으니 사랑 하며 섬 기 리
존 귀한왕이여기계 시니

오늘의 암송구절

창세기 39:3

그의 주인이 여호와께서 그와 함께 하심을 보며 또 여호와께서 그의 범사에 형통하게 하심을 보았더라

우리집 가정예배 일지

일 시		참석자	
기도제목 · 응답내용			

나를 이리로 보낸 이는 하나님이시라

017

1. 함께 찬양하기

찬송가 370장

〈 주 안에 있는 나에게 〉

1) 주안에 있는 나에게 딴 근심 있으랴

　십자가 밑에 나아가 내 짐을 풀었네

2) 그 두려움이 변하여 내 기도 되었고

　전날의 한숨 변하여 내 노래 되었네

3) 내 주는 자비 하셔서 늘 함께 계시고

　내 궁핍함을 아시고 늘 채워 주시네

4) 내 주와 맺은 언약은 영 불변하시니

　그 나라 가기까지는 늘 보호하시네

후렴) 주님을 찬송하면서 할렐루야 할렐루야

　　내 앞길 멀고 험해도 나 주님만 따라가리

2. 함께 본문 읽기

창세기 45:1-8

⑴ 요셉이 시종하는 자들 앞에서 그 정을 억제하지 못하여 소리 질러 모든 사람을 자기에게서 물러가라 하고 그 형제들에게 자기를 알리니 그때에 그와 함께 한 다른 사람이 없었더라

(2) 요셉이 큰 소리로 우니 애굽 사람에게 들리며 바로의 궁중에 들리더라

(3) 요셉이 그 형들에게 이르되 나는 요셉이라 내 아버지께서 아직 살아 계시니이까 형들이 그 앞에서 놀라서 대답하지 못하더라

(4) 요셉이 형들에게 이르되 내게로 가까이 오소서 그들이 가까이 가니 이르되 나는 당신들의 아우 요셉이니 당신들이 애굽에 판 자라

(5) 당신들이 나를 이곳에 팔았다고 해서 근심하지 마소서 한탄하지 마소서 하나님이 생명을 구원하시려고 나를 당신들보다 먼저 보내셨나이다

(6) 이 땅에 이 년 동안 흉년이 들었으나 아직 오 년은 밭갈이도 못하고 추수도 못할지라

(7) 하나님이 큰 구원으로 당신들의 생명을 보존하고 당신들의 후손을 세상에 두시려고 나를 당신들보다 먼저 보내셨나니

(8) 그런즉 나를 이리로 보낸 이는 당신들이 아니요 하나님이시라 하나님이 나를 바로에게 아버지로 삼으시고 그 온 집의 주로 삼으시며 애굽 온 땅의 통치자로 삼으셨나이다

3. 함께 생각하기   인도자가 읽어줍니다

20세기 초 프랑스 스트라스부르 대학에서는 '인생의 방향성에 대한 고찰'이라는 철학 강의가 진행되고 있었습니다. 이 강의를 맡아 수업을 준비하던 담당 교수는 도서관에서 자료를 챙겨 자신의 책상으로 갔습니다. 그리고 그는 비서가 자신의 책상 위에 가져다 놓은 〈콩고 선교의 필요성−파리선교사협회〉라는 이름의 짧은 책자를 보게 되었습니다. 교수는 책자를 단숨에 읽었습니다. 그리고 놀랍게도 그 자리에서 선교사가 되기로 결심하였습니다. 그는 그날 밤, 자신의 일기에 다음과

같이 적었습니다.

"이제 나의 강의는 끝났다. 내 인생의 방향성은 정해졌다."

이 사람은 바로 1952년 노벨 평화상을 수상한 '아프리카의 성자' 알버트 슈바이처였습니다. 다방면에 뛰어난 재능을 가지고 있던 그는 철학, 신학, 의학, 음악 분야에서 모두 박사학위를 갖고 있었고 오르간 연주자로도 명성이 높았습니다. 그러나 그는 자신의 인생 후반전을 열악한 환경 속에서 죽어가는 생명을 살리기 위해 기꺼이 하나님께 바쳤습니다. 하나님은 놀라운 섭리로 우리를 이끄십니다. 때마침 비서가 갖다 놓은 콩고 선교 책자가 슈바이처 박사의 결단을 촉발하였듯이 하나님께서는 지금도 우리의 일상 가운데 말씀하시며 일하고 계십니다. 우연처럼 보이는 모든 일에도 주님의 섭리가 있음을 깨닫고 하나님을 신뢰하며 그분의 섭리에 우리의 삶을 온전히 맡기시기를 바랍니다.

4. 함께 관찰하기 성경 본문을 보며 빈칸을 채웁니다

① 당신들이 나를 이곳에 팔았다고 해서 ☐☐하지 마소서 ☐☐하지 마소서 하나님이 ☐☐을 구원하시려고 나를 당신들보다 ☐☐ 보내셨나이다

② 하나님이 큰 ☐☐으로 당신들의 ☐☐을 ☐☐하고 당신들의 ☐☐을 세상에 두시려고 나를 당신들보다 ☐☐보내셨나니

③ 나를 이리로 보낸 이는 당신들이 아니요 ☐☐☐이시라 하나님이 나를 바로에게 ☐☐☐로 삼으시고 그 온 집의 ☐로 삼으시며 애굽 온 땅의 ☐☐☐로 삼으셨나이다

① 나의 계획대로 순조롭게 잘 진행되지 않아서 힘들었던 경험을 떠올려 보고 함께 이야기하며 서로를 격려해 봅시다.

② 꿈의 사람 요셉은 모든 상황 속에서 하나님의 섭리를 믿었습니다. 되돌아보니 하나님의 섭리였음을 깨닫게 된 경험을 서로 나누어 봅시다.

요셉은 하나님이 주신 꿈을 꾸었고 하나님과 동행하며 범사에 형통한 삶을 살았습니다. 그는 모함을 받아 감옥 안에 갇혔지만 그곳에서도 성실과 최선을 다하였습니다. 하루는 그곳에 들어온 술 맡은 관원장과 떡 맡은 관원장의 꿈을 해석해 주었는데 놀랍게도 요셉의 해몽대로 술 맡은 관원장은 전직을 회복하였고 떡 맡은 관원장은 처형되었습니다.

그 후로 2년이 지나서 바로 왕이 꿈을 꾸고 크게 번민하고 있었을 때 술 맡은 관원장이 요셉을 떠올렸고 그를 천거하였습니다. 요셉은 바로의 꿈을 해몽하여 주면서 앞으로 7년간의 큰 풍년이 있은 뒤에 7년 동안 큰 흉년이 있을 것이므로 지혜 있는 사람을 세워 잘 대비하라고 일러 주었습니다. 바로는 요셉이야말로 이 모든 일을 처리할 적임자라고 여기고 그를 애굽의 총리로 삼았습니다. 마침내 요셉의 꿈은 현실로 이루어졌습니다.

그 뒤로 가나안 땅에도 흉년이 들어 요셉의 형들이 애굽으로 곡식을 사러 오게 되었고 마침내 형제들은 조우하게 되었습니다. 요셉이 자신의 신분을 밝혔을 때 형들은 깜짝 놀라 당황하였습니다. 이때 요셉은 이렇게 말하였습니다. "당신들이 나를 이곳에 팔았다고 해서 근심하지 마소서 한탄하지 마소서 하나님이 생명을 구원하시려고 나를 당신들보다 먼저 보내셨나이다"(5절). 이 말은 모든 것이 다 하나님의 섭리 가운데 있다는 참 귀한 신앙고백입니다. 우리 모두 하나님께서 부르시는 그 날까지 이 '섭리'를 확신하며 날마다 꿈을 이루어 가는 멋진 인생을 살아가야 하겠습니다.

6. 함께 기도하기 　　마무리하며 함께 기도합니다

하나님 아버지! 요셉에게 꿈을 꾸게 하시고 그의 삶을 놀라운 섭리로 인도해주셨던 것처럼 우리 가정도 하나님께서 다스려주시고 세밀하게 인도하여 주소서. 어떤 어려운 순간에도 주님과 함께 걸어가며 하나님께서 주신 꿈을 이루어가는 참으로 옹골찬 믿음의 가정이 되게 하여 주시옵소서. 예수님의 이름으로 기도드립니다. (아멘)

7. 함께 축복하기 　　찬양하며 서로를 축복합니다

[형제의 모습 속에]

오늘의 암송구절　　　　　　　　창세기 45:8

그런즉 나를 이리로 보낸 이는 당신들이 아니요 하나님이시라 하나님이 나를 바로에게 아버지로 삼으시고 그 온 집의 주로 삼으시며 애굽 온 땅의 통치자로 삼으셨나이다

 # 우리집 가정예배 일지

일 시		참석자	
기도제목 · 응답내용			

"자녀들아 주 안에서 너희 부모에게 순종하라 이것이 옳으니라. 네 아버지와 어머니를 공경하라 이것은 약속이 있는 첫 계명이니 이로써 네가 잘되고 땅에서 장수하리라. 또 아비들아 너희 자녀를 노엽게 하지 말고 오직 주의 교훈과 훈계로 양육하라"(엡 6:1-4).

PART 3

출애굽

네 발에서 신을 벗으라

018

1. 함께 찬양하기
찬송가 323장

〈 부름 받아 나선 이 몸 〉

1) 부름 받아 나선 이 몸 어디든지 가오리다

　　괴로우나 즐거우나 주만 따라 가오리니

　　어느 누가 막으리까 죽음인들 막으리까 (x2)

2) 아골 골짝 빈 들에도 복음 들고 가오리다

　　소돔 같은 거리에도 사랑 안고 찾아가서

　　종의 몸에 지닌 것도 아낌없이 드리리다 (x2)

3) 존귀 영광 모든 권세 주님 홀로 받으소서

　　멸시 천대 십자가는 제가 지고 가오리다

　　이름 없이 빛도 없이 감사하며 섬기리다 (x2)

2. 함께 본문 읽기
출애굽기 3:1-10

(1) 모세가 그의 장인 미디안 제사장 이드로의 양 떼를 치더니 그 떼를 광야
서쪽으로 인도하여 하나님의 산 호렙에 이르매 (2) 여호와의 사자가 떨기나
무 가운데로부터 나오는 불꽃 안에서 그에게 나타나시니라 그가 보니 떨기
나무에 불이 붙었으나 그 떨기나무가 사라지지 아니하는지라 (3) 이에 모세

가 이르되 내가 돌이켜 가서 이 큰 광경을 보리라 떨기나무가 어찌하여 타지 아니하는고 하니 그 때에 (4) 여호와께서 그가 보려고 돌이켜 오는 것을 보신지라 하나님이 떨기나무 가운데서 그를 불러 이르시되 모세야 모세야 하시매 그가 이르되 내가 여기 있나이다 (5) 하나님이 이르시되 이리로 가까이 오지 말라 네가 선 곳은 거룩한 땅이니 네 발에서 신을 벗으라 (6) 또 이르시되 나는 네 조상의 하나님이니 아브라함의 하나님, 이삭의 하나님, 야곱의 하나님이니라 모세가 하나님 뵈옵기를 두려워하여 얼굴을 가리매 (7) 여호와께서 이르시되 내가 애굽에 있는 내 백성의 고통을 분명히 보고 그들이 그들의 감독자로 말미암아 부르짖음을 듣고 그 근심을 알고 (8) 내가 내려가서 그들을 애굽인의 손에서 건져내고 그들을 그 땅에서 인도하여 아름답고 광대한 땅, 젖과 꿀이 흐르는 땅 곧 가나안 족속, 헷 족속, 아모리 족속, 브리스 족속, 히위 족속, 여부스 족속의 지방에 데려가려 하노라 (9) 이제 가라 이스라엘 자손의 부르짖음이 내게 달하고 애굽 사람이 그들을 괴롭히는 학대도 내가 보았으니 (10) 이제 내가 너를 바로에게 보내어 너에게 내 백성 이스라엘 자손을 애굽에서 인도하여 내게 하리라

3. 함께 생각하기 인도자가 읽어줍니다

중국 내지 선교회의 창설자인 허드슨 테일러(Hudson Taylor)에게 한 청년이 질문하였습니다.

"선교사님! 저도 선교사님처럼 훌륭한 그리스도인이 되고 싶습니다. 그러기 위해서는 성경을 얼마나 많이 읽어야 하며, 또 교회는 얼마나 오래 다녀야 합니까?"

그 질문에 허드슨 테일러는 청년에게 되물었습니다.

"형제님! 촛불은 언제부터 빛을 발합니까?"

이 질문에 청년은 "그거야 양초에 불을 붙이는 순간부터 빛을 냅니다"라고 대답하였습니다.

그때 허드슨 테일러는 미소를 지으며 친절하게 설명해주었습니다.

"신앙도 그와 같습니다. 하나님이 나를 부르시는 그 순간부터 우리의 삶은 빛을 발합니다. 성경 지식이 부족하고 신앙 연륜이 짧은 것은 그리 큰 문제가 되지 않습니다. 하나님이 당신을 부르셨을 때 하나님께 응답하였다면 당신은 이미 훌륭한 그리스도인이 된 것입니다."

우리는 하나님의 부르심에 응답하는 그 순간부터 새로운 피조물이 됩니다. 우리의 생각을 내려놓고 하나님의 뜻에 응답할 때 가장 아름다운 삶을 살아갈 수 있습니다. 하나님은 크고 놀라운 섭리와 계획으로 우리를 사용하시고 하나님의 구원 역사를 이루어가십니다.

4. 함께 관찰하기 성경 본문을 보며 빈칸을 채웁니다

① 여호와의 ☐☐가 ☐☐☐☐ 가운데로부터 나오는 ☐☐ 안에서 그에게 나타나시니라 그가 보니 떨기나무에 ☐이 붙었으나 그 떨기나무가 사라지지 아니하는지라

② 하나님이 이르시되 이리로 가까이 오지 말라 네가 ☐ 곳은 ☐ ☐☐ ☐이니 네 ☐에서 ☐☐을 벗으라

③ 이제 내가 너를 ☐☐에게 보내어 너에게 ☐☐☐ 이스라엘 자손을 ☐☐에서 인도하여 내게 하리라

> ① 하나님은 이스라엘 민족이 애굽에서 당하는 고통을 다 보고 계셨습니다. 이 처럼 하나님이 나의 아픔을 아신다고 느낀 때는 언제인지 나누어 봅시다.
>
> ② 모세는 하나님의 부르심을 받고 죄악된 모습을 떨치고자 발에서 신을 벗었 습니다. 하나님의 부르심 앞에서 내가 벗어야 할 신은 무엇일까요?

요셉 때에 애굽으로 내려간 이스라엘 자손은 생육하고 번성하였습니다. 그 후에 요셉을 알지 못하는 새 왕이 일어나 이스라엘 백성을 노예로 삼아버렸습니다. 이스라엘 민족에게서 아들이 태어나면 다 죽이던 시대에 태어난 모세는 갈대상자에 들어가 나일강에 띄워짐으로 목숨을 건졌습니다. 그 후에 바로의 딸이 모세를 건져내어 애굽 왕궁에서 길렀습니다. 그렇게 장성한 모세는 자기 동족 이스라엘 사람이 고난당하는 것을 보고 의협심을 발휘하다가 바로의 눈 밖에 나서 미디안 광야로 피신하게 되었습니다.

모세는 광야에서 인고의 시간 40년을 보낸 후에 마침내 호렙산에서 하나님의 부르심을 받았습니다. 모세가 불붙는 떨기나무에 가까이 갔을 때 하나님은 모세에게 "이리로 가까이 오지 말라 네가 선 곳은 거룩한 땅이니 네 발에서 신을 벗으라"고 말씀하셨습니다. 신을 벗는 행위는 이제 죄악된 모습을 떨쳐버리고 거룩한 소명자로 서야 함을 의미합니다. 하나님은 내 백성의 고통을 분명히 보고, 부르짖음을 듣고, 그 근심을 알고, 내가 내려가서, 그들을 애굽인의 손에서 건져내고, 그들을 그 땅에서 인도하여, 젖과 꿀이 흐르는 땅으로 데려가려 한다고 말씀하셨습니다. 이 7개의 동사는 하나님이 하시고자 하는 일이 무엇인지를 잘 알려주고 있습니다. 우리도 모세처럼 그 일을 위하여 부르심을 받은 존재입니다.

6. 함께 기도하기   마무리하며 함께 기도합니다

하나님 아버지! 우리 가정을 지키고 돌보아 주셔서 감사를 드립니다. 우리의 삶에 어려움이 있지만 그 가운데 하나님께 부르짖게 하시고, 응답하시는 하나님을 의지하면서 살아가게 하여 주시옵소서. 또한 우리 가정을 통하여 하나님께서 계획하시는 크고 놀라운 일이 이루어지게 하여 주옵소서. 예수님의 이름으로 기도드립니다. (아멘)

7. 함께 축복하기   찬양하며 서로를 축복합니다

「 형제의 모습 속에 」

오늘의 암송구절   출애굽기 3:5

하나님이 이르시되 이리로 가까이 오지 말라 네가 선 곳은 거룩한 땅이니 네 발에서 신을 벗으라

우리집 가정예배 일지

일 시		참석자	
기도제목 · 응답내용			

여호와 앞에
대대로 지킬 것이니라

019

1. 함께 찬양하기   찬송가 250장

〈 구주의 십자가 보혈로 〉

1) 구주의 십자가 보혈로 죄 씻음 받기를 원하네

　내 죄를 씻으신 주 이름 찬송합시다

2) 죄악을 속하여 주신 주 내 속에 들어와 계시네

　십자가 앞에서 주 이름 찬송합시다

3) 주 앞에 흐르는 생명수 날 씻어 정하게 하시네

　내 기쁨 정성을 다하여 찬송합시다

4) 내 주께 회개한 영혼은 생명수 가운데 젖었네

　흠 없고 순전한 주 이름 찬송합시다

후렴) 찬송합시다 찬송합시다

　　내 죄를 씻으신 주 이름 찬송합시다

2. 함께 본문 읽기   출애굽기 12:29-36

(29) 밤중에 여호와께서 애굽 땅에서 모든 처음 난 것 곧 왕위에 앉은 바로의 장자로부터 옥에 갇힌 사람의 장자까지와 가축의 처음 난 것을 다 치시매

(30) 그 밤에 바로와 그 모든 신하와 모든 애굽 사람이 일어나고 애굽에 큰 부르짖음이 있었으니 이는 그 나라에 죽임을 당하지 아니한 집이 하나도 없었음이었더라

(31) 밤에 바로가 모세와 아론을 불러서 이르되 너희와 이스라엘 자손은 일어나 내 백성 가운데에서 떠나 너희의 말대로 가서 여호와를 섬기며

(32) 너희가 말한 대로 너희 양과 너희 소도 몰아가고 나를 위하여 축복하라 하며

(33) 애굽 사람들은 말하기를 우리가 다 죽은 자가 되도다 하고 그 백성을 재촉하여 그 땅에서 속히 내보내려 하므로

(34) 그 백성이 발교되지 못한 반죽 담은 그릇을 옷에 싸서 어깨에 메니라

(35) 이스라엘 자손이 모세의 말대로 하여 애굽 사람에게 은금 패물과 의복을 구하매

(36) 여호와께서 애굽 사람들에게 이스라엘 백성에게 은혜를 입히게 하사 그들이 구하는 대로 주게 하시므로 그들이 애굽 사람의 물품을 취하였더라

3. 함께 생각하기
인도자가 읽어줍니다

목사이자 CCM가수로 사역하고 있는 하덕규목사는 과거에 '시인과 촌장'이라는 이름으로 대중가요계에 데뷔해서 많은 인기를 얻었습니다. 그의 노래 중 많은 사람들에게 사랑을 받았던 〈가시나무〉라는 노래가 있는데, 이 곡에는 다음과 같은 사연이 있습니다.

그는 과거 가수로 활동할 때 대중의 인기와 술, 대마초 등의 쾌락에 빠져서 참된 인생의 의미를 찾지 못한 채 방황하였습니다. 그러던 어느

날 누나에게 끌려가다시피 하여 참석한 송구영신 예배에서 예수님을 만났습니다. 그는 "그날 죄악으로 얼룩져 가시나무와 같이 되어버린 자신을 보았고, 내 가시에 찔려 피를 흘리면서도 끝까지 나를 품어주시는 예수님을 만났습니다"라고 고백하였습니다. 주님을 만난 그 순간 그는 가시나무 가운데 피 흘리고 계신 예수님이 떠올라서 곡을 쓰기 시작했고 불과 10분 만에 〈가시나무〉 곡을 완성하였습니다. 그래서 그는 "이 노래는 하나님께서 주셨습니다"라고 고백하였습니다.

예수님은 젊은 시절에 삶의 참된 의미를 찾지 못해 외로워하고 방황하던 사람을 만나주시고 그에게 구원과 참된 안식을 베풀어 주셨습니다. 이처럼 죄에 물들고 세상의 헛된 욕망에 사로잡힌 영혼은 오직 예수님의 보혈로만 구원받고 온전히 회복될 수 있습니다.

4. 함께 관찰하기 성경 본문을 보며 빈칸을 채웁니다

① 밤중에 여호와께서 애굽 땅에서 모든 ☐☐☐ 것 곧 왕위에 앉은 바로의 ☐☐로부터 옥에 갇힌 사람의 ☐☐까지와 가축의 ☐☐☐ 것을 다 치시매

② 밤에 바로가 ☐☐와 ☐☐을 불러서 이르되 너희와 ☐☐ ☐☐ 자손은 일어나 내 백성 가운데에서 떠나 너희의 말대로 가서 ☐☐☐를 ☐☐☐

③ 여호와께서 ☐☐ 사람들에게 ☐☐☐☐ 백성에게 ☐☐를 입히게 하사 그들이 구하는 대로 주게 하시므로 그들이 애굽 사람의 ☐☐을 취하였더라

5. 함께 나누기 질문에 따라 묵상한 내용을 나눕니다

① 처음에 예수님을 나의 구주로 고백했을 때를 떠올려 보고 그때 받았던
구원의 감격과 기쁨을 서로 나눠봅시다.

② 유월절 어린양은 예수님 십자가 사건을 예표합니다. 예수님의 보혈로
구원받은 자로서 나는 어떻게 살 것인지 생각해보고 함께 나눠봅시다.

하나님은 애굽에서 430년 동안 종살이하던 이스라엘 백성들을 구원
하시고자 모세를 그들의 지도자로 부르셨습니다. 모세는 하나님의 부
르심을 5번이나 거절하였지만 결국 순종하여 애굽의 바로 왕을 찾아갔
습니다. 모세는 바로에게 "내 백성을 보내라"는 하나님의 말씀을 전하
였습니다. 그러나 참으로 완악했던 바로는 하나님의 말씀을 전혀 듣지
않았고 하나님은 이스라엘 백성들을 구원하시기 위해 애굽 땅에 10가
지의 재앙을 내리셨습니다. 바로는 9가지의 재앙이 내리는 동안에는
전혀 마음을 돌이키지 않다가 애굽 땅에 있는 모든 처음 난 것이 죽는
마지막 10번째 재앙을 당하고 나서야 마침내 이스라엘 백성들을 해방
시킬 수밖에 없었습니다.

그런데 이 무서운 10번째 재앙 중에도 하나님은 이스라엘 백성들에
게 은혜를 베풀어 주셨습니다. 하나님은 어린양을 잡아 그 피를 문설주
와 인방에 바르게 하셨고, 결국 그 피로 인하여 애굽에 임했던 죽음의
재앙을 넘어가게 하셨습니다. 이것이 바로 유월절(逾越節, passover)
의 기원입니다. 그러므로 유월절은 놀라운 은혜의 사건이자 생명과 구
원의 사건입니다. 유월절 어린양은 바로 예수님의 십자가 사건을 예표

합니다. 예수님은 십자가에서 유월절 어린양과 같이 피 흘려 주심으로 우리를 구원해 주셨습니다. 이 구원에 감사하며 구원받은 자녀로 올바르게 살아가야 하겠습니다.

6. 함께 기도하기
마무리하며 함께 기도합니다

하나님 아버지! 언제나 부족하고 연약한 우리들을 돌보아 주시니 감사합니다. 무엇보다 우리를 위해 예수님을 보내주시고, 영원한 천국을 허락하여 주시니 감사합니다. 베풀어 주신 구원의 은혜를 항상 기억하며 감사하는 우리의 가정이 되게 하여 주시옵소서. 우리를 죄와 사망에서 구원해주신 예수님의 이름으로 기도드립니다. (아멘)

7. 함께 축복하기
찬양하며 서로를 축복합니다

「 형제의 모습 속에 」

오늘의 암송구절   출애굽기 12:42

이 밤은 그들을 애굽 땅에서 인도하여 내심으로 말미암아 여호와 앞에
지킬 것이니 이는 여호와의 밤이라 이스라엘 자손이 다 대대로 지킬 것
이니라

우리집 가정예배 일지

일 시	참석자	
기도제목 • 응답내용		

>> 홍해 도하   출 14:10-20

너희를 위하여 행하시는 구원을 보라

020

 ## 1. 함께 찬양하기   찬송가 401장

〈 주의 곁에 있을 때 〉

1) 주의 곁에 있을 때 맘이 든든하오니

　　주여 내가 살 동안 인도하여 주소서

2) 피난처인 예수여 세상 물결 험할 때

　　크신 은혜 베푸사 나를 숨겨주소서

3) 세상 풍파 지난 후 영화로운 나라와

　　눈물 없는 곳으로 들어가게 하소서

후렴) 주여 주여 나를 인도하소서

　　　빠른 세상 살 동안 주여 인도하소서 (아멘)

 ## 2. 함께 본문 읽기   출애굽기 14:13-20

(13) 모세가 백성에게 이르되 너희는 두려워하지 말고 가만히 서서 여호와
　　께서 오늘 너희를 위하여 행하시는 구원을 보라 너희가 오늘 본 애굽
　　사람을 영원히 다시 보지 아니하리라

(14) 여호와께서 너희를 위하여 싸우시리니 너희는 가만히 있을지니라

(15) 여호와께서 모세에게 이르시되 너는 어찌하여 내게 부르짖느냐 이스라엘 자손에게 명령하여 앞으로 나아가게 하고

(16) 지팡이를 들고 손을 바다 위로 내밀어 그것이 갈라지게 하라 이스라엘 자손이 바다 가운데서 마른 땅으로 행하리라

(17) 내가 애굽 사람들의 마음을 완악하게 할 것인즉 그들이 그 뒤를 따라 들어갈 것이라 내가 바로와 그의 모든 군대와 그의 병거와 마병으로 말미암아 영광을 얻으리니

(18) 내가 바로와 그의 병거와 마병으로 말미암아 영광을 얻을 때에야 애굽 사람들이 나를 여호와인 줄 알리라 하시더니

(19) 이스라엘 진 앞에 가던 하나님의 사자가 그들의 뒤로 옮겨 가매 구름 기둥도 앞에서 그 뒤로 옮겨

(20) 애굽 진과 이스라엘 진 사이에 이르러 서니 저쪽에는 구름과 흑암이 있고 이쪽에는 밤이 밝으므로 밤새도록 저쪽이 이쪽에 가까이 못하였더라

 ## 3. 함께 생각하기　　　　인도자가 읽어줍니다

'세상에서 가장 안전한 엄마의 품'이라는 기사가 많은 이들의 눈물을 흘리게 하였습니다. 영국 일간지 〈더 선〉은 하산 알마스 진지와 노하 하자르 부부가 레바논의 고속도로에서 차를 몰고 운행하던 중 다른 차량과 강하게 충돌하여 그 자리에서 사망했다고 보도하였습니다.

이 교통사고로 차에 타고 있던 부모가 현장에서 숨졌지만 엄마 품에 꼭 안긴 2살 아기는 살아남았습니다. 당시 엄마 품에 안겨 있던 2살 딸은 즉시 병원으로 옮겨져 치료를 받았습니다. 다행히 생명에는 지장이

없는 것으로 알려졌습니다. 상대 차량 운전자도 상당한 부상을 입고 입원 치료를 받았습니다. 구조대는 딸이 생명을 구한 것은 엄마가 양팔로 아기를 감싸 안고 자신의 온몸으로 충격을 흡수했기 때문으로 보았습니다. 레바논의 교통안전기구인 YASA는 "어머니의 위대한 사랑으로 목숨을 건진 아기가 사람들의 눈물을 쏟게 한다"면서 "아기를 위해 많은 사람의 도움이 필요하다"고 호소하였습니다.

세상에서 가장 안전한 엄마의 품처럼 하나님께서는 우리를 품에 안으시고 모든 환난과 시험으로부터 지켜주십니다. 하나님을 의지하며 그 품에 기대는 사람에게는 참된 평안이 있고, 진정한 승리가 있습니다. 우리를 품어주시는 하나님의 품 안에 거하시기 바랍니다.

4. 함께 관찰하기　성경 본문을 보며 빈칸을 채웁니다

① 모세가 백성에게 이르되 너희는 □□□하지 말고 가만히 서서 □□□께서 오늘 너희를 위하여 행하시는 □□을 보라

② □□□를 들고 손을 □□ 위로 내밀어 그것이 갈라지게 하라 □□□□□ 자손이 바다 가운데서 □□□으로 행하리라

③ □□ □과 □□□□□ □ 사이에 이르러 서니 저쪽에는 □□과 □□이 있고 이쪽에는 □□ □□□□□ 밤새 도록 저쪽이 이쪽에 가까이 못하였더라

① 진퇴양난, 사면초가와 같은 상황 속에서도 하나님의 도우심을 바라고 기도했던 경험을 떠올려 보고 서로 이야기해 봅시다.

② 하나님께서 우리를 위해 대신 싸워주시는 것을 거룩한 전쟁이라 합니다. 거룩한 전쟁에서 가장 중요한 것이 무엇인지 찾아봅시다.

이스라엘 백성들은 출애굽 한 후에 홍해를 맞닥뜨리게 되었습니다. 게다가 뒤에는 애굽의 군대가 맹렬히 추격해 왔습니다. 앞으로 나아갈 수도 없고 뒤로 돌아갈 수도 없는 절체절명의 위기 가운데서 이스라엘 백성들은 크게 두려워하며 불평을 쏟아놓기 시작하였습니다.

그러나 하나님은 불평과 원망 속에 빠져 있는 이스라엘 백성들조차 불쌍히 여기시고 구원해 주셨습니다. 하나님은 먼저 구름기둥을 이스라엘과 애굽 군대 사이로 옮겨가심으로 애굽의 군대가 이스라엘의 진영으로 넘어오지 못하게 하셨습니다. 이어서 하나님은 모세로 하여금 지팡이를 들어 바다로 내밀게 하시고 강한 바람을 일으켜 홍해바다를 갈라지게 하심으로 이스라엘 백성들이 바다를 육지같이 건너게 하셨습니다. 애굽의 군대가 뒤따라 들어왔을 때 하나님은 바다의 힘이 회복되게 하심으로 애굽의 군대를 홍해 바다에 다 수장시키셨습니다.

이것은 하나님의 '거룩한 전쟁'이었는데 이 사건을 통해 4가지의 중요한 교훈을 배울 수 있습니다. 첫째, "두려워하지 말라"는 것입니다. 하나님을 온전히 신뢰하는 사람은 두려워하지 않습니다. 둘째, "가만히 있으라"는 것입니다. 삶의 주도권을 하나님께 드려야 합니다. 셋째, "구원을 보라"는 것입니다. 이것은 선취적인 신앙을 가지라는 명령입니다.
넷째, "하나님이 우리를 위하여 싸우신다"는 것입니다. 우리를 사랑하
시는 하나님은 우리를 위하여 대신 싸워주십니다. 하나님이 대신 싸워
주시면 우리는 반드시 승리할 수 있습니다. 이 4가지의 거룩한 전쟁의
개념을 확실히 체득하여 모든 영적 전쟁에서 승리하시기 바랍니다.

6. 함께 기도하기   마무리하며 함께 기도합니다

하나님 아버지! 이스라엘 백성들이 오직 여호와만을 신뢰하여 홍
해 바다를 건넜던 것처럼 우리 가정도 하나님을 더 깊이 신뢰하여
날마다 영적 싸움에서 승리하게 도와주시옵소서. 하나님께서 우리
를 위해 대신 싸워주신다는 것을 분명히 기억하여 용기백배하게 살
아가는 우리 가정이 되게 하여 주시옵소서. 예수님의 이름으로 기
도드립니다. (아멘)

7. 함께 축복하기   찬양하며 서로를 축복합니다

[형제의 모습 속에]

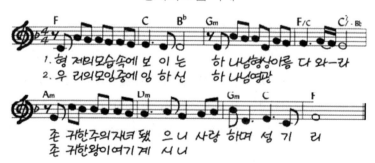

출애굽기 14:13

모세가 백성에게 이르되 너희는 두려워하지 말고 가만히 서서 여호와께서 오늘 너희를 위하여 행하시는 구원을 보라 너희가 오늘 본 애굽 사람을 영원히 다시 보지 아니하리라

우리집 가정예배 일지

일 시	참석자	
기도제목 · 응답내용		

이것이 무엇이냐

021

1. 함께 찬양하기

찬송가 310장

〈 아 하나님의 은혜로 〉

1) 아 하나님의 은혜로 이 쓸데없는 자
　왜 구속하여 주는지 난 알 수 없도다
2) 왜 내게 굳센 믿음과 또 복음 주셔서
　내 맘이 항상 편한지 난 알 수 없도다
3) 왜 내게 성령 주셔서 내 마음 감동해
　주 예수 믿게 하는지 난 알 수 없도다
4) 주 언제 강림하실지 혹 밤에 혹 낮에
　또 주님 만날 그 곳도 난 알 수 없도다
후렴) 내가 믿고 또 의지함은 내 모든 형편 아시는 주님
　　늘 보호해 주실 것을 나는 확실히 아네

2. 함께 본문 읽기

출애굽기 16:13-20

(13) 저녁에는 메추라기가 와서 진에 덮이고 아침에는 이슬이 진 주위에 있
　　더니

(14) 그 이슬이 마른 후에 광야 지면에 작고 둥글며 서리 같이 가는 것이 있

는지라

(15) 이스라엘 자손이 보고 그것이 무엇인지 알지 못하여 서로 이르되 이것이 무엇이냐 하니 모세가 그들에게 이르되 이는 여호와께서 너희에게 주어 먹게 하신 양식이라

(16) 여호와께서 이같이 명령하시기를 너희 각 사람은 먹을 만큼만 이것을 거둘지니 곧 너희 사람 수효대로 한 사람에 한 오멜씩 거두되 각 사람이 그의 장막에 있는 자들을 위하여 거둘지니라 하셨느니라

(17) 이스라엘 자손이 그같이 하였더니 그 거둔 것이 많기도 하고 적기도 하나

(18) 오멜로 되어 본즉 많이 거둔 자도 남음이 없고 적게 거둔 자도 부족함이 없이 각 사람은 먹을 만큼만 거두었더라

(19) 모세가 그들에게 이르기를 아무든지 아침까지 그것을 남겨두지 말라 하였으나

(20) 그들이 모세에게 순종하지 아니하고 더러는 아침까지 두었더니 벌레가 생기고 냄새가 난지라 모세가 그들에게 노하니라

 ## 3. 함께 생각하기　　　　　인도자가 읽어줍니다

　농부는 봄에 씨앗을 뿌리고, 여름에 마르지 않게 물을 주고, 잡초가 자라나지 않도록 돌보아줍니다. 비록 농부가 수고를 하지만 사실 씨앗이 자라 열매를 맺는 것은 그보다 훨씬 신비하고 대단한 일입니다. 씨앗은 땅에 떨어져 발아할 시기를 찾고, 땅속과 공기 중의 온도 변화와 습도 변화, 영양 상태의 변화를 융합적으로 고려하여 싹을 틔웁니다. 싹을 틔운 씨앗은 일정한 주기에 맞추어 주어진 환경 속에서 가장 적합한 살

길을 선택하며 자라나고 우리가 이해할 수 없는 방법으로 꽃을 피우고 열매를 맺습니다. 그 속에서 광합성과 호흡의 과정을 통해 필요한 산소와 당류를 만들어 내며 복잡한 과정을 통하여 성장하는 것입니다.

놀라운 사실은 식물은 동물처럼 머리가 없어도 그저 잘 자라고 성장합니다. 비록 농부가 애쓰고 수고할지라도 결국 식물을 자라나게 하는 것은 오직 하나님의 끊임없는 은혜와 섭리 때문입니다. "오늘 있다가 내일 아궁이에 던져지는 들풀도 하나님이 이렇게 입히시거든 하물며 너희일까보냐 믿음이 작은 자들아"(눅 12:28). 하나님은 놀라운 은혜와 섭리로 우리를 돌보시고 날마다 필요한 은혜를 베풀어 주십니다. 우리는 그 은혜에 감격하고 감사할 줄 알아야 하겠습니다.

4. 함께 관찰하기 성경 본문을 보며 빈칸을 채웁니다

① 저녁에는 ☐☐☐☐가 와서 ☐에 덮이고 아침에는 ☐☐이 ☐주위에 있더니

② 서로 이르되 ☐☐☐ ☐☐☐☐ 하니 모세가 그들에게 이르되 이는 ☐☐☐께서 너희에게 주어 먹게 하신 ☐☐이라

③ 그들이 모세에게 ☐☐하지 아니하고 더러는 아침까지 두었더니 ☐☐가 생기고 ☐☐가 난지라 모세가 그들에게 ☐하니라

5. 함께 나누기
질문에 따라 묵상한 내용을 나눕니다

① 우리가 생명의 삶을 살아가는 데 있어서 매일의 양식은 어떤 의미가 있
는 것인지 생각해 보고 함께 나누어 봅시다.

② 만나를 처음 본 이스라엘 백성들은 이것이 무엇이냐며 탄성을 질렀습
니다. 나의 삶 속에서 '웬 은혜인지요' 감격했던 순간을 나눠 봅시다.

출애굽한 이스라엘 백성들이 가장 먼저 들어간 광야는 '수르' 광야입
니다. 이곳 마라에서 하나님은 쓴 물을 단물로 바꿔주시며 나는 너희를
치료하는 여호와라고 자신을 계시해 주셨습니다. 그 후에 그들은 두 번
째 광야인 '신' 광야로 들어갔습니다. 그곳에서 이스라엘 백성들은 배
고픔으로 인해 애굽을 그리워하며 아주 큰 원망과 불평을 하였습니다.

그런데 이스라엘 백성들의 심각한 불평과 원망에도 불구하고 하나님
께서는 그들을 심판하지 아니하시고 오히려 그들에게 다시 놀라운 은
혜를 베풀어 주셨습니다. 지금까지는 놀라운 기적이 은혜였지만, 지금
은 은혜가 곧 기적이었습니다. 그래서 하나님은 아무것도 없는 광야에
서 이스라엘 백성들이 먹고 살아갈 수 있도록 하늘에서 양식을 비같이
내려주시며 풍성한 식탁을 그들에게 베풀어 주셨습니다.

이스라엘 백성들은 하나님께서 내려주신 양식을 보고 너무 놀라워서
"이것이 무엇이냐?"라고 외쳤는데, 바로 이 표현이 그 양식의 이름 '만
나'가 되었습니다. 우리는 하나님께서 베풀어주시는 은혜에 대하여 이
것이 무엇이냐고 탄성을 발하며 하나님의 은혜에 감사할 줄 알아야 합

니다. 우연은 없습니다. 자동도 없습니다. 모든 것이 다 하나님의 은혜입니다. 이것을 깨닫고 늘 감사하는 삶을 살아가시기를 바랍니다.

6. 함께 기도하기　　마무리하며 함께 기도합니다

　　하나님 아버지! 광야와 같은 삶 속에서도 언제나 우리 가정과 동행하여 주심을 감사드립니다. 우리 가정이 매일 만나와 같은 은혜를 내려주시는 하나님을 신뢰하고, 그 은혜에 감격하며 감사할 수 있도록 인도하여 주시옵소서. 그리하여 받은 은혜를 흘려보낼 수 있는 믿음의 가정이 되게 하여 주시옵소서. 예수님의 이름으로 기도드립니다. (아멘)

7. 함께 축복하기　　찬양하며 서로를 축복합니다

[형제의 모습 속에]

오늘의 암송구절　　　　　　출애굽기 16:15

이스라엘 자손이 보고 그것이 무엇인지 알지 못하여 서로 이르되 이것
이 무엇이냐 하니 모세가 그들에게 이르되 이는 여호와께서 너희에게
주어 먹게 하신 양식이라

 # 우리집 가정예배 일지

일 시		참석자	
기도제목 · 응답내용			

모세가 손을 들면 이스라엘이 이기니라

022

1. 함께 찬양하기   찬송가 359장

〈 천성을 향해 가는 성도들아 〉

1) 천성을 향해 가는 성도들아 앞 길에 장애를 두려워 말라
   성령이 너를 인도하시리니 왜 지체를 하고 있느냐
2) 너 가는 길을 누가 비웃거든 확실한 증거를 보여주어라
   성령이 친히 감화하여 주사 그들도 참 길을 찾으리
3) 너 가는 길을 모두 가기 전에 네 손에 든 검을 꽂지 말아라
   저 마귀 흉계 모두 깨뜨리고 끝까지 잘 싸워 이겨라
후렴) 앞으로 앞으로 천성을 향해 나가세 천성 문만 바라고 나가세
   모든 천사 너희를 영접하러 문 앞에 기다려 서 있네

2. 함께 본문 읽기   출애굽기 17:8-16

(8) 그 때에 아말렉이 와서 이스라엘과 르비딤에서 싸우니라

(9) 모세가 여호수아에게 이르되 우리를 위하여 사람들을 택하여 나가서 아
   말렉과 싸우라 내일 내가 하나님의 지팡이를 손에 잡고 산 꼭대기에 서
   리라

(10) 여호수아가 모세의 말대로 행하여 아말렉과 싸우고 모세와 아론과 훌

은 산 꼭대기에 올라가서

(11) 모세가 손을 들면 이스라엘이 이기고 손을 내리면 아말렉이 이기더니

(12) 모세의 팔이 피곤하매 그들이 돌을 가져다가 모세의 아래에 놓아 그가 그 위에 앉게 하고 아론과 훌이 한 사람은 이쪽에서, 한 사람은 저쪽에서 모세의 손을 붙들어 올렸더니 그 손이 해가 지도록 내려오지 아니한지라

(13) 여호수아가 칼날로 아말렉과 그 백성을 쳐서 무찌르니라

(14) 여호와께서 모세에게 이르시되 이것을 책에 기록하여 기념하게 하고 여호수아의 귀에 외워 들리라 내가 아말렉을 없이하여 천하에서 기억도 못 하게 하리라

(15) 모세가 제단을 쌓고 그 이름을 여호와 닛시라 하고

(16) 이르되 여호와께서 맹세하시기를 여호와가 아말렉과 더불어 대대로 싸우리라 하셨다 하였더라

3. 함께 생각하기　　　　　인도자가 읽어줍니다

2002년 월드컵 출전을 앞두고 이영표 선수는 하나님이 이 땅의 주인이심을 알리도록 그라운드에서 무릎 꿇고 기도하며 하나님께 영광 돌리기를 원하였습니다. 그러나 사실상 골이 들어갈 때 수비수가 기도하는 모습이 TV에 비칠 일은 없었습니다. 게다가 개막 사흘 전, 연습하다 부딪혀 넘어졌는데 근육이 12cm 정도 찢어져 6주 진단에, 회복까지 3개월이 걸린다는 청천벽력 같은 통보를 받았습니다. 깁스를 해야 했고 너무 아파서 걸을 수도 없었습니다. 언론은 부상당한 이영표 대신 누가 투입되는가 하는 예측 기사를 곧바로 쏟아내었습니다.

원망과 분노 속에 괴로워하던 그는 욥기를 읽던 중 깊은 회개를 경험하며 평안을 얻었고 놀랍게도 다음 날부터 기적처럼 몸이 회복되기 시작하였습니다. 그는 목발 없이 걷기 시작했고 사흘 뒤에는 뛸 수 있게 되었습니다. 그리고 마침내 세 번째 경기인 포르투갈전에 출전하게 되었습니다. 결과는 1대 0 한국의 승리였고 이날 결승골을 넣은 박지성 선수에게 결정적인 어시스트를 한 사람이 바로 이영표 선수였습니다. 그렇게 16강 진출이 결정되자 그라운드에서 믿는 선수들끼리 무릎을 꿇고 한참을 감사하며 기도드렸는데 바로 그 장면이 전 세계로 생중계되었습니다. 그는 이렇게 고백했습니다. "수비수인데, 골 넣지 않고 어떻게 영광을 돌립니까? 제 생각은 그랬는데, 하나님이 하신 것이죠." 하나님께서 성도의 간절한 기도에 응답하셔서 불가능해 보이는 곤경의 상황을 역전시켜 주시고 영광을 받으신 것입니다.

4. 함께 관찰하기 성경 본문을 보며 빈칸을 채웁니다

① □□가 □□□□에게 이르되 우리를 위하여 사람들을 택하여 나가서 □□□과 싸우라 내일 내가 하나님의 □□□를 손에 잡고 산 □□□에 서리라

② 모세가 □을 □□ 이스라엘이 이기고 W을 □□□ 아말렉이 이기더니

③ 모세가 □□을 쌓고 그 이름을 □□□ □□라 하고 이르되 여호와께서 □□하시기를 여호와가 □□□과 더불어 □□□ 싸우리라 하셨다 하였더라

5. 함께 나누기 질문에 따라 묵상한 내용을 나눕니다

① 이 세상을 살아가면서 나 자신이 가장 힘들고 어렵다고 느낀 부분에 대해서 서로 나누어 봅시다.

② 이스라엘이 전쟁에서 승리한 비결은 '손을 드는 것' 이었습니다. 내가 손을 들어야 할 때가 언제인지 함께 나누어 봅시다.

이스라엘 백성들은 하나님의 인도하심으로 출애굽 한 후에 '르비딤' 에 도착하였습니다. 그런데 그곳에서 지금까지와는 전혀 다른 절체절명의 위기를 경험하게 되었습니다. 그것은 군사훈련을 받아본 적도 없고, 전투경험도 전혀 없는 이스라엘 백성들이 이제 '아말렉' 이라고 하는 무시무시한 대적과 전쟁을 해야만 하는 것이었습니다.

그러나 모세는 이 절체절명의 전쟁에서 이기는 법을 알고 있었습니다. 그것은 하나님의 지팡이를 손에 잡고 산꼭대기에 서서 전장을 향해 손을 높이 드는 것이었습니다. 놀랍게도 모세가 손을 들면 이스라엘이 이기고 손을 내리면 아말렉이 이기게 되었는데, 아론과 훌은 돌을 가져다가 모세를 앉게 하고 양쪽에서 모세의 손을 높이 붙들어 올려서 해가 지도록 모세의 손이 내려오지 않도록 하였습니다. 그 결과 여호수아는 아말렉을 물리쳤고 완전한 승리를 얻게 되었습니다.

이스라엘이 이긴 승리의 법칙은 '손을 들면 이긴다' 는 것입니다. 여기서 손을 든다는 것은 첫째로 하늘의 하나님께 기도하는 것입니다. 모세가 손을 들고 기도하였을 때 아말렉과의 전쟁에서 이길 수 있었습니다. 둘째로 오직 하나님만 의지한다는 것입니다. 우리가 하나님을 의지하면 전지전능하신 하나님이 반드시 도와주십니다. 셋째로 하나님께 영광을 돌리는 것입니다. 하나님께 영광 돌리고 감사하는 자에게 하나님은 더 큰 승리를 허락해 주십니다. 우리 모두 기도의 손, 의지의 손, 영광의 손을 들고 날마다 승리의 삶을 살아갑시다.

6. 함께 기도하기   마무리하며 함께 기도합니다

언제나 승리를 주시는 하나님 아버지! 연약한 우리를 보호해주시고 힘과 능력을 주시니 감사합니다. 우리 가정이 손을 들면 이긴다는 사실을 일평생 기억하게 하셔서 날마다 기도의 손을 들고 의지의 손을 들고 영광의 손을 들고 온전히 승리의 삶을 살아갈 수 있도록 인도하여 주시옵소서. 예수님의 이름으로 기도드립니다. (아멘)

7. 함께 축복하기   찬양하며 서로를 축복합니다

「 형제의 모습 속에 」

오늘의 암송구절   출애굽기 17:11

모세가 손을 들면 이스라엘이 이기고 손을 내리면 아말렉이 이기더니

우리집 가정예배 일지

일 시		참석자	
기도제목 • 응답내용			

제사장 나라가 되리라

023

1. 함께 찬양하기

찬송가 435장

〈 나의 영원하신 기업 〉

1) 나의 영원하신 기업 생명보다 귀하다

　　나의 갈 길 다가도록 나와 동행하소서

2) 세상 부귀 안일함과 모든 명예 버리고

　　험한 길을 가는 동안 나와 동행하소서

3) 어둔 골짝 지나가며 험한 바다 건너서

　　천국문에 이르도록 나와 동행하소서

후렴) 주께로 가까이 주께로 가오니

　　　나의 갈 길 다가도록 나와 동행하소서 (아멘)

2. 함께 본문 읽기

출애굽기 19:1-6

(1) 이스라엘 자손이 애굽 땅을 떠난 지 삼 개월이 되던 날 그들이 시내 광
야에 이르니라

(2) 그들이 르비딤을 떠나 시내 광야에 이르러 그 광야에 장막을 치되 이스
라엘이 거기 산 앞에 장막을 치니라

(3) 모세가 하나님 앞에 올라가니 여호와께서 산에서 그를 불러 말씀하시되
너는 이같이 야곱의 집에 말하고 이스라엘 자손들에게 말하라

(4) 내가 애굽 사람에게 어떻게 행하였음과 내가 어떻게 독수리 날개로 너
　　희를 업어 내게로 인도하였음을 너희가 보았느니라

(5) 세계가 다 내게 속하였나니 너희가 내 말을 잘 듣고 내 언약을 지키면
　　너희는 모든 민족 중에서 내 소유가 되겠고

(6) 너희가 내게 대하여 제사장 나라가 되며 거룩한 백성이 되리라 너는 이
　　말을 이스라엘 자손에게 전할지니라

3. 함께 생각하기　　　　인도자가 읽어줍니다

　　1950년 6월 25일, 북한 공산군의 무력 남침으로 한반도 전역이 전쟁
에 휩싸이게 되었습니다. 전쟁은 수많은 사람의 생명을 앗아가 버렸습
니다. 그중에서도 가장 안타까운 이들은 순식간에 부모 형제를 잃은 전
쟁고아들이었습니다. 당시 전쟁고아의 숫자가 약 10만 명에 달했다고
하니 큰 사회적인 문제가 아닐 수 없었습니다.

　　바로 그때 종군기자로 한국을 찾은 미국 선교사 밥 피어스 목사는 그
참담한 환경을 보고 전쟁고아들을 도와주고자 '선명회'(宣明會)라는
이름의 자선단체를 만들었습니다. 이 단체는 긴급구호와 개발사업, 교
육과 선교사역을 충실히 감당하였고, 한국전쟁 후에는 전 세계로 사역
의 지평을 넓혀갔습니다. 이후 '월드비전'으로 이름을 바꾸어 현재 세
계 100여 개 나라의 여러 어린이를 후원하고 있습니다.

　　밥 피어스 목사는 하나님의 은혜를 받은 사람으로서 그 은혜를 우리
나라에 나누어주었습니다. 놀라운 사실은 월드비전의 은혜를 받은 우
리나라가 1992년부터는 도움을 받던 나라에서 도움을 주는 나라로, 그
리고 월드비전의 최대 후원국으로 자리매김하게 되었습니다. 은혜를

은혜로 기억하고 은혜받은 자의 사명을 잘 감당한 것입니다. 우리 교회도 지난 2011년부터 해외 우물파기 및 개인 후원으로 월드비전과 동역하고 있습니다. 하나님의 은혜를 받은 백성으로서 하나님의 백성답게 살아가려고 하는 우리 교회의 참 아름다운 모습입니다.

4. 함께 관찰하기　성경 본문을 보며 빈칸을 채웁니다

① 내가 ☐☐ 사람에게 어떻게 행하였음과 내가 어떻게 ☐☐ ☐ ☐☐로 너희를 업어 내게로 ☐☐하였음을 너희가 보았느니라

② ☐☐가 다 내게 속하였나니 너희가 내 ☐을 잘 듣고 내 ☐ ☐을 지키면 너희는 모든 민족 중에서 내 ☐☐가 되겠고

③ 너희가 내게 대하여 ☐☐☐ 나라가 되며 ☐☐☐ 백성이 되리라 너는 이 말을 ☐☐☐☐☐ 자손에게 전할지니라

5. 함께 나누기　질문에 따라 묵상한 내용을 나눕니다

① 하나님은 우리에게 은혜를 베풀어주시는 분이십니다. 우리가 받은 은혜 중 가장 기억에 남는 은혜가 무엇인지 서로 나누어 봅시다.

② 제사장 나라의 개념이 무엇인지 깊이 생각해 보고, 이 사명을 감당하기 위해 어떤 노력을 기울여야 할지 서로 나누어 봅시다.

하나님의 은혜로 출애굽한 이스라엘 백성들은 출애굽한 지 두 달 만에 시내산에 도착하였습니다. 그리고 그곳에서 하나님은 이스라엘 백성들과 계약(언약, Covenant)을 체결하셨습니다. 이것은 하나님께서 이스라엘 백성들과 특별한 관계를 맺어주신 것을 의미합니다. 그뿐만 아니라 하나님은 이제 이스라엘 민족이 하나님의 백성이 되었으니까 하나님의 백성답게 살라는 의미로 율법을 허락해 주셨습니다.

　하나님은 언약을 통하여 이스라엘 백성들을,

　① 하나님의 소유로 삼고

　② 제사장 나라가 되게 해 주시며

　③ 거룩한 백성이 되게 할 것이라고 말씀해 주셨습니다.

　이것은 하나님께서 이스라엘 백성을 거룩한 선민으로 삼아주셨다는 것이며 이스라엘 백성을 구속사의 도구로 사용하여 모든 인류를 구원하고자 하신 것입니다. 이와 같은 하나님의 뜻을 모세가 이스라엘 백성들에게 전하였을 때 그들은 그 언약을 준수하겠다고 하나님 앞에서 분명히 약속하였습니다.

　시내산 계약에 있어서 여러 가지 계약의 내용들도 대단히 중요하지만 그 무엇보다도 중요한 것은 이스라엘 백성이 이제 하나님과의 새로운 관계 속으로 들어가게 되었다는 사실입니다. 하나님은 이스라엘 백성의 하나님이 되고 이스라엘은 하나님의 백성이 되었다는 사실 그 자체가 가장 중요한 것입니다. 이스라엘 백성들처럼 우리도 하나님과 관계하는 하나님의 백성입니다. 그러므로 하나님의 소유로, 제사장 사명을 잘 감당하는 거룩한 성도가 꼭 되어야 하겠습니다.

6. 함께 기도하기
마무리하며 함께 기도합니다

한없는 은혜를 베풀어주시는 아버지 하나님! 흠 많고 연약한 우리를 택하여 자녀 삼아주시니 감사를 드립니다. 우리가 이 땅을 살아가는 동안에 하나님의 뜻을 잘 받들고, 하나님의 자녀답게 거룩한 삶을 살게 하여 주시옵소서. 은혜받은 자답게 살아 하나님께 영광을 올려드리게 인도해 주시옵소서. 예수님의 이름으로 기도드립니다. (아멘)

7. 함께 축복하기
찬양하며 서로를 축복합니다

［ 형제의 모습 속에 ］

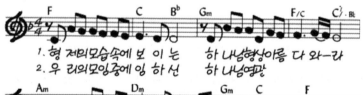

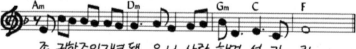

오늘의 암송구절

 출애굽기 19:6

너희가 내게 대하여 제사장 나라가 되며 거룩한 백성이 되리라 너는 이 말을 이스라엘 자손에게 전할지니라

우리집 가정예배 일지

일 시		참석자	
기도제목 · 응답내용			

>> 성막   출 40:34-38

여호와의 영광이
성막에 충만하였더라

024

1. 함께 찬양하기   찬송가 383장

〈 눈을 들어 산을 보니 〉

1) 눈을 들어 산을 보니 도움 어디서 오나
   천지 지은 주 하나님 나를 도와주시네
   나의 발이 실족 않게 주가 깨어 지키며
   택한 백성 항상 지켜 길이 보호하시네
2) 도우시는 하나님이 네게 그늘 되시니
   낮의 해와 밤의 달이 너를 상치 않겠네
   네게 화를 주지 않고 혼을 보호하시며
   너의 출입 지금부터 영영 인도하시리 (아멘)

2. 함께 본문 읽기   출애굽기 40:34-38

(34) 구름이 회막에 덮이고 여호와의 영광이 성막에 충만하매

(35) 모세가 회막에 들어갈 수 없었으니 이는 구름이 회막 위에 덮이고 여
     호와의 영광이 성막에 충만함이었으며

(36) 구름이 성막 위에서 떠오를 때에는 이스라엘 자손이 그 모든 행진하는
     길에 앞으로 나아갔고

(37) 구름이 떠오르지 않을 때에는 떠오르는 날까지 나아가지 아니하였으며

(38) 낮에는 여호와의 구름이 성막 위에 있고 밤에는 불이 그 구름 가운데에 있음을 이스라엘의 온 족속이 그 모든 행진하는 길에서 그들의 눈으로 보았더라

3. 함께 생각하기   인도자가 읽어줍니다

데이비드 리빙스턴(David Livingstone)은 검은 대륙이라 불리던 아프리카를 횡단한 최초의 유럽 탐험가입니다. 하지만 그는 탐험가이기 이전에 아프리카 원주민들에게 복음을 전한 선교사였습니다. 그는 말년에 옥스퍼드 대학에서 명예박사 학위를 받았는데, 학위 수여식에 앞서 리빙스턴은 자신의 경험담을 학생들에게 연설하였습니다.

빅토리아 폭포를 발견하였던 이야기, 포르투갈 사람들에 의하여 원주민들이 노예로 팔리는 모습을 발견하고 그들을 해방한 이야기, 양 무리를 덮치던 사자를 쫓아내려다 왼팔을 물려 목숨을 잃을 뻔했던 이야기, 말라리아와 폐렴으로 태어난 지 6주 만에 죽었던 딸 엘리자베스의 이야기 등 그의 이야기를 들은 모든 사람이 크게 감동하였습니다.

연설을 마치자 한 학생이 손을 들고 질문하였습니다.

"선생님! 선생님으로 하여금 아프리카 생활을 견뎌내도록 한 비결은 무엇입니까?"

리빙스턴은 잠시 생각에 잠기더니 이내 입을 열었습니다.

"제 비결은 아무것도 없습니다. 다만 '내가 세상 끝 날까지 너희와 항상 함께 있으리라' 약속하신 주님의 말씀과 십자가를 붙들었을 뿐입니다."

리빙스턴은 수많은 위기와 어려움이 있었지만 그는 언제나 하나님의 임재를 구하였고 하나님께서 동행하심을 믿었으며 말씀에 순종하는 삶을 살았습니다. 하나님께서는 이처럼 하나님을 믿고 의지하며 그 뜻에 순종하는 자들을 선한 길로 인도해 주십니다.

4. 함께 관찰하기   성경 본문을 보며 빈칸을 채웁니다

① 모세가 □□ 에 들어갈 수 없었으니 이는 □□ 이 회막 위에 덮이고 □□□□ □□ 이 성막에 충만함이었으며

② □□ 이 성막 위에서 □□□ 때에는 이스라엘 자손이 그 모든 □□ 하는 길에 앞으로 나아갔고

③ 낮에는 □□□□ □□ 이 성막 위에 있고 밤에는 □ 이 그 구름 가운데에 있음을 이스라엘의 온 족속이 그 모든 □□□ □ □ 에서 그들의 □ 으로 보았더라

5. 함께 나누기   질문에 따라 묵상한 내용을 나눕니다

① 삶 속에서 하나님께서 나와 함께하시고, 나를 지키시며, 선한 길로 인도하신다고 느꼈던 순간들을 함께 나누어 봅시다.

② 하나님은 성막에서 이스라엘 백성들과 교제하셨습니다. 우리도 하나님과 교제하는 삶을 살기 위해 어떻게 해야 할지 나누어 봅시다.

하나님은 시내산에서 이스라엘 백성들과 계약을 체결하시며 율법을 허락해 주셨고 이어서 하나님께서 거하실 처소로서 성막을 지으라고 명령하셨는데 이는 결혼하는 모습과 많이 닮았습니다. 19장에서 하나님과 백성들의 만남이 이루어졌고, 20~23장에서 그 만남에 대하여 언약서가 낭독되었으며, 24장에서는 계약을 체결하였습니다. 그리고 이어지는 25장부터 설명하는 성막은 결혼한 사람들이 함께 살아가게 될 신방과 같은 처소로서 이스라엘 백성에게 매우 중요한 장소입니다.

　성막은 울타리를 세우고 세마포 휘장으로 둘렀는데 이는 바깥세상과 구별됨을 의미합니다. 문은 동쪽 하나뿐인데 하나님 앞에 나아가는 방법이 오직 하나뿐임을 알려줍니다. 뜰에는 죄사함을 의미하는 번제단과 정결을 의미하는 물두멍이 있었고, 성소에는 진리의 빛을 밝히는 등잔대, 생명의 떡인 진설병을 놓는 진설병상, 성도의 기도를 상징하는 분향단이 있었습니다. 지성소에는 이스라엘 백성들 전체의 죄를 사하여 주시는 하나님 은혜의 상징인 언약궤(증거궤)가 있었습니다.

　성막은 3가지의 중요한 의미를 가졌는데 첫째는 '하나님의 임재'를 상징했고, 둘째는 하나님을 만나는 '하나님과의 교제'의 장소였습니다. 셋째는 '하나님의 인도하심'을 의미하였는데 이스라엘 백성들은 성막 위에 구름이 떠오르면 행진하였고 그렇지 않으면 머물렀습니다. 이처럼 성막은 이스라엘 백성들의 광야생활의 중심이었습니다. 우리도 마음에 영적 성막을 세우고 하나님 중심의 삶을 살아야 하겠습니다.

6. 함께 기도하기 마무리하며 함께 기도합니다

날마다 우리를 지키시고 보호해 주시는 하나님 아버지! 부족하고 연약한 저희들을 하나님의 자녀로 삼아주셔서 감사합니다. 저희가 이 땅에서 하나님의 자녀로 살아갈 때 언제나 하나님의 임재를 구하고, 하나님과 교제하기에 힘쓰며, 하나님의 인도하심에 순종하며 살아가게 하여 주시옵소서. 예수님의 이름으로 기도드립니다. (아멘)

7. 함께 축복하기 찬양하며 서로를 축복합니다

「 형제의 모습 속에 」

오늘의 암송구절

출애굽기 40:38

낮에는 여호와의 구름이 성막 위에 있고 밤에는 불이 그 구름 가운데에 있음을 이스라엘의 온 족속이 그 모든 행진하는 길에서 그들의 눈으로 보았더라

우리집 가정예배 일지

일 시		참석자	
기도제목 · 응답내용			

PART 4

광야시대

속죄한즉 사함을 받으리라

025

1. 함께 찬양하기
찬송가 285장

〈 주의 말씀 받은 그 날 〉

1) 주의 말씀 받은 그 날 참 기쁘고 복 되도다

　　이 기쁜 맘 못 이겨서 온 세상에 전하노라

2) 이 좋은 날 내 천한 몸 새 사람이 되었으니

　　이 몸과 맘 다 바쳐서 영광의 주 늘 섬기리

3) 새 사람 된 그 날부터 평안한 맘 늘 있어서

　　이 복된 말 전하는 일 나의 본분 삼았도다

후렴) 기쁜 날 기쁜 날 주 나의 죄 다 씻은 날

　　　늘 깨어서 기도하고 늘 기쁘게 살아가리

　　　기쁜 날 기쁜 날 주 나의 죄 다 씻은 날 (아멘)

2. 함께 본문 읽기
레위기 4:3-12

(3) 만일 기름 부음을 받은 제사장이 범죄하여 백성의 허물이 되었으면 그
　　가 범한 죄로 말미암아 흠 없는 수송아지로 속죄제물을 삼아 여호와께
　　드릴지니

(4) 그 수송아지를 회막 문 여호와 앞으로 끌어다가 그 수송아지의 머리에

안수하고 그것을 여호와 앞에서 잡을 것이요

(5) 기름 부음을 받은 제사장은 그 수송아지의 피를 가지고 회막에 들어가서

(6) 그 제사장이 손가락에 그 피를 찍어 여호와 앞 곧 성소의 휘장 앞에 일 곱 번 뿌릴 것이며

(7) 제사장은 또 그 피를 여호와 앞 곧 회막 안 향단 뿔들에 바르고 그 송아 지의 피 전부를 회막 문 앞 번제단 밑에 쏟을 것이며

(8) 또 그 속죄제물이 된 수송아지의 모든 기름을 떼어낼지니 곧 내장에 덮 인 기름과 내장에 붙은 모든 기름과

(9) 두 콩팥과 그 위의 기름 곧 허리쪽에 있는 것과 간에 덮인 꺼풀을 콩팥 과 함께 떼어내되

(10) 화목제 제물의 소에게서 떼어냄 같이 할 것이요 제사장은 그것을 번제 단 위에서 불사를 것이며

(11) 그 수송아지의 가죽과 그 모든 고기와 그것의 머리와 정강이와 내장과

(12) 똥 곧 그 송아지의 전체를 진영 바깥 재 버리는 곳인 정결한 곳으로 가 져다가 불로 나무 위에서 사르되 곧 재 버리는 곳에서 불사를지니라

3. 함께 생각하기　　　　　인도자가 읽어줍니다

영국 런던에 웨스트민스터 채플을 담임하는 캠벨 몰겐 목사님이 있 습니다. 몰겐 목사님에게는 일상의 스트레스를 극복하는 커다란 즐거 움이 하나 있었는데 그것은 바로 매일 저녁 무렵 사랑하는 외동딸 제니 와 손을 잡고 런던 하이드 파크를 산책하는 것이었습니다.

연말이 가까운 어느 날 갑작스레 제니가 아버지 몰겐 목사님에게 "오늘부터 며칠 동안은 아버지와 함께 산책을 갈 수 없어요"라고 말하

였습니다. 몰겐 목사님은 매우 서운한 마음을 감출 수 없었습니다. 혼자 하이드 파크를 산책하는 생각만으로도 몹시 쓸쓸하였기 때문입니다. 딸 제니에게 함께 산책에 나서지 않는 이유를 여러 차례 물어보았지만 제니는 끝까지 그 이유를 대답해 주지 않았습니다.

그러나 크리스마스 날 아침 몰겐 목사님은 제니가 그동안 산책에 나서지 않은 이유를 알게 되었습니다. 제니는 아버지에게 드릴 성탄 선물로 아버지가 신을 슬리퍼를 만들 시간이 필요했던 것이었습니다. 크리스마스 날 아침 딸 제니가 정성스럽게 만든 선물을 받아 든 몰겐 목사님은 감격했습니다. 그렇지만 몰겐 목사님은 사랑하는 딸 제니에게 이렇게 말하였습니다. "사랑하는 제니야! 참 고맙다. 이걸 만드느라 얼마나 수고가 많았니? 그런데 정직하게 말하자면 아빠는 슬리퍼 선물보다도 네가 나와 같이 손잡고 산책하는 것이 훨씬 더 좋단다." 하나님께서도 우리와 함께 교제하며 걷기를 바라십니다. 그것이 바로 우리가 아버지 되신 하나님께 드릴 수 있는 최고의 선물입니다.

4. 함께 관찰하기 성경 본문을 보며 빈칸을 채웁니다

① 그 수송아지를 회막 문 □□□ □으로 끌어다가 그 수송아지의 □□에 □□하고 그것을 여호와 앞에서 잡을 것이요

② 그 제사장이 손가락에 그 □를 찍어 여호와 앞 곧 □□의 □ □ 앞에 □□ 번 뿌릴 것이며

③ 제사장은 또 그 피를 여호와 앞 곧 □□ 안 □□□ 들에 바르고 그 송아지의 □ 전부를 회막 문 앞 □□□ 밑에 쏟을 것이며

5. 함께 나누기　질문에 따라 묵상한 내용을 나눕니다

① 하나님과 친밀하게 교제하지 않고 내 뜻대로 세상을 쫓아 살다가 낙심했던 경험을 생각해 보고 서로 나누어 봅시다.

② 5제사와 7절기는 하나님과의 거룩한 교제를 위함인데, 우리 삶 속에서 하나님과의 친밀한 교제가 왜 중요한지 서로 나누어 봅시다.

레위기의 가장 중요하고 핵심이 되는 내용은 5제사와 7절기입니다. 5제사는 ① 하나님께 대한 전적 충성과 헌신을 다짐하는 '번제' ② 하나님께 대한 순수한 희생과 봉사를 다짐하는 '소제' ③ 하나님과 화목과 친밀한 관계의 회복을 위해 드리는 '화목제' ④ 하나님께서 명령하신 율법을 범하였을 때 그 죄를 속죄하며 드리는 '속죄제' ⑤ 부지불식간에 범한 잘못들에 대해 배상하며 드리는 속건제입니다.

7절기는 ① 애굽의 종살이에서 구출되었음을 기념하는 '유월절' ② 애굽에서의 고난을 떠올리며 구원의 은총을 기억하는 '무교절' ③ 첫 이삭 단을 드리며 감사하는 '초실절' ④ 첫 소산을 바치며 하나님께 추수 감사하는 '칠칠절' ⑤ 새해 첫날 나팔을 불어 신년이 왔음을 선포하는 '나팔절' ⑥ 대제사장이 일 년에 한 번 이스라엘 백성들의 모든 죄를 가지고 지성소에 들어가 하나님께 속죄받는 '대속죄일' ⑦ 출애굽 이후에 광야에서의 장막생활을 기념하기 위한 '초막절' 입니다.

하나님께서는 이스라엘과 '거룩한 교제' 를 이루시기 위하여 5제사 7절기를 허락해 주셨습니다. '5제사' 는 이스라엘이 모든 죄에 대하여 사함받고 하나님과 교제하기 위한 제도입니다. '7절기' 는 이스라엘이 하나님께서 베푸신 모든 은총의 순간들을 기억하게 만드는 제도입니다. 그래서 제사와 절기 둘 다 그 궁극적인 목적은 하나님과 친밀한 교제를 위한 것입니다. 이스라엘 민족과 같이 하나님과 교제하며 친밀한 관계를 맺고 하나님의 뜻을 세상 가운데 전파하는 사명이 오늘 우리에게도 있음을 꼭 기억하며 살아가야 하겠습니다.

6. 함께 기도하기   마무리하며 함께 기도합니다

우리와 교제하기를 바라시며 찾아오시는 아버지 하나님 참 감사합니다. 우리의 가정이 날마다 하나님과 교제하며 친밀한 관계를 맺고 세상 속에서 주님의 사랑을 전파하는 사명을 잘 감당하게 해주소서. 주님을 더욱 사랑하며 끝까지 주님의 손 꼭 붙잡고 걸어가는 우리 가족이 되게 하여 주시옵소서. 예수님의 이름으로 기도드립니다. (아멘)

7. 함께 축복하기   찬양하며 서로를 축복합니다

[형제의 모습 속에]

\# 오늘의 암송구절   레위기 4:4

그 수송아지를 회막 문 여호와 앞으로 끌어다가 그 수송아지의 머리에
안수하고 그것을 여호와 앞에서 잡을 것이요

\# 우리집 가정예배 일지

일 시		참석자	
기도제목 · 응답내용			

너희는 거룩하라

026

1. 함께 찬양하기   찬송가 426장

〈 이 죄인을 완전케 하시옵고 〉

1) 이 죄인을 완전케 하시옵고 내 맘속에 영원히 거하소서

　　죄 가운데 빠졌던 몸과 맘을 흰 눈보다 더 희게 하옵소서

2) 저 보좌에 앉으신 주 예수여 이 몸 주께 드리니 받으소서

　　내 마음과 지식도 드리오니 흰 눈보다 더 희게 하옵소서

3) 그 상하신 발 아래 엎드려서 날 깨끗게 하시기 원합니다

　　날 정결케 하는 피 믿사오니 흰 눈보다 더 희게 하옵소서

후렴) 눈보다 더욱 희어지게 곧 씻어서 정결케 하옵소서 (아멘)

2. 함께 본문 읽기   레위기 19:1-4

(1) 여호와께서 모세에게 말씀하여 이르시되

(2) 너는 이스라엘 자손의 온 회중에게 말하여 이르라 너희는 거룩하라 이
는 나 여호와 너희 하나님이 거룩함이니라

(3) 너희 각 사람은 부모를 경외하고 나의 안식일을 지키라 나는 너희의 하
나님 여호와이니라

(4) 너희는 헛된 것들에게로 향하지 말며 너희를 위하여 신상들을 부어 만

들지 말라 나는 너희의 하나님 여호와이니라

3. 함께 생각하기　　　　　　인도자가 읽어줍니다

통계학에 '엥겔 지수'라는 것이 있습니다. 이것은 한 가정이나 사회 또는 국가의 생활 수준을 나타내는 지표로서 전체 생계비 지출 총액에서 음식비 지출이 차지하는 비율을 말합니다. 따라서 엥겔 지수가 높을수록 후진국에 속하고 엥겔 지수가 낮을수록 선진국에 속합니다. 말하자면 자기 소득 중에서 먹는 것에 쓰는 비용이 많으면 많을수록 후진국에 가까운 것이고 반대로 그 비율이 떨어지면 떨어질수록 선진국으로 분류됩니다. 그만큼 여유 있는 삶을 산다는 의미이기 때문입니다.

그리스도인의 삶에도 영적 엥겔 지수가 있습니다. 하루에 자기 육체의 본능을 위하여 쓰는 시간과 에너지가 많을수록 그는 덜 경건한 사람이 됩니다. 반면에 말씀을 묵상하며 하나님과 교제하고 동행하는 것에 시간과 에너지를 많이 쏟는 사람은 더 경건한 사람이 되는 것입니다. 하나님의 거룩한 백성으로서 진정한 행복을 누리기를 원한다면 하나님과 교제하고 그분과 동행하는 시간을 늘려가야 합니다. 그래야 세상의 헛된 것에 마음을 두지 않게 되고 세속적인 가치를 추구하는 데 집착하여 시간과 에너지를 허비하지 않게 되기 때문입니다.

만약 여러분이 하나님과 교제하며 하루를 시작하고 일과 중 그분과 동행하는 시간의 비율을 높이기 시작한다면 영적 엥겔 지수가 낮아져서 더욱 풍성한 삶을 누리게 될 것입니다. 하나님과 가까이하는 시간을 늘려 가십시오. 영적 엥겔 지수를 낮추기를 구하십시오. 마침내 자주 넘어졌던 유혹과 시험도 이겨내는 기쁨과 만족을 누리게 될 것입니다.

4. 함께 관찰하기 성경 본문을 보며 빈칸을 채웁니다

① 너는 이스라엘 자손의 온 ☐☐에게 말하여 이르라 너희는 ☐
☐하라 이는 나 여호와 너희 하나님이 ☐☐☐이니라

② 너희 각 사람은 ☐☐를 ☐☐하고 나의 ☐☐☐을 지키라
나는 너희의 하나님 ☐☐☐이니라

③ 너희는 ☐☐☐☐에게로 향하지 말며 너희를 위하여 ☐☐
☐을 ☐☐ 만들지 말라 나는 너희의 하나님 여호와이니라

5. 함께 나누기 질문에 따라 묵상한 내용을 나눕니다

① 요즘 하나님과 나 사이의 거리를 km, m, cm 등으로 나타낸다면 어느
정도의 측정값으로 나타낼 수 있을지 서로 이야기해 봅시다.

② 거룩은 하나님과 동행하며 사명을 감당하기 위한 '구별됨'입니다. 특
히 내 삶에서 회복해야 할 거룩함의 영역에 대하여 서로 나눠 봅시다.

레위기는 한마디로 '거룩의 책'이라 할 수 있습니다. 시내산에서 이
스라엘과 계약을 체결하신 하나님께서는 그들을 '거룩한 백성'으로 구
별하여 주셨습니다. 레위기에 나오는 '5제사'는 죄사함을 받고 거룩하
게 되는 방법이라 할 수 있고, '7절기'는 이러한 하나님의 은혜를 기억
하며 거룩하게 살아가는 방편이라고 할 수 있습니다. 하나님께서는 모

세를 통하여 온 이스라엘 백성에게 "너희는 거룩하라 이는 나 여호와 너희 하나님이 거룩함이니라"라고 분명하게 말씀하셨습니다.

'거룩하다'는 말은 히브리어로 '카도쉬'인데 이 단어는 '나누다', '구별하다'라는 뜻을 가지고 있습니다. 거룩은 일체의 부정과 악으로부터 철저하게 구별된 상태를 말합니다. 따라서 하나님의 거룩한 백성인 이스라엘은 죄와 불의에서 떠나 철저히 성결하게 살아가야 했습니다.

하나님께서는 거룩의 방편으로서 '부모 경외', '안식일 준수', '우상 금지'를 명령하셨습니다. '부모 경외'와 '안식일 준수' 명령은 십계명의 제5계명과 제4계명으로서 각각 제6~10계명과 제1~3계명을 담는 '그릇 계명'이라 할 수 있고 '우상 금지' 명령은 헛되고 헛된 세상의 가치를 추구하지 말도록 하신 아주 중요한 영적 지침이라 할 수 있습니다.

하나님께서 레위기에서 이렇게도 많이 거룩을 강조하시는 것은 우리가 거룩해야만 온전한 믿음의 삶을 살 수 있기 때문이며 거룩해야만 하나님의 뜻을 행할 수 있기 때문입니다. 기억하십시오. 거룩해야 삽니다. 거룩해야 하나님께 쓰임 받는 인생이 됩니다.

6. 함께 기도하기   마무리하며 함께 기도합니다

거룩하신 아버지 하나님! 죄로 인해 죽을 수밖에 없는 우리에게 생명을 주시고, 허무한 세상의 것을 떠나 거룩한 백성으로 불러 주시니 감사드립니다. 우리 가정이 무엇보다 거룩한 가정이 되게 하여 주셔서 하나님이 허락해 주신 생명을 온전히 누리고, 주께서 주신 사명을 꼭 이루며 살게 하여 주옵소서. 예수님의 이름으로 기도드립니다. (아멘)

7. 함께 축복하기

찬양하며 서로를 축복합니다

[형제의 모습 속에]

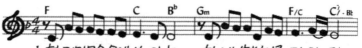

1. 형제의 모습속에 보 이 는   하 나님형상을 다 와—라
2. 우 리의모임중에 임 하 선   하 나님영광

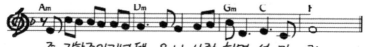

존 귀한주의재녀 됐 으니 사랑 하며 성 기 리
존 귀한왕이여기 계 시니

오늘의 암송구절

레위기 19:2

너는 이스라엘 자손의 온 회중에게 말하여 이르라 너희는 거룩하라 이는 나 여호와 너희 하나님이 거룩함이니라

우리집 가정예배 일지

일 시		참석자	
기도제목 · 응답내용			

여호와의 명령을 따라 행진하니라

027

1. 함께 찬양하기　　　　찬송가 445장

〈 태산을 넘어 험곡에 가도 〉

1) 태산을 넘어 험곡에 가도 빛 가운데로 걸어가면
　 주께서 항상 지키시기로 약속한 말씀 변치않네
2) 캄캄한 밤에 다닐지라도 주께서 나의 길 되시고
　 나에게 밝은 빛이 되시니 길 잃어버릴 염려없네
3) 광명한 그 빛 마음에 받아 찬란한 천국 바라보고
　 할렐루야를 힘차게 불러 날마다 빛에 걸어가리
후렴) 하늘의 영광 하늘의 영광 나의 맘 속에 차고도 넘쳐
　　 할렐루야를 힘차게 불러 영원히 주를 찬양하리

2. 함께 본문 읽기　　　　민수기 9:15-23

(15) 성막을 세운 날에 구름이 성막 곧 증거의 성막을 덮었고 저녁이 되면 성막 위에 불 모양 같은 것이 나타나서 아침까지 이르렀으되 (16) 항상 그리하여 낮에는 구름이 그것을 덮었고 밤이면 불 모양이 있었는데 (17) 구름이 성막에서 떠오르는 때에는 이스라엘 자손이 곧 행진하였고 구름이 머무는 곳에 이스라엘 자손이 진을 쳤으니 (18) 이스라엘 자손이 여호와의 명령을

따라 행진하였고 여호와의 명령을 따라 진을 쳤으며 구름이 성막 위에 머무는 동안에는 그들이 진영에 머물렀고 (19) 구름이 성막 위에 머무는 날이 오랠 때에는 이스라엘 자손이 여호와의 명령을 지켜 행진하지 아니하였으며 (20) 혹시 구름이 성막 위에 머무는 날이 적을 때에도 그들이 다만 여호와의 명령을 따라 진영에 머물고 여호와의 명령을 따라 행진하였으며 (21) 혹시 구름이 저녁부터 아침까지 있다가 아침에 그 구름이 떠오를 때에는 그들이 행진하였고 구름이 밤낮 있다가 떠오르면 곧 행진하였으며 (22) 이틀이든지 한 달이든지 일 년이든지 구름이 성막 위에 머물러 있을 동안에는 이스라엘 자손이 진영에 머물고 행진하지 아니하다가 떠오르면 행진하였으니 (23) 곧 그들이 여호와의 명령을 따라 진을 치며 여호와의 명령을 따라 행진하고 또 모세를 통하여 이르신 여호와의 명령을 따라 여호와의 직임을 지켰더라

3. 함께 생각하기　　　인도자가 읽어줍니다

〈타임〉지가 '세계에서 가장 위대한 선교사'로 선정했던 선교사 중 한 사람인 스탠리 존스(E. Stanley Jones)가 인도 오지에서 선교할 때의 일입니다. 그는 수풀이 울창한 밀림 지역에서 선교하던 중 그만 길을 잃고 말았습니다. 존스 선교사는 절망감과 두려움에 숲속을 헤매다 마침 한 원주민을 만났습니다. 그리고 그에게 다가가 "내가 지금 길을 잃었습니다. 나에게 길을 좀 가르쳐주시오" 부탁하였습니다.

나무를 베고 있던 원주민은 존스 선교사의 요청에 "나를 따라오시오." 하고는 울창한 수풀을 헤치며 앞으로 나아갔습니다. 선교사는 원주민을 놓칠세라 땀을 뻘뻘 흘리며 따라갔습니다. 존스 선교사는 생각

하기를 조금만 수풀을 헤치고 가다 보면 길이 나올 줄 알았는데, 가도 가도 길이라고 할 만한 것은 보이지 않았습니다.

"길이 어디 있습니까?"

답답한 마음에 물어본 존스 선교사에게 원주민은 "길은 없습니다. 내가 가는 곳이 곧 길입니다"라고 대답하였습니다.

마침내 존스 선교사는 원주민을 따라 마을로 돌아올 수 있게 되었습니다. 살아 돌아온 그는 이스라엘 백성들을 구름기둥과 불기둥으로 보호하시고 인도하셨던 하나님의 은혜가 떠올라 감격하며 하나님께 무릎을 꿇고 감사 기도를 드렸습니다. 어쩌면 우리의 삶은 길이 없는 정글보다 더 복잡하고 예측할 수 없는 곳입니다. 그러나 하나님은 그의 자녀들을 언제나 보호하시고 인도하여 주십니다. 하나님을 신뢰함으로 날마다 믿음 가운데 승리하는 성도들이 되시기를 바랍니다.

 4. 함께 관찰하기 성경 본문을 보며 빈칸을 채웁니다

① 성막을 세운 날에 ☐☐이 성막 곧 증거의 성막을 덮었고 ☐☐이 되면 성막 위에 ☐ 모양 같은 것이 나타나서 ☐☐까지 이르렀으되

② ☐☐이 성막에서 떠오르는 때에는 이스라엘 자손이 곧 ☐☐ 하였고 ☐☐이 머무는 곳에 이스라엘 자손이 ☐을 쳤으니

③ 곧 그들이 여호와의 ☐☐을 따라 ☐을 치며 여호와의 ☐☐ 을 따라 ☐☐하고 또 모세를 통하여 이르신 여호와의 ☐☐ 을 따라 여호와의 직임을 지켰더라

5. 함께 나누기　질문에 따라 묵상한 내용을 나눕니다

① 막막하고 힘들었던 순간에 하나님께서 선하신 손길로 나를 보호해 주시고 인도해 주셨던 경험을 떠올려 보고 서로 나누어 봅시다.

② 하나님은 성막에 떠오르는 구름으로 이스라엘을 인도하셨습니다. 이 모습은 오늘 우리에게 무엇을 결단하게 하는지 서로 나누어 봅시다.

민수기(民數記)는 백성들의 숫자를 세었다고 해서 이름 붙여진 책입니다. 그러나 이 민수기의 히브리 원문 성경의 제목은 '베미드바르' 입니다. 이 말은 '광야에서' 라는 뜻을 가지고 있습니다. 그리하여 민수기는 하나님께서 택하신 이스라엘 백성들이 '광야에서' 유리방황한 내용을 다루고 있기 때문에 '방황의 책' 이라고 할 수 있습니다.

민수기 10장에서 이스라엘은 마침내 시내산을 출발하고 있는데 앞서 1장부터 9장까지는 출발하기에 앞서 이스라엘 백성들이 어떤 준비를 했는지를 알려주고 있습니다. 그들은 먼저 인구조사를 하였고 하나님은 그들에게 진 편성과 행군 순서, 성막을 옮기는데 봉사할 자손들, 정결한 삶, 나실인 법 등에 대해서 말씀해 주셨습니다.

모든 준비를 마치고 마침내 하나님이 명하신 성막을 완성하여 봉헌할 때 구름이 성막을 덮었습니다. 그리고 저녁에는 성막 위에 불 모양 같은 것이 나타나서 아침까지 있었습니다. 하나님은 낮에는 이스라엘을 구름기둥으로, 밤에는 불기둥으로 보호해 주신 것입니다. 이처럼 하나님은 이 세상 가운데서 우리를 철저히 보호해 주시는 분입니다.

그리고 하나님은 성막 위에 떠오르는 구름을 통해 이스라엘을 인도해 주셨습니다. 구름이 성막에 떠오르면 행진하였고, 구름이 머무는 곳에는 진을 쳤습니다. 이것은 오직 하나님의 인도하심을 따라 광야 길을 진행했다는 것을 알려주고 있습니다. 이스라엘이 광야길을 걸어가는 것처럼 오늘날 우리는 인생길을 걸어가고 있습니다. 하나님의 인도하심을 확신하며 날마다 승리의 걸음을 걸어가시기 바랍니다.

6. 함께 기도하기 　마무리하며 함께 기도합니다

　　사랑하는 하나님 아버지! 오늘도 거룩한 말씀 앞으로 우리를 부르시고 예배하는 가정이 되게 하시니 참 감사드립니다. 언제나 우리 가정을 구름기둥과 불기둥으로 지켜주시는 하나님께서 날마다 우리의 가정을 보호하시고 인도해 주심을 굳게 신뢰하며 살아갈 수 있도록 도와 주시옵소서. 예수님의 이름으로 기도드립니다. (아멘)

7. 함께 축복하기 　찬양하며 서로를 축복합니다

[너는 시냇가에]

오늘의 암송구절 민수기 9:17

구름이 성막에서 떠오르는 때에는 이스라엘 자손이 곧 행진하였고 구름이 머무는 곳에 이스라엘 자손이 진을 쳤으니

 # 우리집 가정예배 일지

일 시		참석자	
기도제목 · 응답내용			

>> **탐욕의 무덤**　　민 11:31-35

기브롯 핫다아와라 불렀더라

028

 ## 1. 함께 찬양하기　　　　　찬송가 301장

〈 지금까지 지내온 것 〉

1) 지금까지 지내온 것 주의 크신 은혜라
　　한이 없는 주의 사랑 어찌 이루 말하랴
　　자나 깨나 주의 손이 항상 살펴 주시고
　　모든 일을 주 안에서 형통하게 하시네
2) 몸도 맘도 연약하나 새 힘 받아 살았네
　　물 붓듯이 부으시는 주의 은혜 족하다
　　사랑 없는 거리에나 험한 산길 헤맬 때
　　주의 손을 굳게 잡고 찬송하며 가리라

 ## 2. 함께 본문 읽기　　　　　민수기 11:31-35

(31) 바람이 여호와에게서 나와 바다에서부터 메추라기를 몰아 진영 곁 이
　　쪽 저쪽 곧 진영 사방으로 각기 하룻길 되는 지면 위 두 규빗쯤에 내리
　　게 한지라
(32) 백성이 일어나 그 날 종일 종야와 그 이튿날 종일토록 메추라기를 모
　　으니 적게 모은 자도 열 호멜이라 그들이 자기들을 위하여 진영 사면

에 펴 두었더라

(33) 고기가 아직 이 사이에 있어 씹히기 전에 여호와께서 백성에게 대하여 진노하사 심히 큰 재앙으로 치셨으므로

(34) 그 곳 이름을 기브롯 핫다아와라 불렀으니 욕심을 낸 백성을 거기 장사함이었더라

(35) 백성이 기브롯 핫다아와에서 행진하여 하세롯에 이르러 거기 거하니라

3. 함께 생각하기   인도자가 읽어줍니다

이솝우화에 나오는 이야기입니다. 어떤 마을에 큰 잔치가 벌어졌습니다. 잔치집을 기웃거리던 개 한 마리는 주인 몰래 큰 고기를 하나 덥석 물고 도망치듯 빠져나왔습니다. 아무도 모르는 곳에서 혼자 맛있게 먹으려는 마음에 부지런히 길을 걸어갔습니다. 그러다 냇가를 건너기 위해 외다리를 걸어가던 중에 문득 아래를 보고 깜짝 놀랐습니다. 물속에 자신처럼 큰 고기를 물고 있는 개 한 마리를 발견했기 때문입니다. 자신의 모습이 냇가에 비친 줄은 꿈에도 모른 채 그 개는 냇가에 비친 개가 물고 있는 고기도 갖고 싶은 욕심에 휩싸였습니다.

그래서 냇가에 비친 개를 향해 무섭게 짖어대기 시작하였습니다. "멍멍멍" 그런데 개가 짖기 시작하였을 때 자신이 물고 있던 고기가 물속으로 빠져버리고 말았습니다. 그리고 이내 냇가에 비친 개의 입에서도 고기가 사라진 것을 알게 되었습니다. 그제서야 자신의 모습이 냇가에 비친 것이었음을 깨닫고 크게 후회하였지만 결국 가지고 있던 고기마저 잃어버리고 말았습니다.

이스라엘 백성들은 하나님이 놀라운 은혜로 만나를 주신 것에 만족

하지 못하고 또 다른 음식을 탐하였고, 결국 고기를 얻었지만 그 고기가 이 사이에 씹히기도 전에 죽임을 당하고 말았습니다. 하나님은 탐욕을 매우 싫어하십니다. 욕심은 결국 죄를 낳고 하나님과의 관계를 끊어버리며 우리를 죽음에 이르게 하는 것임을 반드시 기억하여서 받은 은혜에 감사하며 서로 나누며 살아가시기를 바랍니다.

4. 함께 관찰하기   성경 본문을 보며 빈칸을 채웁니다

① ☐☐이 여호와에게서 나와 바다에서부터 ☐☐☐☐를 몰아 진영 곁 이쪽 저쪽 곧 진영 ☐☐으로 각기 ☐☐☐ 되는 지면 위 ☐☐☐쯤에 내리게 한지라

② ☐☐가 아직 ☐ 사이에 있어 씹히기 전에 여호와께서 백성에게 대하여 ☐☐하사 심히 큰 ☐☐으로 치셨으므로

③ 그 곳 이름을 ☐☐☐ ☐☐☐☐라 불렀으니 ☐☐을 낸 백성을 거기 ☐☐☐이었더라

5. 함께 나누기   질문에 따라 묵상한 내용을 나눕니다

① 지나치게 욕심을 부렸다가 나의 삶이나 다른 사람의 삶에 어려움을 끼친 경험을 생각해 보고 서로 나누어 봅시다.

② 이기적 탐욕의 삶과 이타적 사랑의 삶을 비교해 보고, 이번 한 주간 가족과 이웃을 위해 무엇을 할 수 있을지 서로 나누어 봅시다.

시내산 계약을 통해 하나님의 자녀가 된 이스라엘 백성들은 일 년여 시내산에 머물다가 마침내 약속의 땅 가나안을 향해 출발하였습니다. 하지만 이스라엘 백성들은 계약 백성이었지만 하나님의 백성답게 살지 못하였습니다. 출애굽 때에 함께 섞여 나온 다른 인종이 탐욕을 품었는데 이스라엘은 그들을 본받아 탐욕을 품고 불평하기 시작하였습니다.

이스라엘 백성들은 하나님께서 허락해주신 만나를 멸시하며 "누가 우리에게 고기를 주어 먹게 하랴?"(4절) 말하며 불평하였습니다. 하나님은 이들의 모습에 진노하시며 고기를 주겠다고 약속하셨는데 냄새도 싫어하기까지 고기를 주겠다고 말씀하셨습니다. 이것은 '은혜의 응답'이 아니라 '진노의 응답'이었습니다. 하나님은 그들에게 메추라기 고기를 주셨고 백성들이 그 고기를 이 사이에 씹기도 전에 큰 재앙으로 그들을 치셨습니다. 이 재앙으로 말미암아 죽임을 당한 이들을 쌓아놓은 무덤을 '기브롯 핫다아와' 라 불렀는데, 이 말은 '탐욕의 무덤' 이라는 뜻입니다.

이것은 이스라엘이 고기를 찾으며 주어진 환경에 대하여 불평하고 원망하다가 하나님의 심판을 받게 된 사건입니다. 그런데 그 불평과 원망의 원인을 찾아보니까 그것은 바로 '탐욕' 때문이었습니다. 욕심이 잉태한즉 죄를 낳고, 죄가 장성한즉 사망을 낳습니다(약 1:15). 모든 죄는 탐욕으로부터 오고 그 결과는 사망입니다. 그러므로 우리는 이기적 탐욕에서 벗어나 이타적 사랑으로 우리의 삶을 바꾸어야 합니다.

6. 함께 기도하기 마무리하며 함께 기도합니다

하나님 아버지! 오늘도 가정예배를 통하여 하나님의 마음을 알게 하여 주시니 감사드립니다. 우리 가정이 이기적 탐욕의 모습을 벗어 버리고 이타적 사랑의 모습으로 하나님을 사랑하고 이웃을 사랑하며 살아가도록 인도하여 주시옵소서. 그리하여 주 안에서 참으로 행복한 가정을 이루게 하여 주시옵소서. 우리 주 예수님의 이름으로 기도드립니다. (아멘)

7. 함께 축복하기 찬양하며 서로를 축복합니다

「 너는 시냇가에 」

너- 는 시냇가 에 심-은- 나무 라
하나 님 의 사랑 안 에 믿음 뿌 리 내리 고
주의 뜻 대 로 주의 뜻대로 항- 상 사 세 요

오늘의 암송구절   민수기 11:34

그 곳 이름을 기브롯 핫다아와라 불렀으니 욕심을 낸 백성을 거기 장사함이었더라

우리집 가정예배 일지

일 시		참석자	
기도제목 · 응답내용			

민음의 사람만 생존하니라

029

1. 함께 찬양하기
찬송가 383장

〈눈을 들어 산을 보니〉

1) 눈을 들어 산을 보니 도움 어디서 오나
   천지 지은 주 하나님 나를 도와주시네
   나의 발이 실족 않게 주가 깨어 지키며
   택한 백성 항상 지켜 길이 보호하시네
2) 도우시는 하나님이 네게 그늘 되시니
   낮의 해와 밤의 달이 너를 상치 않겠네
   네게 화를 주지 않고 혼을 보호하시며
   너의 출입 지금부터 영영 인도하시리 (아멘)

2. 함께 본문 읽기
민수기 14:33-38

(33) 너희의 자녀들은 너희 반역한 죄를 지고 너희의 시체가 광야에서 소멸
     되기까지 사십 년을 광야에서 방황하는 자가 되리라
(34) 너희는 그 땅을 정탐한 날 수인 사십 일의 하루를 일 년으로 쳐서 그
     사십 년간 너희의 죄악을 담당할지니 너희는 그제서야 내가 싫어하면
     어떻게 되는지를 알리라 하셨다 하라

(35) 나 여호와가 말하였거니와 모여 나를 거역하는 이 악한 온 회중에게 내가 반드시 이같이 행하리니 그들이 이 광야에서 소멸되어 거기서 죽으리라

(36) 모세의 보냄을 받고 땅을 정탐하고 돌아와서 그 땅을 악평하여 온 회중이 모세를 원망하게 한 사람

(37) 곧 그 땅에 대하여 악평한 자들은 여호와 앞에서 재앙으로 죽었고

(38) 그 땅을 정탐하러 갔던 사람들 중에서 오직 눈의 아들 여호수아와 여분네의 아들 갈렙은 생존하니라

 3. 함께 생각하기   인도자가 읽어줍니다

사막을 횡단하는 낙타는 하루를 시작하고 마칠 때마다 주인 앞에 무릎을 꿇는다고 합니다. 하루를 시작하는 아침에는 주인이 얹어주는 짐을 지기 위해서 무릎을 꿇고, 하루를 마치는 저녁이 되면 등에 짊어진 짐이 내려지길 바라며 주인 앞에 무릎을 꿇는 것입니다. 주인은 낙타의 사정을 누구보다도 잘 압니다. 그래서 낙타가 짊어질 수 있을 만큼의 짐만 얹어줍니다. 낙타의 건강 상태가 안 좋을 때는 짐의 무게도 줄여 줍니다. 낙타는 주인이 자기에게 딱 알맞은 만큼의 짐을 얹어준다는 사실을 믿습니다. 그렇게 주인을 신뢰하기 때문에 낙타는 무릎을 꿇고 주인이 얹어주는 짐을 달게 받습니다.

주인이 낙타의 사정을 잘 아는 것처럼 하나님은 우리의 사정을 잘 아십니다. 그래서 우리가 감당하지 못하는 시험은 주지 않으십니다. 나에게 주어진 십자가가 너무 무겁다고 하면서 하나님께 투덜거리며 원망하는 것은 하나님을 믿지 못하는 태도입니다. 오히려 우리는 십자가 때문에 천국의 풍성한 복을 받아 누리게 되는 것입니다.

하늘을 나는 새는 날개가 무겁다고 불평하지 않습니다. 날개 때문에 더 높게 더 멀리 날아갈 수 있기 때문입니다. 신앙은 삶의 태도와 밀접한 관련이 있습니다. 하나님의 말씀에 긍정적으로 반응하고 감사하며 순종하는 것이 참된 믿음의 모습입니다.

4. 함께 관찰하기　성경 본문을 보며 빈칸을 채웁니다

① 너희의 자녀들은 너희 □□한 죄를 지고 너희의 시체가 □□에서 소멸되기까지 □□ 년을 □□에서 방황하는 자가 되리라

② 너희는 그 땅을 정탐한 날 수인 □□ 일의 □□를 일 년으로 쳐서 그 □□ 년간 너희의 죄악을 담당할지니 너희는 그제서야 내가 □□□□ 어떻게 되는지를 알리라 하셨다 하라

③ 그 땅을 정탐하러 갔던 사람들 중에서 오직 □의 아들 □□□ □와 여분네의 아들 □□은 생존하니라

5. 함께 나누기　질문에 따라 묵상한 내용을 나눕니다

① 사람의 인생은 그 사람의 태도에 달려 있습니다. 나는 긍정과 부정 중 어떤 삶의 태도를 갖고 살아가는지 서로 나눠봅시다.

② 믿음은 곧 긍정이며, 긍정은 곧 믿음입니다. 이것을 나의 믿음생활에 적용해 볼 때 어떤 결단을 하게 만드는지 서로 나눠봅시다.

가데스 바네아에서 모세는 12명의 정탐꾼을 선발하여 가나안 땅을 정탐하게 하였습니다. 그들은 40일 동안 정탐하고 돌아와서 그 땅은 젖과 꿀이 흐르는 땅이라고 보고하였습니다. 그런데 곧이어 여호수아와 갈렙을 제외한 10명의 정탐꾼들은 부정적인 보고를 쏟아내었습니다. 가나안의 거주민은 아주 강하고, 그 성읍들은 견고하고 컸으며, 거기서 아낙 자손 거인들을 보았다고 하였습니다. 그리고 우리는 메뚜기와 같다고 하였으며(메뚜기 의식), 백성들은 이런 부정적인 보고를 듣고 통곡하며 차라리 애굽으로 돌아가자고 하였습니다(노예 의식). 그러나 여호수아와 갈렙은 하나님이 그 땅을 우리에게 주실 것이니 하나님을 거역하지 말라고 강권하였습니다.

그 모습을 보신 하나님께서는 진노하셨고, 도무지 믿지 아니하는 출애굽 제1세대는 가나안에 들어가지 못할 것이며, 그 땅을 탐지한 40일의 하루하루를 1년으로 쳐서 40년간 죄악을 담당하다가 광야에서 다 죽어 소멸될 것이라고 말씀하셨습니다. 가데스 바네아 반역사건은 부정적인 태도로 하나님을 불신하는 사람들은 하나님나라에 들어갈 수 없다는 사실을 엄히 경고하고 있습니다. 하지만 긍정의 믿음으로 하나님을 신뢰했던 여호수아와 갈렙은 생존하였고 마침내 가나안 땅에 들어갔습니다. 우리도 긍정의 태도를 가지고 하나님을 굳게 신뢰하며 순종하는 삶을 살아야 하겠습니다.

6. 함께 기도하기 　마무리하며 함께 기도합니다

　　우리에게 날마다 큰 은혜를 베풀어주시는 하나님 아버지! 온 가족이 함께 모여 가정예배를 드리게 하여 주시니 참 감사드립니다. 우리 가정이 늘 긍정적인 태도로 살아가게 하시고, 하나님을 신뢰하며 하나님의 말씀에 온전히 순종하는 가정이 되게 하여 주시옵소서. 예수님의 이름으로 기도드립니다. (아멘)

 ## 7. 함께 축복하기 　찬양하며 서로를 축복합니다

[너는 시냇가에]

너- 는 시냇가 에 심- 은- 나 무 라
하나 님 의 사랑 안 에 믿음 뿌 리 내 리 고
주의 뜻 대 로 주의 뜻대로 항- 상 사 세 요

오늘의 암송구절

민수기 14:38

> 그 땅을 정탐하러 갔던 사람들 중에서 오직 눈의 아들 여호수아와 여분
> 네의 아들 갈렙은 생존하니라

우리집 가정예배 일지

일 시	참석자
기도제목 · 응답내용	

원망을 내 앞에서
그치게 하리라

030

1. 함께 찬양하기   찬송가 445장

〈 태산을 넘어 험곡에 가도 〉

1) 태산을 넘어 험곡에 가도 빛 가운데로 걸어가면
　주께서 항상 지키시기로 약속한 말씀 변치 않네
2) 캄캄한 밤에 다닐지라도 주께서 나의 길 되시고
　나에게 밝은 빛이 되시니 길 잃어버릴 염려 없네
3) 광명한 그 빛 마음에 받아 찬란한 천국 바라보고
　할렐루야를 힘차게 불러 날마다 빛에 걸어가리
후렴) 하늘의 영광 하늘의 영광 나의 맘속에 차고도 넘쳐
　할렐루야를 힘차게 불러 영원히 주를 찬양하리

2. 함께 본문 읽기   민수기 17:1-8

(1) 여호와께서 모세에게 말씀하여 이르시되
(2) 너는 이스라엘 자손에게 말하여 그들 중에서 각 조상의 가문을 따라 지
　팡이 하나씩을 취하되 곧 그들의 조상의 가문대로 그 모든 지휘관에게
　서 지팡이 열둘을 취하고 그 사람들의 이름을 각각 그 지팡이에 쓰되
(3) 레위의 지팡이에는 아론의 이름을 쓰라 이는 그들의 조상의 가문의 각

수령이 지팡이 하나씩 있어야 할 것임이니라

(4) 그 지팡이를 회막 안에서 내가 너희와 만나는 곳인 증거궤 앞에 두라

(5) 내가 택한 자의 지팡이에는 싹이 나리니 이것으로 이스라엘 자손이 너
희에게 대하여 원망하는 말을 내 앞에서 그치게 하리라

(6) 모세가 이스라엘 자손에게 말하매 그들의 지휘관들이 각 지파대로 지팡
이 하나씩을 그에게 주었으니 그 지팡이가 모두 열둘이라 그 중에 아론
의 지팡이가 있었더라

(7) 모세가 그 지팡이들을 증거의 장막 안 여호와 앞에 두었더라

(8) 이튿날 모세가 증거의 장막에 들어가 본즉 레위 집을 위하여 낸 아론의
지팡이에 움이 돋고 순이 나고 꽃이 피어서 살구 열매가 열렸더라

3. 함께 생각하기　　　　인도자가 읽어줍니다

이스라엘의 첫 여성 총리를 지낸 골다 메이어(1898~1978)는 1948년
에 이스라엘의 독립선언에 서명한 24명 중 한 명이었습니다. 그녀는
이스라엘이 건국되자 노동부 장관, 외무부 장관을 지냈으며 1969년에
는 이스라엘의 총리를 역임하기도 하였습니다.

그런데 이처럼 나라를 위해 헌신하며 살았던 그녀에게 여러 가지 약
점이 있었는데, 자신의 자서전에서 자신의 약점을 불평하기보다는 오
히려 감사하다고 고백하였습니다.

"나는 내 얼굴이 못생긴 것을 감사합니다. 나는 못났기 때문에 기도
했고, 못났기 때문에 열심히 공부했습니다. 또한 이러한 나의 약점은
이 나라에 도움이 되었습니다. 나의 절망은 하나님의 소명을 깨닫는 기
회가 되었습니다."

또한 그녀는 1960년부터 죽을 때까지 18년 동안 림프종으로 암 투병을 하였습니다. 그녀는 자신의 상황을 불평할 수 있었지만 이러한 상황에서도 오히려 더욱 하나님을 붙잡고 기도하였습니다. 국민에게도 자신의 투병 생활을 알리지 않았고 아무리 힘든 순간에도 해야 할 일들에 소홀하지 않았으며, 하나님께서 주신 소중한 직분을 항상 귀하게 여기며 평생 감사와 긍정의 삶을 살았습니다.

4. 함께 관찰하기 　성경 본문을 보며 빈칸을 채웁니다

① 레위의 □□□에는 □□의 이름을 쓰라 이는 그들의 조상의 가문의 각 수령이 □□□ 하나씩 있어야 할 것 임이니라

② 내가 택한 자의 □□□에는 □이 나리니 이것으로 이스라엘 자손이 너희에게 대하여 □□□□하는 말을 내 앞에서 □□□ 하리라

③ 이튿날 모세가 □□의 □□에 들어가 본즉 □□ 집을 위하여 낸 □□의 지팡이에 움이 돋고 순이 나고 꽃이 피어서 □□□가 열렸더라

5. 함께 나누기 질문에 따라 묵상한 내용을 나눕니다

① 최근에 나의 삶 속에서 불평과 불만과 불신의 언행이 있었던 때를 생각해 보고 왜 그렇게 행동했었는지 서로 나눠봅시다.

② 3불(불평, 불만, 불신)은 하나님께서 기뻐하지 않으십니다. 삶 속에서 3불의 모습을 버리기 위해 어떻게 해야 할지 서로 나눠봅시다.

민수기 16장은 14장의 가데스 바네아 사건이 있은 지 38년이 흐른 뒤의 사건입니다. 그런데 오랜 시간이 흘렀지만 이스라엘 백성들은 여전히 하나님을 신뢰하지 못하고 불평과 불만과 불신 가운데 살고 있었습니다. 16장에서 고라 일당이 지휘관 250명을 모아서 모세와 아론에게 반란을 일으켰는데, 이는 모세와 아론이 가지고 있는 지휘권에 대한 불만과 욕심 때문이었습니다. 이 사건 후에 17장에서 하나님은 각 지파의 지휘관들과 아론에게 지팡이 하나씩을 취하게 한 후 그 지팡이에 자신의 이름을 써서 지성소의 증거궤 앞에 두도록 명령하셨습니다. 이튿날, 모세가 지성소에 들어가 보니 다른 지팡이는 그대로 있고 오직 아론의 지팡이에만 꽃이 피고 살구 열매가 열려 있었습니다. 하나님은 이 사건을 통해 하나님이 세우신 지도자인 아론의 권위를 높여주셨고, 다시는 하나님의 능력을 의심하거나 세우신 권위에 불평하지 않고 하나님을 인정하며 살도록 하신 것입니다.

민수기 말씀을 통해서 3불(불평, 불만, 불신)의 태도는 우리의 삶을 갉아먹고 우리를 넘어뜨리는 독소라는 것을 깨닫게 됩니다. 우리가 하나님께서 보여주신 그 옛적 길을 온전히 걸어가기 위해서는 이러한 3

불의 모습은 반드시 버려야만 합니다. 어떤 상황에서도 3불의 모습은 버리고 선한 길로 인도하실 하나님을 신뢰하며 감사와 긍정의 삶을 살아야 하겠습니다.

6. 함께 기도하기
마무리하며 함께 기도합니다

하나님 아버지! 언제나 저희 가정을 구름기둥과 불기둥으로 지켜주시고 인도해 주시니 감사합니다. 때때로 불평과 불만 속에 살아갈 때가 있었음을 고백합니다. 이제는 하나님께서 우리를 지키시고 선한 길로 인도하심을 분명히 믿고, 모든 일에 감사하며 긍정적인 모습으로 살아가게 하여 주시옵소서. 예수님의 이름으로 기도드립니다. (아멘)

7. 함께 축복하기
찬양하며 서로를 축복합니다

[너는 시냇가에]

\# 오늘의 암송구절

민수기 17:5

> 내가 택한 자의 지팡이에는 싹이 나리니 이것으로 이스라엘 자손이 너
> 희에게 대하여 원망하는 말을 내 앞에서 그치게 하리라

\# 우리집 가정예배 일지

일 시		참석자	
기도제목 · 응답내용			

쳐다본즉 모두 살더라

031

1. 함께 찬양하기

찬송가 570장

〈 주는 나를 기르시는 목자 〉

1) 주는 나를 기르시는 목자요 나는 주님의 귀한 어린 양
   푸른 풀밭 맑은 시냇물가로 나를 늘 인도하여 주신다
2) 예쁜 새들 노래하는 아침과 노을 비끼는 고운 황혼에
   사랑하는 나의 목자 음성이 나를 언제나 불러 주신다
3) 못된 짐승 나를 해치 못하고 거친 비바람 상치 못하리
   나의 주님 강한 손을 펼치사 나를 주야로 지켜 주신다
후렴) 주는 나의 좋은 목자 나는 그의 어린 양
   철을 따라 꼴을 먹여 주시니 내게 부족함 전혀 없어라

2. 함께 본문 읽기

민수기 21:4-9

(4) 백성이 호르 산에서 출발하여 홍해 길을 따라 에돔 땅을 우회하려 하였
   다가 길로 말미암아 백성의 마음이 상하니라
(5) 백성이 하나님과 모세를 향하여 원망하되 어찌하여 우리를 애굽에서 인
   도해 내어 이 광야에서 죽게 하는가 이 곳에는 먹을 것도 없고 물도 없
   도다 우리 마음이 이 하찮은 음식을 싫어하노라 하매

(6) 여호와께서 불뱀들을 백성 중에 보내어 백성을 물게 하시므로 이스라엘 백성 중에 죽은 자가 많은지라

(7) 백성이 모세에게 이르러 말하되 우리가 여호와와 당신을 향하여 원망함으로 범죄하였사오니 여호와께 기도하여 이 뱀들을 우리에게서 떠나게 하소서 모세가 백성을 위하여 기도하매

(8) 여호와께서 모세에게 이르시되 불뱀을 만들어 장대 위에 매달아라 물린 자마다 그것을 보면 살리라

(9) 모세가 놋뱀을 만들어 장대 위에 다니 뱀에게 물린 자가 놋뱀을 쳐다본 즉 모두 살더라

3. 함께 생각하기 인도자가 읽어줍니다

「지선아 사랑해」의 저자인 이지선 씨는 대학교 4학년 때 음주 운전자의 부주의로 인한 교통사고로 다리를 제외한 전신에 55%, 3도 화상을 입게 되었습니다. 기적처럼 살아나긴 했지만 극심한 통증과 수 없는 수술 속에서 마음이 점점 피폐해져 갔습니다.

그녀의 어머니는 눈에 보이는 현실은 암담하지만 하루 한 가지씩 감사한 것을 생각해 보자고 제안했습니다. 비록 온몸에 붕대를 감고 있었지만 감사할 것을 찾으니 감사 거리가 하나씩 생각났습니다. 비록 심하게 다친 손이지만 숟가락을 잡아 밥을 먹을 수 있어 감사했고, 단추를 잠글 수 있다는 것도 감사했습니다. 다행히 발은 안 다쳐서 씻을 수 있어서 감사했습니다. 이러한 감사의 여정은 마침내 남에게 도움을 주고 싶다는 꿈으로 피어났습니다. 그녀는 미국에서 사회복지학을 전공하여

한동대에서 사회복지를 가르치게 되었고, 수감자 부모를 둔 자녀들을 돕게 되었으며, 화상 환자들이 어떻게 하면 고통을 덜 수 있을지를 연구하며 도움의 손길을 내밀 수 있게 되었습니다.

"아무리 기도해도 점점 더 깜깜한 인생으로 들어가는 것 아닌가 절망하던 시간이 있었다. 돌아보니 동굴이 아니고 터널이란 것을 알게 되었다. 깜깜한 곳에 가만히 멈춰있는 것이 아니라 지금 허락한 오늘을 감사로 살아내는 것이 터널을 통과하는 지혜다"라고 말하였습니다. 우리 삶에 어려운 순간이 있을지라도 모든 상황 속에서 주어진 삶을 감사하며 살아가는 성도들이 되시기를 소망합니다.

4. 함께 관찰하기 성경 본문을 보며 빈칸을 채웁니다

① 백성이 ☐☐☐과 ☐☐를 향하여 ☐☐하되 어찌하여 우리를 애굽에서 인도해 내어 이 ☐☐에서 죽게 하는가 이 곳에는 ☐☐ ☐도 없고 ☐도 없도다 우리 마음이 이 ☐☐☐ ☐☐을 싫어하노라 하매

② 여호와께서 모세에게 이르시되 ☐☐을 만들어 ☐☐ 위에 매달아라 ☐☐ ☐마다 그것을 ☐☐ 살리라

③ 모세가 ☐☐을 만들어 ☐☐ 위에 다니 ☐에게 물린 자가 ☐☐을 쳐다본즉 모두 ☐☐☐

① 예전에는 감사하게 생각했던 일들이 어느새 불평과 원망의 대상으로 바뀐 적을 생각해 보고 왜 그랬었는지 서로 이야기해 봅시다.

② 불평과 불신에서 벗어나 긍정과 신뢰를 회복하기 위해 십자가의 은혜를 기억하며 감사의 제목을 떠올려보고 서로 나누어 봅시다.

이스라엘 백성들은 호르산에서 출발하여 에돔 땅을 통과하려고 하였지만 에돔 사람들은 그 제안을 거절하였습니다. 그들은 척박한 남쪽 길로 가야 했기에 다시금 불평에 사로잡혔고 하나님과 모세를 원망하였습니다. "어찌하여 우리를 애굽에서 인도해 내어 이 광야에서 죽게 하는가? 이곳에는 먹을 것도 없고 물도 없도다"라고 불평하였고 "우리 마음이 이 하찮은 음식을 싫어하노라" 말하면서 하나님의 은혜마저 멸시하였습니다.

결국 불평과 원망을 표출하며 하나님을 불신하는 백성들에게 징계와 심판이 임하였습니다. 하나님은 불뱀들을 백성 중에 보내어 물게 하셨고 많은 사람들이 죽음에 이르게 되었습니다. 이렇게 징계와 심판을 받고서야 이스라엘 백성들은 자신들의 잘못을 깨닫고 크게 후회하면서 모세에게 하나님께 기도하여 이 뱀들이 떠나게 해달라고 간구하였습니다.

그때 하나님은 불뱀과 똑같은 모형으로 놋뱀을 만들어 장대 위에 높이 매달아서 물린 자마다 그것을 쳐다보면 살 수 있는 은혜를 베풀어주셨습니다. 이는 놋뱀을 쳐다보면서 다시 한번 자신의 불평과 불신의 모습을 깊이 생각해 보라는 뜻입니다. 그리고 우리가 다시금 긍정하고 신뢰하면 놀라운 구원의 은총을 체험할 수 있다는 의미를 담고 있습니다. 쳐다보면 살았습니다. 그런데 쳐다보지 않으면 죽었습니다. 구원의 은총은 오직 하나님의 자비하심으로부터 오는 것입니다.

6. 함께 기도하기　　　마무리하며 함께 기도합니다

자비로우신 하나님! 광야 길과 같은 척박한 인생길에서도 언제나 우리 가정을 좋은 것으로 먹이시고 입혀 주시니 감사합니다. 때때로 우리에게 없는 것에 집착하며 원망과 불평을 토로하는 불신앙의 모습을 회개합니다. 십자가의 용서와 자비를 바라보며 긍정과 신뢰의 믿음을 온전히 회복하게 하여 주시옵소서. 예수님의 이름으로 기도 드립니다. (아멘)

7. 함께 축복하기　　　찬양하며 서로를 축복합니다

[너는 시냇가에]

너- 는 시냇가 에 심- 은- 나무 라
하나 님 의 사랑 안 에 믿음 뿌리 내리 고
주의 뜻 대 로 주의 뜻대로 항- 상 사세 요

오늘의 암송구절

민수기 21:8

여호와께서 모세에게 이르시되 불뱀을 만들어 장대 위에 매달아라 물린 자마다 그것을 보면 살리라

우리집 가정예배 일지

일 시		참석자	
기도제목 · 응답내용			

이스라엘아 들으라

032

1. 함께 찬양하기   찬송가 325장

〈 예수가 함께 계시니 〉

1) 예수가 함께 계시니 시험이 오나 겁없네

　　기쁨의 근원 되시는 예수를 위해 삽시다

2) 이 세상 사는 동안에 주 이름 전파하면서

　　무한한 복락 주시는 예수를 위해 삽시다

3) 이 세상 친구 없어도 예수는 나의 친구니

　　불의한 일을 버리고 예수를 위해 삽시다

후렴) 날마다 주를 섬기며 언제나 주를 기리고

　　　그 사랑 안에 살면서 딴 길로 가지 맙시다

2. 함께 본문 읽기   신명기 6:4-9

(4) 이스라엘아 들으라 우리 하나님 여호와는 오직 유일한 여호와이시니

(5) 너는 마음을 다하고 뜻을 다하고 힘을 다하여 네 하나님 여호와를 사랑
하라

(6) 오늘 내가 네게 명하는 이 말씀을 너는 마음에 새기고

(7) 네 자녀에게 부지런히 가르치며 집에 앉았을 때에든지 길을 갈 때에든

지 누워 있을 때에든지 일어날 때에든지 이 말씀을 강론할 것이며

(8) 너는 또 그것을 네 손목에 매어 기호를 삼으며 네 미간에 붙여 표로 삼고

(9) 또 네 집 문설주와 바깥 문에 기록할지니라

3. 함께 생각하기　　　　인도자가 읽어줍니다

사도 요한의 마지막 제자로 알려져 있으며 서머나 교회의 감독이었던 교부 폴리캅(Polycap, 69~155)의 이야기입니다. 그 시대는 로마 황제 숭배를 강요당하던 시대였지만 폴리캅은 하나님을 향한 순결한 믿음을 결코 배반하지 않았습니다.

그는 자신을 잡아가기 위해 들이닥친 로마 병사들의 배고픔을 보고 오히려 그들을 위해 식사를 대접해 주었습니다. 그리고 자신의 죽음을 슬퍼하며 크게 상심한 친구들을 위하여 하나님을 향한 사랑을 끝까지 지키도록 기도하였습니다. 로마 총독은 폴리캅이 신실한 사람이며 존경받고 있는 교회 지도자임을 알고 그를 살려주고 싶은 마음으로 그를 회유하였고 그가 배교하기를 원하였습니다. 총독은 군중들 앞에서 그가 로마 황제인 가이사에게 제물을 바치고 예수를 단 한 번만 저주하면 살려주겠다고 말하였습니다.

이때 폴리캅은 이렇게 대답하였습니다. "나는 지금까지 86년 동안 주님을 사랑하며 섬겨왔습니다. 그리고 그분은 나를 한 번도 나쁘게 대하신 일이 없으셨습니다. 그런데 내가 어찌 나의 왕, 나를 구원하신 분을 욕할 수 있겠습니까? 나는 그럴 수가 없습니다. 나는 그리스도인입니다." 이렇게 말한 후에 지극히 하나님을 사랑한 폴리캅은 생명을 다해 믿음을 지키며 순교의 영광에 서게 되었습니다.

4. 함께 관찰하기   성경 본문을 보며 빈칸을 채웁니다

① 이스라엘아 ☐☐☐ 우리 하나님 여호와는 오직 ☐☐☐ 여호와이시니

② 너는 ☐☐을 다하고 ☐을 다하고 ☐을 다하여 네 하나님 여호와를 ☐☐하라

③ 네 ☐☐에게 부지런히 가르치며 ☐에 앉았을 때에든지 ☐을 갈 때에든지 ☐☐ 있을 때에든지 ☐☐☐ 때에든지 이 ☐☐을 강론할 것이며

5. 함께 나누기   질문에 따라 묵상한 내용을 나눕니다

① 믿음의 삶을 사는 중에 내가 마음과 뜻과 힘을 다하여 하나님을 진정으로 사랑했던 순간들을 서로 나누어 봅시다.

② 지금도 우리는 '쉐마 이스라엘'의 신앙으로 살아야 합니다. 왜 그런지 오늘 본문에서 그 이유를 찾아 서로 나누어 봅시다.

이스라엘 백성들은 광야에서 방황의 40년을 보낸 후에 이제 마침내 출애굽 제2세대가 요단강 동편 모압 평지에 도착하였습니다. 모세는 이들을 향해 유언과도 같은 세 편의 설교를 선포하였는데 이것을 모아 놓은 책이 바로 신명기 말씀입니다. 그 세 편의 설교 중에 오늘 말씀은 두 번째 설교에 포함된 '쉐마 이스라엘' 본문입니다. '쉐마 이스라엘'은

'이스라엘아 들으라'는 뜻으로 구약 성경 중에서 가장 중요한 말씀입니다. 이스라엘의 부모들이 가정교육을 하며 아이들에게 가장 먼저 그리고 제일 많이 가르치는 말씀이 바로 이 '쉐마 이스라엘' 본문입니다.

'쉐마 이스라엘'은 하나님을 사랑하는 방법에 대하여 세 가지를 명령하고 있습니다. 첫째는 '마음을 다하고'입니다. 여기서 마음은 '심장'이라는 뜻으로 '생명을 다하여' 하나님을 사랑하라는 것입니다. 둘째는 '뜻을 다하고'입니다. 이는 '목숨을 다하여' 하나님을 사랑하라는 것입니다. 셋째는 '힘을 다하여'입니다. 이는 '최선을 다하여' 하나님을 사랑하라는 것입니다. 이처럼 '쉐마 이스라엘'은 우리가 하나님을 어떻게 사랑하고 섬겨야 하는지에 대한 지엄한 명령입니다. 이 말씀에 우리의 신앙의 모습을 비추어 보고 하나님을 진정으로 사랑하는 그리스도인이 되시고 나아가 이 쉐마 신앙을 온전히 자녀 세대에게 전하는 성도들이 되시기를 바랍니다.

6. 함께 기도하기   마무리하며 함께 기도합니다

사랑하는 하나님 아버지! 지극한 하나님의 사랑으로 언제나 저희 가정을 품어주시고 여기까지 인도해 주시니 감사합니다. 날마다 하나님의 말씀을 들음으로 인하여 언제나 마음을 다하고 뜻을 다하고 힘을 다하여 주를 사랑하는 우리 가정이 되게 하여 주시옵소서. 예수님의 이름으로 기도드립니다. (아멘)

7. 함께 축복하기

찬양하며 서로를 축복합니다

[너는 시냇가에]

너- 는 시냇가 에 심- 은- 나 무 라
하나 님 의 사랑 안 에 믿음 뿌 리 내 리 고
주의 뜻 대 로 주의 뜻대로 항- 상 사 세 요

오늘의 암송구절

신명기 6:5

> 너는 마음을 다하고 뜻을 다하고 힘을 다하여 네 하나님 여호와를 사랑하라

우리집 가정예배 일지

일 시		참석자	
기도제목 · 응답내용			

여호와의 눈이
항상 그 위에 있느니라

033

1. 함께 찬양하기

찬송가 400장

〈 험한 시험 물 속에서 〉

1) 험한 시험 물 속에서 나를 건져주시고
　노한 풍랑 지나도록 나를 숨겨주소서
2) 권세 능력 무한하사 모든 시험 이기고
　풍랑까지 다스리는 주님 앞에 비오니
3) 죄악 길에 빠진 이 몸 캄캄한데 헤매며
　부르짖는 나의 애원 들으소서 내 주여
(후렴) 주여 나를 돌보시사 고이 품어주시고
　　험한 풍파 지나도록 나를 숨겨주소서 (아멘)

2. 함께 본문 읽기

신명기 11:8-12

(8) 그러므로 너희는 내가 오늘 너희에게 명하는 모든 명령을 지키라 그리
　하면 너희가 강성할 것이요 너희가 건너가 차지할 땅에 들어가서 그것
　을 차지할 것이며
(9) 또 여호와께서 너희의 조상들에게 맹세하여 그들과 그들의 후손에게 주
　리라고 하신 땅 곧 젖과 꿀이 흐르는 땅에서 너희의 날이 장구하리라

(10) 네가 들어가 차지하려 하는 땅은 네가 나온 애굽 땅과 같지 아니하니 거기에서는 너희가 파종한 후에 발로 물 대기를 채소밭에 댐과 같이 하였거니와

(11) 너희가 건너가서 차지할 땅은 산과 골짜기가 있어서 하늘에서 내리는 비를 흡수하는 땅이요

(12) 네 하나님 여호와께서 돌보아 주시는 땅이라 연초부터 연말까지 네 하나님 여호와의 눈이 항상 그 위에 있느니라

 ## 3. 함께 생각하기　　　　　　　인도자가 읽어줍니다

한 어린 소녀가 할머니의 집을 방문하였다가 부모와 함께 자신의 집으로 돌아가게 되었습니다. 현관에서 손을 흔들며 배웅하는 할머니를 향해 "할머니! 할머니는 왜 우리가 떠날 때까지 현관에 서 계세요?"라고 질문하였습니다.

어린 손녀의 질문이 귀엽다고 생각한 할머니는 "음 그건 손님을 배웅하는 예의란다. 네가 소중한 손님이기 때문에 네가 떠날 때까지 너를 배려한다는 것을 보여주는 거야."라고 대답하였습니다. 할머니의 대답을 들은 어린 손녀는 고개를 갸우뚱거리며 다시 할머니에게 질문하였습니다.

"할머니 저는 손님이 아니잖아요. 저는 할머니의 가족인걸요."

이 말을 들은 할머니는 어린 손녀를 품에 꼭 안아주며 말했습니다.

"그래 맞아 사랑스런 내 가족이지. 그래서 널 배웅하는 것은 언제나 아쉬움이 남는단다. 그래서 할머니는 너를 내 눈과 마음 안에 담아두기

위해 더 오랫동안 너를 바라보는 거란다."

히브리어 '다라쉬'는 '지켜보다' 혹은 '돌보다'라는 의미입니다. 그 래서 '다라쉬 하나님'은 우리를 지켜보시고 돌보시는 하나님을 우리에 게 알려주시는 표현입니다. 우리를 향한 지극하신 사랑으로 우리를 지 켜보시고 돌보시는 하나님을 기억하며 날마다 용기백배하게 살아가시 기를 간절히 바랍니다.

4. 함께 관찰하기   성경 본문을 보며 빈칸을 채웁니다

① 그러므로 너희는 내가 오늘 너희에게 명하는 모든 ☐☐을 지키
라 그리하면 너희가 ☐☐할 것이요 너희가 건너가 ☐☐☐
☐에 들어가서 그것을 차지할 것이며

② 또 여호와께서 너희의 조상들에게 ☐☐하여 그들과 그들의 ☐
☐에게 주리라고 하신 땅 곧 ☐과 ☐이 흐르는 땅에서 너희의
날이 ☐☐☐☐☐

③ 네 하나님 여호와께서 ☐☐☐☐ ☐☐☐ ☐이라 ☐☐부
터 ☐☐까지 네 하나님 여호와의 ☐이 항상 그 위에 있느니라

5. 함께 나누기 질문에 따라 묵상한 내용을 나눕니다

① 지금까지 살아오며 하나님께서 나와 항상 동행하신다는 것을 느껴본 경험들을 서로 나누어 봅시다.

② 가나안 땅이 왜 젖과 꿀이 흐르는 땅이 되는 것인지 12절에서 해답을 찾고, 그 신앙적 의미를 함께 나눠봅시다.

신명기는 모세가 요단 동편 모압 평지에 도착한 이스라엘 백성들에게 선포한 하나님의 말씀입니다. 모세는 이스라엘이 나온 애굽 땅과 장차 들어갈 가나안 땅을 비교하며 이 두 땅은 서로 다른 땅임을 가르쳤습니다. 어떻게 다른가 하면 애굽 땅은 나일강의 물을 활용하여 쉽게 농사를 지으며 인간의 힘으로 살아가는 땅이라 하였습니다. 하지만 가나안 땅은 산과 골짜기가 있어서 하늘에서 내리는 비를 흡수하는 땅이므로 결국 하나님의 은혜로 살아가는 땅임을 가르쳤습니다.

이처럼 하나님의 은혜로 살아가는 땅에서는 오직 하나님의 은혜로 살아갈 수밖에 없는데 모세는 연초부터 연말까지 여호와의 눈이 항상 머물러 있어서 너희들을 돌보아 주실 것이라고 선포하였습니다. 특별히 하나님은 '이른 비'와 '늦은 비'를 내려주심으로 이스라엘 백성들이 하나님의 돌보심과 은혜로 살아가게 될 것이라고 가르쳤고, 바로 이런 의미에서 가나안 땅은 젖과 꿀이 흐르는 땅이 될 것이라고 선포하였습니다.

그러므로 이제부터 이스라엘이 결코 우상을 섬기지 아니하고 오직 하나님만 섬기고 사랑하면 진실로 하나님은 그들을 돌보아 주시고 젖과 꿀이 흐르는 삶을 살아가게 만들어 주신다는 것입니다. 바로 이 신앙 정신을 오늘 우리의 것으로 삼아서 진실로 하나님을 사랑하고 순종하여 젖과 꿀이 흐르는 삶을 살아가는 성도들이 꼭 되시기를 바랍니다.

6. 함께 기도하기　　마무리하며 함께 기도합니다

우리를 늘 사랑하시는 아버지 하나님! 이른 비와 늦은 비로 이스라엘을 돌보아 주신 것처럼 오늘 우리의 삶 가운데 함께하셔서 진실로 하나님께서 돌보아 주시는 우리 가정이 되게 하여 주시옵소서. 우리가 온전히 하나님만 섬겨서 젖과 꿀이 흐르는 인생을 살아가도록 인도하여 주시옵소서. 예수님의 이름으로 기도드립니다. (아멘)

7. 함께 축복하기　　찬양하며 서로를 축복합니다

[너는 시냇가에]

너-는 시냇가 에 심-은- 나무 라
하나 님 의 사랑 안 에 믿음 뿌리 내리 고
주의 뜻 대 로 주의 뜻대로 항- 상 사 세 요

오늘의 암송구절
신명기 11:12

네 하나님 여호와께서 돌보아 주시는 땅이라 연초부터 연말까지 네 하나님 여호와의 눈이 항상 그 위에 있느니라

우리집 가정예배 일지

일 시		참석자	
기도제목 • 응답내용			

무죄한 피를 흘리지 말라

034

1. 함께 찬양하기　　찬송가 70장

〈 피난처 있으니 〉

1) 피난처 있으니 환난을 당한 자 이리오라

　땅들이 변하고 물결이 일어나 산 위에 넘치되 두렵잖네

2) 이방이 떠들고 나라들 모여서 진동하나

　우리 주 목소리 한번만 발하면 천하에 모든 것 망하겠네

3) 만유 주 하나님 우리를 도우니 피난처요

　세상의 난리를 그치게 하시니 세상의 창검이 쓸데없네

4) 높으신 하나님 우리를 구하니 할렐루야

　괴롬이 심하고 환난이 극하나 피난처 되시는 주 하나님

2. 함께 본문 읽기　　신명기 19:1-7

(1) 네 하나님 여호와께서 이 여러 민족을 멸절하시고 네 하나님 여호와께서 그 땅을 네게 주시므로 네가 그것을 받고 그들의 성읍과 가옥에 거주할 때에

(2) 네 하나님 여호와께서 네게 기업으로 주신 땅 가운데에서 세 성읍을 너를 위하여 구별하고

(3) 네 하나님 여호와께서 네게 기업으로 주시는 땅 전체를 세 구역으로 나누어 길을 닦고 모든 살인자를 그 성읍으로 도피하게 하라

(4) 살인자가 그리로 도피하여 살 만한 경우는 이러하니 곧 누구든지 본래 원한이 없이 부지중에 그의 이웃을 죽인 일,

(5) 가령 사람이 그 이웃과 함께 벌목하러 삼림에 들어가서 손에 도끼를 들고 벌목하려고 찍을 때에 도끼가 자루에서 빠져 그의 이웃을 맞춰 그를 죽게 함과 같은 것이라 이런 사람은 그 성읍 중 하나로 도피하여 생명을 보존할 것이니라

(6) 그 사람이 그에게 본래 원한이 없으니 죽이기에 합당하지 아니하나 두렵건대 그 피를 보복하는 자의 마음이 복수심에 불타서 살인자를 뒤쫓는데 그 가는 길이 멀면 그를 따라 잡아 죽일까 하노라

(7) 그러므로 내가 네게 명령하기를 세 성읍을 너를 위하여 구별하라 하노라

 ## 3. 함께 생각하기　　　　　인도자가 읽어줍니다

　나치 독일의 치하에서 유태인을 숨겨주었다는 이유로 체포된 코리 텐 붐(Corrie Ten Boom, 1892~1978)이라는 네덜란드 여성이 있었습니다. 그녀의 가족은 수용소에 수감 되었고 가족 중 몇 명은 목숨을 잃었습니다. 수용소의 환경은 비참했습니다. 바닥에는 더러운 물이 고여 있었고 고문에 못 이겨 질러대는 사람들의 비명소리가 밤낮없이 들려왔습니다. 그 환경이 너무나 무섭고 두려웠던 그녀는 "주님! 견딜 수 없어요. 이제는 저에게 믿음도 없습니다."라고 하나님께 탄원하듯이 기도하였습니다.

　그때 그녀의 눈에 바닥을 기어가는 개미가 보였습니다. 개미는 자기

앞에 물웅덩이가 보이자 그 옆의 조그만 구멍으로 기어들어가 몸을 숨겼습니다. 그 순간 코리 텐 붐의 마음에 주님의 음성이 들리는 것 같았습니다.

"코리! 저 개미를 보아라. 바닥에 물이 있는 것을 보고는 숨을 곳으로 달려가지 않느냐. 코리! 너의 약한 믿음을 보지 말아라. 내가 바로 너의 피난처이다. 저 개미와 같이 너는 나에게로 달려오너라."

그 음성을 듣고 그녀는 하나님이 자신을 보호하고 계신다는 사실을 확신하였습니다. 그래서 다시 용기를 회복하였고 그 확신으로 수용소 생활을 무사히 끝낼 수 있었습니다. 전쟁 후 그녀는 전 세계를 다니며 많은 사람에게 자신의 고난과 하나님의 은혜를 증거하며 살았습니다.

4. 함께 관찰하기 성경 본문을 보며 빈칸을 채웁니다

① 네 하나님 여호와께서 네게 ☐☐으로 주신 땅 가운데에서 ☐ ☐☐☐을 너를 위하여 구별하고

② 네 하나님 여호와께서 네게 ☐☐으로 주시는 땅 전체를 ☐ ☐☐으로 나누어 길을 닦고 모든 살인자를 그 ☐☐으로 ☐ ☐하게 하라

③ 그 사람이 그에게 본래 ☐☐이 없으니 죽이기에 합당하지 아니하나 두렵건대 그 피를 보복하는 자의 마음이 ☐☐☐에 불타서 ☐☐☐를 뒤쫓는데 그 가는 길이 멀면 그를 따라 잡아 ☐ ☐☐ 하노라

5. 함께 나누기 질문에 따라 묵상한 내용을 나눕니다

> ① 지금까지 살아오는 중에 위험하고 힘들어서 피할 곳을 찾았던 경험을 생각해 보고 함께 나누어 봅시다.
>
> ② 도피성은 이스라엘에게 큰 위안이 되는 장소였습니다. 우리의 신앙생활에 도피성은 어떤 의미가 있는 곳인지 서로 나누어 봅시다.

하나님은 이스라엘이 가나안에 들어가게 되면 요단 동편에 3개, 요단 서편에 3개의 도피성을 설치하라고 하셨습니다. 도피성은 '받아들이는 성읍'으로서 고의성 없이 실수로 살인을 저지른 자가 피신하는 성읍입니다. 당시에 고대 근동 지역의 법은 일반적으로 동해복수법(同害復讐法)이었습니다. 이 법에 따르면 사람을 죽인 자는 마땅히 죽어야만 했습니다. 그러나 전혀 고의성이 없이 부지중에 살인한 자를 극형에 처하는 것은 하나님의 공동체에 맞지 않는 처사였습니다. 그리고 살인은 또 다른 살인을 불러오게 되는데 하나님은 이스라엘이 복수하는 공동체가 되는 것도 원치 않으셨습니다. 그래서 하나님은 무죄한 피를 흘리지 말라고 말씀하시면서 도피성 제도를 허락해 주신 것입니다.

도피성 제도는 인간에 대한 하나님의 자비와 긍휼을 나타내는 제도이고, 죄로 인하여 죽은 우리를 예수님을 통해 구원해주실 것을 예표하고 있습니다. 죄는 반드시 죗값을 치러야 합니다. 그런데 우리 모두가 죗값을 치른다면 그 어느 누구도 하나님의 공의 앞에서 살아남지 못합니다. 이에 하나님은 독생자 예수님을 우리 가운데 보내주셨고, 그분의 십자가를 통해 공의와 사랑을 다 이루시며 우리를 구원해 주셨습니다.

그러므로 예수님은 우리의 완전하고 영원한 도피성이 되시는 분이십니다. 도피성 되시는 예수님께 피하여 날마다 안전한 보호를 받으며 살아가시기를 바랍니다.

6. 함께 기도하기   마무리하며 함께 기도합니다

하나님 아버지! 죽을 수밖에 없는 우리를 죄와 사망에서 구원해 주셔서 감사를 드립니다. 오직 예수님만이 우리의 피난처가 되어주심을 믿고 어떠한 어려움이 몰려온다고 할지라도 예수님께 피하여 평안의 삶을 살아가는 우리 가정이 되게 하여 주시옵소서. 예수님의 이름으로 기도드립니다. (아멘)

7. 함께 축복하기   찬양하며 서로를 축복합니다

「 너는 시냇가에 」

오늘의 암송구절

신명기 19:3

네 하나님 여호와께서 네게 기업으로 주시는 땅 전체를 세 구역으로
나누어 길을 닦고 모든 살인자를 그 성읍으로 도피하게 하라

우리집 가정예배 일지

일 시		참석자	
기도제목 · 응답내용			

>> 약자보호법   신 24:14-22

애굽에서 종 되었던 것을 기억하라

035

1. 함께 찬양하기

찬송가 218장

〈 네 맘과 정성을 다하여서 〉

1) 네 맘과 정성을 다하여서 주 너의 하나님을 사랑하라
   네 몸을 아끼고 사랑하듯 형제와 이웃을 사랑하라
   주께서 우리게 명하시니 그 명령 따라서 살아가리

2) 널 미워 해치는 원수라도 언제나 너그럽게 사랑하라
   널 핍박 하는 자 위해서도 신실한 맘으로 복을 빌라
   주께서 우리게 명하시니 그 명령 따라서 살아가리

3) 나 항상 주님을 멀리하고 형제를 사랑하지 못하였다
   이러한 죄인을 사랑하사 주께서 몸 버려 죽으셨다
   속죄의 큰 사랑 받은 이 몸 내 생명 다 바쳐 충성하리 (아멘)

2. 함께 본문 읽기

신명기 24:14-22

(14) 곤궁하고 빈한한 품꾼은 너희 형제든지 네 땅 성문 안에 우거하는 객이든지 그를 학대하지 말며 (15) 그 품삯을 당일에 주고 해 진 후까지 미루지 말라 이는 그가 가난하므로 그 품삯을 간절히 바람이라 그가 너를 여호와께 호소하지 않게 하라 그렇지 않으면 그것이 네게 죄가 될 것임이라 (16) 아버

지는 그 자식들로 말미암아 죽임을 당하지 않을 것이요 자식들은 그 아버지로 말미암아 죽임을 당하지 않을 것이니 각 사람은 자기 죄로 말미암아 죽임을 당할 것이니라 (17) 너는 객이나 고아의 송사를 억울하게 하지 말며 과부의 옷을 전당 잡지 말라 (18) 너는 애굽에서 종 되었던 일과 네 하나님 여호와께서 너를 거기서 속량하신 것을 기억하라 이러므로 내가 네게 이 일을 행하라 명령하노라 (19) 네가 밭에서 곡식을 벨 때에 그 한 뭇을 밭에 잊어버렸거든 다시 가서 가져오지 말고 나그네와 고아와 과부를 위하여 남겨두라 그리하면 네 하나님 여호와께서 네 손으로 하는 모든 일에 복을 내리시리라 (20) 네가 네 감람나무를 떤 후에 그 가지를 다시 살피지 말고 그 남은 것은 객과 고아와 과부를 위하여 남겨두며 (21) 네가 네 포도원의 포도를 딴 후에 그 남은 것을 다시 따지 말고 객과 고아와 과부를 위하여 남겨두라 (22) 너는 애굽 땅에서 종 되었던 것을 기억하라 이러므로 내가 네게 이 일을 행하라 명령하노라

3. 함께 생각하기　　인도자가 읽어줍니다

　　마더 테레사(1910~1997, 인도)는 한평생을 불쌍하고 어려운 사람들의 친구로 살았습니다. 그녀는 1952년에 인도 켈거타 빈민촌에서 '죽어가는 사람들의 집'을 창설하여 평생 동안 죽어가는 사람들, 나병환자, 버려진 아이들, 노인들에게 사랑을 베풀었고, 이러한 헌신과 공로를 세계가 인정하여 1979년에는 노벨 평화상을 수상하기도 하였습니다. 그런데 그녀가 이처럼 평생 다른 사람들을 섬기는 삶을 살 수 있었던 것은 바로 어린 시절 그녀의 어머니의 가르침 때문이었습니다.

　　마더 테레사가 유년 시절에 있었던 일입니다. 어느 날 온 가족이 모

여 식사를 하려고 하는데 가난한 사람들이 그녀의 집 문 앞에서 음식을 달라고 구걸하였습니다. 식구들이 먹을 것도 모자랐지만 어머니는 가진 음식의 반을 사람들에게 나누어주었습니다. 그리고 자기를 보고 있는 딸들을 바라보며 이렇게 말하였습니다.

"애들아, 저 사람들은 가난한 사람들이다. 우리 친척도 아니고 친한 친구도 아니지만 우리 형제자매들이다. 그들 역시 우리 아버지이신 하나님의 자녀인 것이다. 그 사실을 잊어서는 안 된다."

그날 아이들은 음식은 부족했지만 아주 기쁘고 뿌듯한 마음으로 식사를 하였습니다. 가난한 사람들도 우리와 똑같은 하나님의 자녀라는 깨우침이 마더 테레사로 하여금 평생 어려운 이웃을 도우며 살 수 있게 한 것입니다.

4. 함께 관찰하기   성경 본문을 보며 빈칸을 채웁니다

① 그 품삯을 ☐☐에 주고 해 진 후까지 ☐☐☐ 말라 이는 그가 ☐☐하므로 그 품삯을 간절히 바람이라 그가 너를 ☐☐☐께 ☐☐하지 않게 하라 그렇지 않으면 그것이 네게 ☐가 될 것임이라

② 너는 ☐☐에서 ☐ 되었던 일과 네 하나님 여호와께서 너를 거기서 ☐☐하신 것을 ☐☐☐☐ 이러므로 내가 네게 이 일을 행하라 ☐☐하노라

③ 네가 네 포도원의 포도를 딴 후에 그 ☐☐☐을 다시 따지 말고 ☐과 ☐☐와 ☐☐를 위하여 남겨두라

5. 함께 나누기 질문에 따라 묵상한 내용을 나눕니다

① 살면서 누군가의 호의와 도움으로 어려움을 이겨냈던 경험들을 떠올려 보고 그때 어떤 마음이 들었는지 서로 이야기해 봅시다.

② 우리 주변에는 도움이 필요한 사람들이 참 많습니다. 그들에게 어떻게 도움을 주며 살아야 할지 서로 나눠봅시다.

신명기는 모세가 모압 평지에서 이스라엘 백성들에게 전한 3편의 설교 모음집입니다. 그중 제2설교(신 4:44~26:19)는 40년 전 시내산에서 모세가 율법을 선포할 당시에 너무 어리거나 혹은 태어나지 않아 율법을 듣지 못했던 출애굽 2세대에게 율법을 재해석해준 말씀인데, 가나안 땅에 들어가서 하나님의 택한 백성으로서 어떻게 살아야 할지 알려주시는 말씀입니다.

오늘 본문은 수많은 율법들 중에서 이스라엘 백성들이 약한 자들을 돌보며 하나님의 긍휼과 자비를 드러내는 삶을 살 것을 명령하시는 '약자보호법'입니다. 하나님은 품꾼, 고아, 과부, 나그네, 가난한 사람 등 다양한 사회적 약자들을 보호하는 규례를 주심으로 이스라엘 공동체가 서로 돕고 살아가는 진정한 사랑의 공동체가 되기를 원하셨습니다.

하나님은 이 규례를 주시면서 "이스라엘이 애굽에서 종 되었던 것을 기억하라"고 당부하셨습니다. 즉, 이스라엘 백성들이 하나님께서 베풀어 주신 구원의 은총을 누림으로 출애굽 하여 하나님의 백성이 된 것처럼 가나안 땅에서 사회적 약자들에게 자비와 은혜를 베풀며 살라고 명령하신 것입니다. 우리는 십자가에서 값없이 보혈을 흘려주신 예수님으로 말미암아 구원받은 그리스도인입니다. 값없이 베풀어 주신 주님의 사랑을 본받아 삶 속에서 사회적 약자들에게 따뜻한 사랑을 베풀며 살아가시기를 바랍니다.

6. 함께 기도하기

마무리하며 함께 기도합니다

날마다 우리 가정을 지켜주시고 선한 길로 인도하여 주시는 하나님 아버지! 베풀어 주시는 사랑과 은혜에 감사드립니다. 우리 가정이 하나님의 은혜로 살아가고 있음을 항상 기억하여서 삶 속에서 연약하고 불쌍한 사람들에게 주님의 사랑을 나누며 살아가게 하여 주시옵소서. 예수님의 이름으로 기도드립니다. (아멘)

7. 함께 축복하기

찬양하며 서로를 축복합니다

[너는 시냇가에]

너- 는 시냇가 에 심- 은- 나무 라
하나 님 의 사랑 안 에 믿음 뿌리 내리 고
주의 뜻 대 로 주의 뜻대로 항- 상 사세 요

오늘의 암송구절

신명기 24:18

너는 애굽에서 종 되었던 일과 네 하나님 여호와께서 너를 거기서 속량
하신 것을 기억하라 이러므로 내가 네게 이 일을 행하라 명령하노라

우리집 가정예배 일지

일 시		참석자	
기도제목 · 응답내용			

순종하면
모든 복이 네게 임하리라

036

1. 함께 찬양하기

찬송가 435장

〈 나의 영원하신 기업 〉

1) 나의 영원하신 기업 생명보다 귀하다

　나의 갈 길 다 가도록 나와 동행하소서

2) 세상 부귀 안일함과 모든 명예 버리고

　험한 길을 가는 동안 나와 동행하소서

3) 어둔 골짝 지나가며 험한 바다 건너서

　천국 문에 이르도록 나와 동행하소서

(후렴) 주께로 가까이 주께로 가오니

　　나의 갈 길 다 가도록 나와 동행하소서 (아멘)

2. 함께 본문 읽기

신명기 28:1-6

(1) 네가 네 하나님 여호와의 말씀을 삼가 듣고 내가 오늘 네게 명령하는 그의 모든 명령을 지켜 행하면 네 하나님 여호와께서 너를 세계 모든 민족 위에 뛰어나게 하실 것이라

(2) 네가 네 하나님 여호와의 말씀을 청종하면 이 모든 복이 네게 임하며 네게 이르리니

(3) 성읍에서도 복을 받고 들에서도 복을 받을 것이며

(4) 네 몸의 자녀와 네 토지의 소산과 네 짐승의 새끼와 소와 양의 새끼가
복을 받을 것이며

(5) 네 광주리와 떡 반죽 그릇이 복을 받을 것이며

(6) 네가 들어와도 복을 받고 나가도 복을 받을 것이니라

3. 함께 생각하기　　　인도자가 읽어줍니다

아시시의 성자 프란시스에게 제자가 되기를 원하는 두 사람이 찾아
왔습니다. 그 두 사람은 동시에 "선생님의 제자가 되어 신앙의 훈련을
받고 싶습니다"라고 말하였습니다. 그들에게 프란시스는 이런 요청을
하였습니다.

"저 밭에 나가면 배추들이 많이 있는데, 그 배추를 뽑아 뿌리가 하늘
쪽으로 향하도록 다시 심으시오."

이 말을 듣고 두 사람 중 한 사람은 프란시스가 말한 것과 같이 뿌리
를 하늘 쪽으로 향하도록 배추를 심었습니다.

그러나 나머지 한 사람은 "하하! 이 성자가 너무 오랫동안 아무도 없
는 수도원에서 혼자 도를 닦더니만 제정신이 아니구면"이라고 비웃었
습니다.

멀리서 그 두 사람을 조용히 지켜보던 프란시스는 두 번째 사람 곁으
로 다가가 "나는 똑똑한 사람보다 순종할 줄 아는 제자를 원합니다. 당
신은 내 제자가 될 수 없을 것 같습니다"라고 말해주었습니다. 이 말을
들은 두 번째 사람은 그때야 프란시스가 무엇을 원했던 것인지 비로소
깨닫고 몹시 후회하며 자기 집으로 돌아가고 말았습니다.

하나님은 우리가 하나님의 말씀을 듣고 온전히 순종하기를 바라십니다. 그것은 우리에게 크신 복과 은혜를 베풀어주시기 위함입니다. 이 사실을 꼭 기억하고 하나님의 말씀에 온전히 순종하여 하나님이 허락하시는 아름다운 복과 은총을 다 받아 누리시길 바랍니다.

4. 함께 관찰하기　성경 본문을 보며 빈칸을 채웁니다

① 네가 네 하나님 여호와의 ☐☐ 을 삼가 듣고 내가 오늘 네게 명령하는 그의 ☐☐ ☐☐ 을 지켜 행하면 네 하나님 여호와께서 너를 ☐☐ 모든 ☐☐ 위에 뛰어나게 하실 것이라

② 네가 네 하나님 여호와의 ☐☐ 을 ☐☐ 하면 이 모든 ☐ 이 네게 임하며 네게 이르리니

③ 네가 ☐☐☐☐ 복을 받고 ☐☐☐ 복을 받을 것이니라

5. 함께 나누기　질문에 따라 묵상한 내용을 나눕니다

① 하나님의 말씀에 순종하여 경험하게 된 축복이나, 불순종 때문에 경험한 낭패를 생각해 보고 서로 나누어 봅시다.

② 율법서(모세오경)의 총결론인 순종하면 축복이요 불순종하면 저주라는 사실은 나에게 무엇을 촉구하는지 서로 나눠봅시다.

오늘의 말씀은 모세가 모압 평지에서 이스라엘 백성들에게 선포한 제3설교에 있는 말씀입니다. 제3설교를 통하여 모세는 이스라엘 백성들이 장차 가나안 땅에 들어간 후에 어떻게 행해야 하는지를 선포하고 있습니다. 특별히 오늘 말씀은 신명기 말씀의 결론일 뿐만 아니라 지금까지 우리가 줄기차게 공부해 왔던 창세기부터 신명기까지, 곧 율법서(토라, 모세오경)의 최종적인 결론이기도 합니다.

　율법서(모세오경)는 하나님께서 세상 만민의 구원을 위해 이스라엘 백성을 선택하셨는데, 바로 이 선민의 삶에 있어 가장 중요한 지침을 기록한 것이 율법서입니다.

　그런데 이 율법서의 결론은 아주 명확합니다. 순종하면 축복이요 불순종하면 심판과 저주가 있으리라 하는 것입니다. 그들이 하나님께 순종하면 복을 받고 평안을 누리며 장차 하나님께서 주시는 가나안 땅에서 은혜 가운데 살아갈 수 있지만, 하나님 말씀에 불순종하면 심판과 저주를 받아 멸망할 수밖에 없음을 엄중하게 경고하고 계시는 것입니다.

　지금 이스라엘 앞에 놓여 있는 복과 저주는 이스라엘이 하나님 앞에서 어떤 자세를 갖느냐에 달려 있습니다. 그것은 순종하면 복이요 불순종하면 저주라는 사실입니다. 이것은 오늘날 우리의 신앙의 핵심 기둥이요, 장차 도래할 심판의 때 천국(영생)과 지옥(영벌)을 결정짓는 가장 중요한 원칙이기도 합니다. 오직 순종함으로 복과 영생을 누리시기 바랍니다.

6. 함께 기도하기　　마무리하며 함께 기도합니다

　　우리를 보호하시고 날마다 은혜를 베풀어주시는 아버지 하나님! 순종하면 복이요 불순종하면 저주가 있을 것이라는 사실을 우리 신앙의 기둥으로 삼게 도와주시옵소서. 그래서 날마다 온전히 하나님께 순종하여 베풀어주시는 축복을 마음껏 누리며 살아가게 인도하여 주시옵소서. 예수님의 이름으로 기도드립니다. (아멘)

7. 함께 축복하기　　찬양하며 서로를 축복합니다

「 너는 시냇가에 」

너 - 는 시냇가 에 심 - 은 - 나 무 라
하나 님 의 사랑 안 에 믿음 뿌리 내리 고
주의 뜻 대 로 주의 뜻대로 항 - 상 사 세 요

오늘의 암송구절
신명기 28:1

네가 네 하나님 여호와의 말씀을 삼가 듣고 내가 오늘 네게 명령하는 그의 모든 명령을 지켜 행하면 네 하나님 여호와께서 너를 세계 모든 민족 위에 뛰어나게 하실 것이라

우리집 가정예배 일지

일 시		참석자	
기도제목 · 응답내용			

PART 5

가나안 정복

강하고 담대하라

037

1. 함께 찬양하기　　　　　찬송가 347장

〈 허락하신 새 땅에 〉

1) 허락하신 새 땅에 들어가려면 맘에 준비 다하여 힘써 일하세
2) 시험 환난 당해도 낙심 말고서 맘에 걱정 버리고 힘써 일하세
3) 앞서가신 예수님 바라보면서 모두 맘을 합하여 힘써 일하세
4) 일할 곳이 아직도 많이 있으니 담대하게 나가서 힘써 일하세
후렴) 여호수아 본받아 앞으로 가세 우리 거할 처소는 주님 품일세

2. 함께 본문 읽기　　　　　여호수아 1:5-9

(5) 네 평생에 너를 능히 대적할 자가 없으리니 내가 모세와 함께 있었던 것
같이 너와 함께 있을 것임이니라 내가 너를 떠나지 아니하며 버리지 아
니하리니
(6) 강하고 담대하라 너는 내가 그들의 조상에게 맹세하여 그들에게 주리라
한 땅을 이 백성에게 차지하게 하리라
(7) 오직 강하고 극히 담대하여 나의 종 모세가 네게 명령한 그 율법을 다
지켜 행하고 우로나 좌로나 치우치지 말라 그리하면 어디로 가든지 형
통하리니

(8) 이 율법책을 네 입에서 떠나지 말게 하며 주야로 그것을 묵상하여 그 안에 기록된 대로 다 지켜 행하라 그리하면 네 길이 평탄하게 될 것이며 네가 형통하리라

(9) 내가 네게 명령한 것이 아니냐 강하고 담대하라 두려워하지 말며 놀라지 말라 네가 어디로 가든지 네 하나님 여호와가 너와 함께 하느니라 하시니라

3. 함께 생각하기
인도자가 읽어줍니다

프로이센을 다스린 프레드릭 대왕에게는 전쟁을 늘 승리로 이끌었던 신하 본진랜드 장군이 있었습니다. 그런데 프레드릭 대왕은 그리스도와 교회를 비웃는 사람이었던 반면에 본진랜드 장군은 신실한 크리스천이었습니다. 어느 날 신하와 귀족들이 모인 자리에서 프레드릭 대왕은 예수님에 대해 비아냥거리고 비웃기 시작하였습니다.

그런데 그때 함께 있던 본진랜드 장군이 자리에서 일어나 대왕을 바라보며 말하였습니다.

"폐하! 저는 대왕을 위하여 전쟁에서 38번을 싸워 승리하였습니다. 저는 이제 나이 많은 늙은이가 되었습니다. 머지않아 저는 죽어 대왕이 비웃으시는 바로 그 그리스도를 만나 뵈러 갈 것입니다. 저는 예수 그리스도가 대왕보다 더욱 위대한 분임을 확신합니다. 폐하! 소신은 이제 물러가려 합니다."

장군의 말을 들은 사람들은 대왕이 장군을 즉시 처형할 것이라 생각하였습니다. 그러나 대왕은 떨리는 음성으로 이렇게 말하였습니다.

"장군! 내가 잘못했소. 나를 용서하시오!"

하나님이 함께함을 믿는 사람은 언제나 담대함과 용기를 잃지 않을 수 있습니다. 이 강하고 담대한 믿음으로 세상을 이기시길 바랍니다.

4. 함께 관찰하기 성경 본문을 보며 빈칸을 채웁니다

① 네 ☐☐에 너를 능히 대적할 자가 없으리니 내가 ☐☐와 함께 있었던 것 같이 ☐☐ ☐☐ 있을 것임이니라

② ☐☐☐ ☐☐☐☐ 너는 내가 그들의 조상에게 맹세하여 그들에게 주리라 한 ☐을 이 백성에게 ☐☐☐☐ 하리라

③ 이 ☐☐☐을 네 입에서 떠나지 말게 하며 주야로 그것을 ☐☐하여 그 안에 기록된 대로 다 ☐☐ ☐☐☐ 그리하면 네 길이 ☐☐하게 될 것이며 네가 ☐☐하리라

5. 함께 나누기 질문에 따라 묵상한 내용을 나눕니다

① 낯설고 새로운 환경이 나에게 두려움과 떨림이 되었던 순간을 이야기해보고, 그것을 어떻게 극복했는지 서로 나눠 봅시다.

② 강하고 담대하게 살아가기 위해서 무엇이 가장 중요한지 오늘 본문에서 가장 크게 부딪혀 오는 말씀으로 함께 나누어 봅시다.

그동안 이스라엘 민족의 지도자였던 모세는 자기의 사명을 다한 후에 120세로 죽었으며, 그 뒤를 이어서 하나님의 명령을 따라 여호수아

가 민족의 지도자가 되었습니다. 여호수아는 모세를 이을 책임과 더불어서 가나안 정복이라는 중차대한 사명까지 감당해야만 하였습니다.

이렇게 큰 중압감으로 인해 두렵고 떨리는 여호수아에게 하나님은 나타나셔서 그에게 소명을 주시며, 무엇보다 강하고 담대하라고 말씀해 주셨습니다. 지금 여호수아에게 가장 필요한 것은 '용기'였으며, 그래서 하나님은 강하고 담대할 것을 오늘 본문에서만 세 번씩이나 말씀해 주신 것입니다.

그런데 강하고 담대하게 되는 것은 단지 인간의 결단만으로는 되지 않는 것이므로 하나님은 강하고 담대할 수 있는 가장 중요한 방법을 알려주셨습니다. 그것은 바로 임마누엘의 약속을 붙드는 것입니다.

성경은 하나님의 말씀입니다. 그러므로 늘 성경책을 가까이하며, 그 말씀을 묵상하고, 그 말씀대로 살아가면 평탄하고 형통하게 될 것이며, 강하고 담대할 수 있게 되는 것입니다. 하나님께서 여호수아에게 주신 말씀대로 행하여 언제나 강하고 담대하게 살아가시기를 바랍니다.

6. 함께 기도하기   마무리하며 함께 기도합니다

사랑하는 하나님 아버지! 비록 우리가 힘들고 어려운 시대를 살아가지만 언제나 임마누엘의 은혜로 함께해주신 것 감사합니다. 늘 성경을 가까이하며 그 말씀대로 살게 하시고, 말씀 안에서만 누릴 수 있는 하나님의 축복을 기대하며 언제나 강하고 담대한 우리 가정이 되게 하여 주시옵소서. 예수님의 이름으로 기도드립니다. (아멘)

7. 함께 축복하기　　찬양하며 서로를 축복합니다

[너는 시냇가에]

너- 는 시냇가 에 심- 은- 나무 라

하나 님 의 사랑 안 에 믿음 뿌리 내리 고

주의 뜻 대 로 주의 뜻대로 항- 상 사 세 요

 ## # 오늘의 암송구절　　여호수아 1:8

내가 네게 명령한 것이 아니냐. 강하고 담대하라. 두려워하지 말며 놀라지 말라. 네가 어디로 가든지 네 하나님 여호와가 너와 함께 하느니라 하시니라

 ## # 우리집 가정예배 일지

일 시		참석자	
기도제목 · 응답내용			

여호와께서 이 성을 주셨느니라

038

1. 함께 찬양하기

찬송가 546장

〈 주님 약속하신 말씀 위에 서 〉

1) 주님 약속하신 말씀 위에서 영원토록 주를 찬송하리라
　소리 높여 주께 영광 돌리며 약속 믿고 굳게 서리라

2) 주님 약속하신 말씀 위에서 세상 염려 내게 엄습할 때에
　용감하게 힘써 싸워 이기며 약속 믿고 굳게 서리라

3) 주님 약속하신 말씀 위에서 영원하신 주의 사랑 힘입고
　성령으로 힘써 싸워 이기며 약속 믿고 굳게 서리라

후렴) 굳게 서리 영원하신 말씀 위에 굳게 서리
　　　굳게 서리 그 말씀 위에 굳게 서리라

2. 함께 본문 읽기

여호수아 6:15-21

(15) 일곱째 날 새벽에 그들이 일찍이 일어나서 전과 같은 방식으로 그 성을
　　일곱 번 도니 그 성을 일곱 번 돌기는 그 날뿐이었더라

(16) 일곱 번째에 제사장들이 나팔을 불 때에 여호수아가 백성에게 이르되
　　외치라 여호와께서 너희에게 이 성을 주셨느니라

(17) 이 성과 그 가운데에 있는 모든 것은 여호와께 온전히 바치되 기생 라

합과 그 집에 동거하는 자는 모두 살려 주라 이는 우리가 보낸 사자들을 그가 숨겨 주었음이니라

(18) 너희는 온전히 바치고 그 바친 것 중에서 어떤 것이든지 취하여 너희가 이스라엘 진영으로 바치는 것이 되게 하여 고통을 당하게 되지 아니하도록 오직 너희는 그 바친 물건에 손대지 말라

(19) 은금과 동철 기구들은 다 여호와께 구별될 것이니 그것을 여호와의 곳간에 들일지니라 하니라

(20) 이에 백성은 외치고 제사장들은 나팔을 불매 백성이 나팔 소리를 들을 때에 크게 소리 질러 외치니 성벽이 무너져 내린지라 백성이 각기 앞으로 나아가 그 성에 들어가서 그 성을 점령하고

(21) 그 성 안에 있는 모든 것을 온전히 바치되 남녀 노소와 소와 양과 나귀를 칼날로 멸하니라

3. 함께 생각하기   인도자가 읽어줍니다

기독교 고전 중에 「하나님의 임재 연습」이라는 책이 있습니다. 17세기 수도자였던 로렌스 형제의 글을 모은 책입니다. 프랑스에서 태어난 그는 30년 전쟁에 참전했다가 심한 부상을 입고 다리를 저는 장애를 지니게 되었고 50이 넘은 나이에 카르멜 수도회에 평수사로 들어갔습니다. 그는 수도원에서 주방 허드렛일이나 신발을 수선하는 일을 하면서도 매 순간 호흡하듯 하나님의 깊은 임재 속에서 살아갔습니다.

로렌스 형제는 사람들이 하나님을 사랑하는 법을 배우기 위하여 지나치게 많은 훈련을 하고, 여러 지식을 쌓으려고 애쓰는 것을 안타깝게 생각했습니다. 그보다 자신에게 주어진 일들을 하나님을 사랑하는 마

음으로 행하는 것, 일상의 임무를 수행하면서 하나님을 향한 사랑을 나타내는 것이 중요하다고 말하였습니다.

　그는 자기가 무슨 일을 하게 될지 관심이 없었습니다. 그에게 중요한 것은 주어진 그 일을 '하나님을 위해' 행하는 것이었습니다. 하나님을 사랑하는 길은 아무리 작은 일이라 할지라도 온전히 순종하는 것입니다. 그렇게 살아갈 때 우리는 큰일에도 의연히 믿음으로 순종할 수 있게 되는 것입니다.

4. 함께 관찰하기　성경 본문을 보며 빈칸을 채웁니다

① □□□ 날 새벽에 그들이 일찍이 일어나서 □과 같은 방식으로 그 성을 □□ 번 도니

② 일곱 번째에 □□□들이 □□을 불 때에 여호수아가 백성에게 이르되 외치라 □□□께서 너희에게 이 □을 주셨느니라

③ 이에 □□은 외치고 제사장들은 □□을 불매 백성이 □□ 소리를 들을 때에 크게 소리 질러 외치니 □□이 무너져 내린지라

5. 함께 나누기　질문에 따라 묵상한 내용을 나눕니다

① 최근 나에게 마치 여리고성과 같이 풀기 어려운 문제가 있었다면 그것이 무엇인지 깊이 생각해 보고 서로 함께 나누어 봅시다.

② 여리고성은 말씀대로 온전히 순종하였을 때 비로소 무너져 내렸습니다. 이 사실은 나의 믿음에 어떤 교훈을 주고 있는지 서로 나눠 봅시다.

　하나님은 요단강을 건넌 이스라엘 백성들에게 가나안 정복전쟁을 위한 영적 전열을 정비하게 하셨습니다. 길갈에서 이스라엘 백성들은 광야길을 진행하는 동안 다음 세대가 시행하지 못한 할례를 행하였습니다. 그리고 바로 이어 하나님의 은혜를 기념하는 유월절을 지켰습니다.

　그 후에 가나안 땅의 첫 성읍 여리고성을 맞닥뜨리게 되었을 때 하나님은 아주 이상한 명령을 주셨습니다. 그것은 여리고성 주위를 6일 동안 매일 한 바퀴씩 돌고 마지막 7일째는 그 성을 일곱 바퀴를 돈 후에 제사장은 나팔을 불 것이며, 그 나팔 소리가 들릴 때 백성들이 일제히 큰 소리로 외쳐 부르면 그 성벽이 무너져 내릴 것이라는 말씀이었습니다. 그런데 참으로 놀랍게도 그 명령대로 끝까지 순종하였을 때 여리고성이 무너져 내렸습니다. 하루 돌고 났더니 조금 무너지고, 이틀 사흘 진행됨에 따라 조금 더 무너진 것이 아니었습니다. 하나님께서 말씀하신 대로 끝까지 온전히 순종하였을 때 여리고성이 비로소 무너져 내린 것입니다. 살아가다 보면 우리의 인생 앞에 여리고성과 같은 문제를 맞닥뜨릴 때가 참 많습니다. 그 때에 하나님을 굳게 붙들고 그 말씀을 온

전히 신뢰해야 합니다. 말씀대로 끝까지 순종할 때 우리는 반드시 승리하게 될 것입니다.

6. 함께 기도하기
마무리하며 함께 기도합니다

거룩하신 하나님! 지금까지 우리 가정을 말씀으로 인도하여 주시니 감사합니다. 삶의 여정에서 어려운 문제를 만날 때에 오직 하나님의 음성에 귀를 기울이고 그 말씀에 순종하여 승리를 거두게 하여 주시옵소서. 부분적으로 순종하지 않고, 끝까지 온전하게 순종하여 하나님을 기쁘시게 하는 가정되게 하옵소서. 예수님의 이름으로 기도드립니다. (아멘)

7. 함께 축복하기
찬양하며 서로를 축복합니다

[너는 시냇가에]

오늘의 암송구절   여호수아 6:16

일곱 번째에 제사장들이 나팔을 불 때에 여호수아가 백성에게 이르되
외치라 여호와께서 너희에게 이 성을 주셨느니라

우리집 가정예배 일지

일 시		참석자	
기도제목 • 응답내용			

이 산지를 내게 주소서

039

1. 함께 찬양하기

찬송가 352장

〈 십자가 군병들아 〉

1) 십자가 군병들아 주 위해 일어나 기 들고 앞서 나가
   담대히 싸우라 주께서 승전하고 영광을 얻도록
   그 군대 거느리사 이기게 하시네

2) 십자가 군병들아 주 위해 일어나 그 나팔소리 듣고
   곧 나가 싸우라 수없는 원수 앞에 주 따라갈 때에
   주 예수 힘을 주사 강하게 하시네

3) 십자가 군병들아 주 위해 일어나 네 힘이 부족하니
   주 권능 믿으라 복음의 갑주 입고 늘 기도하면서
   너 맡은 자리에서 충성을 다하라 (아멘)

2. 함께 본문 읽기

여호수아 14:6-12

(6) 그 때에 유다 자손이 길갈에 있는 여호수아에게 나아오고 그니스 사람
   여분네의 아들 갈렙이 여호수아에게 말하되 여호와께서 가데스 바네아
   에서 나와 당신에게 대하여 하나님의 사람 모세에게 이르신 일을 당신
   이 아시는 바라

(7) 내 나이 사십 세에 여호와의 종 모세가 가데스 바네아에서 나를 보내어 이 땅을 정탐하게 하였으므로 내가 성실한 마음으로 그에게 보고하였고

(8) 나와 함께 올라갔던 내 형제들은 백성의 간담을 녹게 하였으나 나는 내 하나님 여호와께 충성하였으므로

(9) 그 날에 모세가 맹세하여 이르되 네가 내 하나님 여호와께 충성하였은즉 네 발로 밟는 땅은 영원히 너와 네 자손의 기업이 되리라 하였나이다

(10) 이제 보소서 여호와께서 이 말씀을 모세에게 이르신 때로부터 이스라엘이 광야에서 방황한 이 사십오 년 동안을 여호와께서 말씀하신 대로 나를 생존하게 하셨나이다 오늘 내가 팔십오 세로되

(11) 모세가 나를 보내던 날과 같이 오늘도 내가 여전히 강건하니 내 힘이 그 때나 지금이나 같아서 싸움에나 출입에 감당할 수 있으니

(12) 그 날에 여호와께서 말씀하신 이 산지를 지금 내게 주소서 당신도 그 날에 들으셨거니와 그 곳에는 아낙 사람이 있고 그 성읍들은 크고 견고할지라도 여호와께서 나와 함께 하시면 내가 여호와께서 말씀하신 대로 그들을 쫓아내리이다 하니

3. 함께 생각하기　　　　　　인도자가 읽어줍니다

　유대인들은 세계에서 자녀 교육을 훌륭하게 시키는 민족으로 소문이 나 있습니다. 그들은 자녀들에게 긍정적 사고와 비전을 아주 많이 강조합니다. 그들은 긍정의 태도를 교육할 때 소년 다윗이 거인 골리앗을 처음으로 맞닥뜨렸을 때의 이야기를 자주 들려준다고 합니다. "얘들아! 옛날에 거인 골리앗이 이스라엘 군대 앞에 나타났을 때가 있었단다. 그때 병사들은 한결같이 '저렇게 거대한 자를 어떻게 죽일 수 있을

까?' 하고 무서워했단다. 그런데 다윗은 생각이 달랐어. 골리앗을 보고
는 '저렇게 크니까 절대로 빗맞을 일은 없겠군!' 하고 생각했단다."

이 이야기는 정말 중요한 이야기입니다. 똑같은 상황임에도 어떤 사
람은 부정적인 생각을 하고 어떤 사람은 긍정적인 생각을 합니다. 그런
데 부정적인 생각을 하면 그 결과는 파멸로 끝납니다. 그러나 긍정적인
생각을 하면 승리를 얻게 됩니다. 왜냐하면 부정적인 생각은 하나님의
은총을 제한하는 반면에, 긍정적인 생각은 하나님의 은총을 불러오기
때문입니다. 그러므로 우리의 생각, 의식, 태도, 생활방식 등 모든 면에
있어서 항상 긍정적인 태도를 가져야 하겠습니다.

4. 함께 관찰하기   성경 본문을 보며 빈칸을 채웁니다

① 내 나이 □□ 세에 여호와의 종 모세가 가데스 바네아에서 나를
　보내어 이 땅을 □□하게 하였으므로

② 그 날에 모세가 □□하여 이르되 네가 내 하나님 여호와께 □
　□하였은즉 네 □로 □□□은 영원히 너와 네 자손의 □
　□이 되리라 하였나이다

③ 그 날에 여호와께서 □□하신 □□□를 지금 내게 주소서
　당신도 그 날에 들으셨거니와 그 곳에는 □□ 사람이 있고 그
　성읍들은 크고 □□할지라도

① 마음먹기에 따라 일은 다르게 보입니다. 남들은 어렵다고 했는데 긍정의 마음으로 넉넉히 감당했던 일을 나누어 봅시다.

② 갈렙은 85세의 나이에 아직 정복하지 못한 산지를 달라고 하였습니다. 갈렙이 그 땅을 요청한 이유가 무엇인지 서로 나누어봅시다.

이스라엘의 가나안 땅 정복은 단순한 침략전쟁이 아니라 이방의 우상을 철폐하고 그들의 죄악을 심판하기 위한 하나님의 성전(聖戰), 거룩한 전쟁(Holy War)이었습니다. 이와 같은 이유와 목적을 가지고 이스라엘 백성들은 가나안 땅 정복전쟁을 수행해 나갔습니다. 그리고 거점 정복전쟁을 마친 후에 여호수아는 하나님의 말씀을 따라서 지파별로 땅을 분배하였습니다.

그때 갈렙이 나타나서 자기에게 기업을 달라고 요청하였습니다. 그는 45년 전에 가나안 땅을 정탐하여 모세 앞에 성실한 보고를 하였고 하나님께도 충성한 사람이었습니다. 그는 그때 모세가 약속한 헤브론 산지를 자신에게 달라고 요청한 것입니다. 그런데 갈렙은 지금 85세의 나이였고, 그가 요청한 땅은 아직도 정복하지 못한 땅이었습니다. 그럼에도 갈렙은 건강한 내면을 가지고 긍정의 말을 하고 참된 긍정의 삶을 살았습니다.

갈렙이 긍정의 사람이 될 수 있었던 것은 그가 참된 믿음의 사람이었기 때문입니다. 그는 하나님께 충성하였고 하나님의 말씀대로 행하였으며 하나님이 말씀하시면 그대로 되리라고 믿은 사람입니다. 믿음의 사람은 긍정의 태도를 지닙니다. 그리고 인생은 그 사람의 태도에 달려 있습니다. 우리도 하나님의 사람으로서 긍정의 믿음을 가지고 힘차게 살아갑시다.

6. 함께 기도하기   마무리하며 함께 기도합니다

> 천지 만물을 창조하시고 다스리시는 전능하신 아버지 하나님! 우리가 이 세상을 살아갈 때에 하나님께서 우리를 도와주시면 넉넉히 감당할 수 있다는 긍정의 마음을 허락하여 주옵소서. 믿음은 곧 긍정의 마음으로 나타난다는 사실을 깨닫고, 늘 긍정의 마음으로 주어진 삶에 최선을 다하게 하여 주옵소서. 예수님의 이름으로 기도드립니다. (아멘)

7. 함께 축복하기   찬양하며 서로를 축복합니다

[너는 시냇가에]

너 - 는 시냇가 에 심 - 은 - 나 무 라
하나 님 의 사랑 안 에 믿음 뿌리 내리 고
주의 뜻 대 로 주의 뜻대로 항 - 상 사 세 요

오늘의 암송구절

여호수아 14:9

> 그 날에 모세가 맹세하여 이르되 네가 내 하나님 여호와께 충성하였은
> 즉 네 발로 밟는 땅은 영원히 너와 네 자손의 기업이 되리라 하였나이다

우리집 가정예배 일지

일 시	참석자
기도제목 • 응답내용	

오직 나와 내 집은 여호와를 섬기겠노라

040

1. 함께 찬양하기

〈 누가 주를 따라 〉

1) 누가 주를 따라 섬기려는가 누가 죄를 떠나 주만 따를까
   누가 주를 섬겨 남을 구할까 누가 주의 뒤를 따라 가려나
   부르심을 받아 주의 은혜로 주를 따라가네 주만 따르네

2) 세상 영광 위해 따름 아니요 크신 사랑 인해 주만 따르고
   주가 내려주신 은혜 힘입어 주의 뒤를 따라 힘써 일하네
   부르심을 받아 주의 은혜로 주를 따라가네 주만 따르네

3) 환난 핍박 많고 원수 강하나 주의 용사 더욱 힘이 강하니
   누가 능히 이겨 넘어뜨리랴 변함없는 진리 승리하리라
   기쁜 찬송하며 주의 은혜로 주를 따라가네 주만 따르네

2. 함께 본문 읽기

(14) 그러므로 이제는 여호와를 경외하며 온전함과 진실함으로 그를 섬기라 너희의 조상들이 강 저쪽과 애굽에서 섬기던 신들을 치워 버리고 여호와만 섬기라 (15) 만일 여호와를 섬기는 것이 너희에게 좋지 않게 보이거든 너희 조상들이 강 저쪽에서 섬기던 신들이든지 또는 너희가 거주하는 땅에 있는 아모리 족속의 신들이든지 너희가 섬길 자를 오늘 택하라 오직 나와 내

집은 여호와를 섬기겠노라 하니 (16) 백성이 대답하여 이르되 우리가 결단코 여호와를 버리고 다른 신들을 섬기기를 하지 아니하오리니 (17) 이는 우리 하나님 여호와께서 친히 우리와 우리 조상들을 인도하여 애굽 땅 종 되었던 집에서 올라오게 하시고 우리 목전에서 그 큰 이적들을 행하시고 우리가 행한 모든 길과 우리가 지나온 모든 백성들 중에서 우리를 보호하셨음이며 (18) 여호와께서 또 모든 백성들과 이 땅에 거주하던 아모리 족속을 우리 앞에서 쫓아내셨음이라 그러므로 우리도 여호와를 섬기리니 그는 우리 하나님이심이니이다 하니라

3. 함께 생각하기   인도자가 읽어줍니다

　전도유망한 한 남자가 있었습니다. 명문 펜실베이니아 대학 건축학과를 졸업한 이 사람은 유명 건축설계 회사의 중역이었으며, 아내와 어린 두 딸도 있었습니다. 그러나 1991년 가을, 뉴욕으로 가는 고속도로 위에서 그 남자는 심실빈맥증으로 의식을 잃고 쓰러졌습니다.

　2년 뒤, 심장 이식을 기다리던 그에게 꼭 맞는 심장이 나타났습니다. 기쁜 마음으로 심장 이식을 받으러 병원에 들렀는데, 우연히 담당 의사를 통해 옆방에 교통사고를 당해 들어온 여인이 심장을 기부받지 못하면 1시간 만에 죽을 것이라는 이야기를 들었습니다. 그 이야기를 들은 이 남자는 망설임 없이 심장을 그 여인에게 양보하였습니다.

　감사하게도 한 달 뒤 그는 새로운 심장을 이식받고 건강하게 퇴원하였고 어려운 순간에도 하나님의 뜻을 선택하였던 이 경험을 바탕으로 팀하스라는 회사를 세웠는데, 그가 바로 하형록 회장입니다. 그는 "우리는 어려운 이들을 돕기 위해 존재한다"는 사훈을 정하고 성경의 말씀에 순종하며 비즈니스를 하고 있습니다. 이 회사는 미국 젊은이들이 가

장 일하고 싶어 하는 회사 중 하나로 성장하였고, 비즈니스 현장에서 하나님의 이름을 드높이고 있습니다.

4. 함께 관찰하기   성경 본문을 보며 빈칸을 채웁니다

① 그러므로 이제는 여호와를 ☐☐하며 ☐☐☐과 ☐☐☐으로 그를 섬기라

② 만일 ☐☐☐를 섬기는 것이 너희에게 ☐☐ ☐☐ 보이거든 너희 조상들이 ☐ 저쪽에서 섬기던 신들이든지 또는 너희가 거주하는 땅에 있는 ☐☐☐ 족속의 신들이든지 너희가 섬길 자를 오늘 ☐☐☐ 오직 ☐☐와 ☐☐☐은 여호와를 섬기겠노라 하니

③ 여호와께서 또 모든 백성들과 이 땅에 거주하던 ☐☐☐ 족속을 우리 앞에서 ☐☐☐☐☐이라

5. 함께 나누기   질문에 따라 묵상한 내용을 나눕니다

① 하나님의 뜻과 나의 생각이 부딪쳐서 마음에 갈등이 생겼던 때를 떠올려보고, 그때 나는 어떤 선택을 했는지 나누어 보세요.

② 오직 나와 내 집은 여호와를 섬기겠다는 여호수아의 결단은 오늘 우리 가정에게 무엇을 촉구하고 있는지 서로 나누어 보세요.

이스라엘 백성은 하나님의 은혜로 여호수아의 지도 아래 가나안의

중부지역, 남부지역, 북부지역의 거점을 점령하였고, 땅 분배까지 모두 마쳤습니다. 땅을 분배하는 것은 구속사적 의미를 지니고 있는데 이는 하나님께서 아브라함과 이삭과 야곱에게 주리라 약속하신 땅을 얻은 것으로 하나님께서 그들에게 약속하신 언약이 성취된 것을 의미합니다.

이처럼 중요한 땅의 분배를 모두 마치고 여호수아는 백성들에게 유언과 같은 고별설교를 하였습니다. 그는 과거 하나님께서 그들을 위해 친히 싸워주심으로 땅을 차지한 것을 돌아보면서 절대로 하나님의 은혜를 잊지 말 것을 당부하였고, 더불어 가나안 땅에서 이방인과 혼인하지 말고 우상숭배를 멀리하며 오직 여호와 신앙으로 살아갈 것을 당부하였습니다. 가나안 땅에서 살아갈 때 오직 하나님의 뜻에 순종하는 삶을 선택함으로 앞으로도 계속 하나님의 백성으로, 제사장 나라로 살아갈 것을 촉구한 것입니다.

우리 삶에도 끊임없이 선택의 순간이 찾아옵니다. 그럴 때마다 세상을 선택하지 않고 하나님을 선택하며 날마다 하나님 앞에 순종함으로 하나님의 백성으로 온전히 승리하는 삶을 살아가시기를 바랍니다.

6. 함께 기도하기   마무리하며 함께 기도합니다

하나님 아버지! 날마다 크신 은혜로 우리를 지켜주시고 선한 길로 인도하여 주시니 감사합니다. 베풀어주신 은혜를 늘 기억하고 날마다 담대한 믿음으로 살아가게 하여 주시옵소서. 특별히 삶 속에서 선택의 순간을 마주할 때마다 하나님의 뜻을 선택하고 그 뜻대로 순종하며 살아가게 하옵소서. 예수님의 이름으로 기도드립니다. (아멘)

7. 함께 축복하기

찬양하며 서로를 축복합니다

[우리에게 향하신]

우 리 에게 향하 선   여 호 와의 인자 하 심 이

크 고   크 도 다   크 — — 서 도 다 — —

크 고   크 도 다   크 — — 서 도 다

오늘의 암송구절

여호수아 24:15b

너희가 섬길 자를 오늘 택하라 오직 나와 내 집은 여호와를 섬기겠노라 하니

우리집 가정예배 일지

일 시		참석자	
기도제목 · 응답내용			

PART 6

사사시대

>> 다른 세대와 다음 세대 　삿 2:6-15

다른 세대는
여호와를 알지 못하였더라

041

1. 함께 찬양하기 　　　　　　찬송가 570장

〈 주는 나를 기르시는 목자 〉

1) 주는 나를 기르시는 목자요 나는 주님의 귀한 어린 양
　푸른 풀밭 맑은 시냇물가로 나를 늘 인도하여 주신다
2) 예쁜 새들 노래하는 아침과 노을 비끼는 고운 황혼에
　사랑하는 나의 목자 음성이 나를 언제나 불러주신다
3) 못된 짐승 나를 해치 못하고 거친 비바람 상치 못하리
　나의 주님 강한 손을 펼치사 나를 주야로 지켜주신다
(후렴) 주는 나의 좋은 목자 나는 그의 어린 양
　　　철을 따라 꼴을 먹여주시니 내게 부족함 전혀 없어라 (아멘)

2. 함께 본문 읽기 　　　　　　사사기 2:8-14

(8) 여호와의 종 눈의 아들 여호수아가 백십 세에 죽으매
(9) 무리가 그의 기업의 경내 에브라임 산지 가아스 산 북쪽 딤낫 헤레스에
　장사하였고
(10) 그 세대의 사람도 다 그 조상들에게로 돌아갔고 그 후에 일어난 다른 세
　대는 여호와를 알지 못하며 여호와께서 이스라엘을 위하여 행하신 일

도 알지 못하였더라

(11) 이스라엘 자손이 여호와의 목전에 악을 행하여 바알들을 섬기며

(12) 애굽 땅에서 그들을 인도하여 내신 그들의 조상들의 하나님 여호와를 버리고 다른 신들 곧 그들의 주위에 있는 백성의 신들을 따라 그들에게 절하여 여호와를 진노하시게 하였으되

(13) 곧 그들이 여호와를 버리고 바알과 아스다롯을 섬겼으므로

(14) 여호와께서 이스라엘에게 진노하사 노략하는 자의 손에 넘겨 주사 그들이 노략을 당하게 하시며 또 주위에 있는 모든 대적의 손에 팔아 넘기시매 그들이 다시는 대적을 당하지 못하였으며

3. 함께 생각하기　　　인도자가 읽어줍니다

아브라함 링컨은 미국의 역대 대통령 중에서 지금까지도 가장 존경받는 인물입니다. 특별히 그는 절제하는 삶을 살았던 것으로 유명한데 그것은 독실한 신앙인이었던 어머니의 가르침 때문이었습니다. 어머니는 일찍 세상을 떠나면서도 "평생 정직하고 바르게 살아야 한다. 비록 너에게 재산은 한 푼도 물려주지 못했지만, 신앙을 물려주었기에 엄마는 기쁘게 눈을 감을 수 있단다"라는 유언을 남겼습니다.

어머니의 유언을 평생 간직하고 살았던 링컨은 스스로 절제하며 몸과 시간에 해로운 일들을 절대로 하지 않았습니다. 그리고 대통령이 된 후에 링컨은 자신의 공을 어머니에게 돌리며 "내가 가진 좋은 습관들은 모두 어머니에게서 물려받은 것입니다"라고 고백하였습니다.

신앙은 단순히 교회에서만 배우는 것이 아니라 부모의 말과 행동으로 전승되는 것입니다. 말씀과 신앙보다 더 값진 것이 없기에 믿음은

자녀들을 통해 가문 대대로 전해져야 합니다. 자녀들을 정말로 위한다면 그 어떤 재산과 능력보다 링컨의 어머니처럼 신앙의 유산을 물려주십시오. 반드시 하나님께서 아름다운 결실을 맺게 하실 것입니다.

4. 함께 관찰하기   성경 본문을 보며 빈칸을 채웁니다

① 여호와의 □ 눈의 아들 □□□□가 □□ 세에 죽으매

② 그 세대의 사람도 다 그 □□□에게로 돌아갔고 그 후에 일어난 □□ □□는 여호와를 알지 못하며 여호와께서 □□ □□을 위하여 □□□□도 알지 못하였더라

③ 여호와께서 이스라엘에게 □□□□하사 노략하는 자의 □□에 넘겨 주사 그들이 □□을 당하게 하시며

5. 함께 나누기   질문에 따라 묵상한 내용을 나눕니다

① 아름다운 것인 줄 깨닫지 못하고 가볍게 여기다가 잃어버린 후에야 비로소 후회한 경험을 서로 나누어 봅시다.

② 가족들과 함께 가정예배를 드리면서 경험하게 된 특별한 은혜나 감사의 내용을 서로에게 이야기해 봅시다.

사사기는 하나님께서 선물로 주신 가나안 땅에서 아름다운 것을 아름답게 지켜내지 못했던 이스라엘 백성들에 대한 기록입니다. 여호수아가 죽은 후에 이스라엘 백성들은 개인의 신앙도 다 상실해 버렸고 이로 인해 신앙의 대잇기에 실패해버리고 말았습니다.

　온전한 신앙의 전승을 이루었더라면 '다음 세대'가 되었을 터인데 그들은 '다른 세대'가 되고 말았고, 그래서 그들은 하나님께서 금하신 우상들 곧 바알과 아스다롯을 섬겼습니다. 그 결과 하나님께서는 진노하셨고 이스라엘 백성들을 대적들의 손에 넘기셔서 노략을 당하게 하셨습니다.

　이렇게 350년간 지속된 영적 암흑기인 사사기에는,

　① 믿음을 배신하고 타락함

　② 타락한 백성들을 징계하심

　③ 하나님 앞에 돌이켜 회개함

　④ 하나님께서 들으시고 사사를 보내어 구원하심

　이라는 4가지 패턴이 12번이나 반복되고 있습니다.

　이러한 교훈을 통해 우리는 하나님을 떠나면 죽을 수밖에 없다는 사실을 분명히 깨달아야 합니다.

　믿음은 '인생 최고의 가치'입니다. 우리의 다음 세대가 온전히 하나님만 섬기는 자녀로 자라갈 수 있도록 먼저는 가정예배 잘 드리시고, 그래서 믿음의 다음 세대를 잘 일구시는 성도들이 꼭 되시기를 바랍니다.

6. 함께 기도하기   마무리하며 함께 기도합니다

우리를 긍휼히 여겨주시고 늘 품어주시는 아버지 하나님! 감사를 드립니다. 우리 가정이 무엇보다 하나님을 잘 섬기는 가정이 되게 하시고, 우리의 다음 세대에게 신앙을 잘 전승하여 믿음의 명품 가문을 이루어 갈 수 있도록 인도하여 주시옵소서. 우리를 도우시고 살피시는 예수님의 이름으로 기도드립니다. (아멘)

7. 함께 축복하기   찬양하며 서로를 축복합니다

[우리에게 향하신]

오늘의 암송구절

사사기 2:10

그 세대의 사람도 다 그 조상들에게로 돌아갔고 그 후에 일어난 다른 세대는 여호와를 알지 못하며 여호와께서 이스라엘을 위하여 행하신 일도 알지 못하였더라

우리집 가정예배 일지

일 시		참석자	
기도제목 · 응답내용			

삼백 명으로
너희를 구원하리라

042

1. 함께 찬양하기

찬송가 542장

〈 구주 예수 의지함이 〉

1) 구주 예수 의지함이 심히 기쁜 일일세

　영생 허락받았으니 의심 아주 없도다

2) 구주 예수 의지함이 심히 기쁜 일일세

　주를 믿는 나의 마음 그의 피에 적시네

3) 구주 예수 의지하여 죄악 벗어 버리네

　안위 받고 영생함을 주께 모두 얻었네

후렴) 예수 예수 믿는 것은 받은 증거 많도다

　예수 예수 귀한 예수 믿음 더욱 주소서 (아멘)

2. 함께 본문 읽기

사사기 7:4-8

(4) 여호와께서 또 기드온에게 이르시되 백성이 아직도 많으니 그들을 인도

하여 물 가로 내려가라 거기서 내가 너를 위하여 그들을 시험하리라 내

가 누구를 가리켜 네게 이르기를 이 사람이 너와 함께 가리라 하면 그는

너와 함께 갈 것이요 내가 누구를 가리켜 네게 이르기를 이 사람은 너와

함께 가지 말 것이니라 하면 그는 가지 말 것이니라 하신지라

(5) 이에 백성을 인도하여 물 가에 내려가매 여호와께서 기드온에게 이르시되 누구든지 개가 핥는 것 같이 혀로 물을 핥는 자들을 너는 따로 세우고 또 누구든지 무릎을 꿇고 마시는 자들도 그와 같이 하라 하시더니

(6) 손으로 움켜 입에 대고 핥는 자의 수는 삼백 명이요 그 외의 백성은 다 무릎을 꿇고 물을 마신지라

(7) 여호와께서 기드온에게 이르시되 내가 이 물을 핥아 먹은 삼백 명으로 너희를 구원하며 미디안을 네 손에 넘겨 주리니 남은 백성은 각각 자기의 처소로 돌아갈 것이니라 하시니

(8) 이에 백성이 양식과 나팔을 손에 든지라 기드온이 이스라엘 모든 백성을 각각 그의 장막으로 돌려보내고 그 삼백 명은 머물게 하니라 미디안 진영은 그 아래 골짜기 가운데에 있었더라

 ## 3. 함께 생각하기　　인도자가 읽어줍니다

1967년에 '6일 전쟁'이라 불리는 제3차 중동전쟁이 일어났습니다. 이스라엘과 주변 아랍국가인 이집트, 요르단, 시리아, 레바논과의 전쟁이었습니다. 전쟁 당시 이스라엘의 국방장관이었던 모세 다이안 장관은 전 세계를 향해 이런 성명서를 발표하였습니다.

"지금 이스라엘 군대는 막강한 신무기로 무장하였다. 우리는 이 무기 때문에 반드시 이길 것이다. 그 무기는 바로 하나님을 향한 믿음이다."

이스라엘은 이 전쟁에서 아랍 연합군 중 최대 전력을 자랑하던 이집트 공군을 습격하였습니다. 그 결과 이집트 공군은 450여 대의 항공기 중 300여 대를 상실하며 제공권을 빼앗겼습니다. 이후 벌어진 아랍 연

합국과의 전투에서 이스라엘은 자국의 3배에 달하는 영토를 점령하여 현대 전쟁사에 있어 전무후무한 승리의 역사를 만들었습니다.

'6일 전쟁'의 기적은 우리에게 전쟁의 승리는 오직 하나님께 달려 있음을 보여줍니다. 불가능해 보이는 전쟁에서 승리할 수 있는 비결은 오직 하나님을 의지하는 믿음입니다. 이 믿음으로 날마다 영적 싸움에서 승리하는 여러분 되시기를 바랍니다.

4. 함께 관찰하기 <small>성경 본문을 보며 빈칸을 채웁니다</small>

① 여호와께서 또 기드온에게 이르시되 □□이 아직도 □□□ □ 그들을 인도하여 □□로 내려가라 거기서 내가 너를 위하여 그들을 □□하리라

② 여호와께서 기드온에게 이르시되 내가 이 □을 □□ 먹은 □ □□으로 너희를 □□하며 □□□을 네 손에 넘겨 주리니

③ 이에 백성이 □□과 □□을 손에 든지라 기드온이 이스라엘 모든 백성을 각각 그의 □□으로 돌려보내고 그 □□□은 머물게 하니라

5. 함께 나누기   질문에 따라 묵상한 내용을 나눕니다

① 지금 내 삶에 찾아온 가장 걱정되고 염려되는 두려움은 무엇인지 이야기해 보고 서로 격려해 줍시다.

② 기드온이 이길 수 없는 전쟁에서 승리한 것은 무엇 때문이었는지 찾아보고, 각자가 발견한 승리의 비결을 서로 나누어 봅시다.

여호수아 세대가 죽고 난 후 이스라엘은 영적 암흑시대를 살게 되었는데 그것이 바로 350년간의 사사시대입니다. 사사시대에는 타락, 징계, 회개, 구원이라는 네 가지 패턴이 반복되는데 하나님은 사사를 통해 이스라엘을 구원하셨습니다. 기드온은 이스라엘 백성들이 7년간 미디안의 압제에 고통당하고 있을 때 하나님의 부르심을 받아 사사의 직무를 감당하였습니다.

하나님은 기드온에게 13만 5천 명의 미디안 군대와 전쟁하기 위해 모인 이스라엘 군대의 숫자가 너무 많다고 하시며 두려워 떠는 사람은 돌려보내라고 하셨습니다. 또한 남은 자들을 물가로 데려가 물을 떠서 입으로 핥아 먹는 사람 300명으로 전쟁하라고 말씀하셨습니다. 이것은 전쟁의 승리는 오직 하나님께 달려 있음을 보여주시기 위한 것이었습니다. 이렇게 하나님의 말씀에 순종한 기드온의 300용사들은 하나님의 명령을 따라 세 대로 나누어 항아리를 깨트려 횃불을 비추고 나팔을 불어 외쳤습니다. 그때에 미디안 군대 내에 자중지란이 일어나 이스라엘은 하나님의 방법으로 승리할 수 있었습니다. 우리 앞에 있는 많은 인생의 싸움에서도 우리가 승리할 수 있는 비결은 오직 하나님을 의지하는 믿음뿐입니다.

6. 함께 기도하기   마무리하며 함께 기도합니다

하나님 아버지! 힘들고 어려운 시대를 살아가는 중에 세상을 이기는 승리의 비결을 알려주시니 감사합니다. 언제나 하나님을 신뢰함으로 우리 삶에 역경이 찾아올지라도 넉넉히 이기며 살아가게 하여 주시옵소서. 승리는 나의 손에 있지 않고, 오직 하나님의 손에 달려 있음을 기억하게 하옵소서. 예수님의 이름으로 기도드립니다. (아멘)

7. 함께 축복하기   찬양하며 서로를 축복합니다

[우리에게 향하신]

오늘의 암송구절

사사기 7:7

여호와께서 기드온에게 이르시되 내가 이 물을 핥아 먹은 삼백 명으로 너희를 구원하며 미디안을 네 손에 넘겨 주리니 남은 백성은 각각 자기의 처소로 돌아갈 것이니라 하시니

우리집 가정예배 일지

일 시		참석자	
기도제목 · 응답내용			

나의 하나님이 되시리라

043

1. 함께 찬양하기

찬송가 370장

〈 주 안에 있는 나에게 〉

1) 주 안에 있는 나에게 딴 근심 있으랴
　십자가 밑에 나아가 내 짐을 풀었네
2) 그 두려움이 변하여 내 기도 되었고
　전날의 한숨 변하여 내 노래 되었네
3) 내 주는 자비하셔서 늘 함께 계시고
　내 궁핍함을 아시고 늘 채워주시네
4) 내 주와 맺은 언약은 영 불변하시니
　그 나라 가기까지는 늘 보호하시네
후렴) 주님을 찬송하면서 할렐루야 할렐루야
　　내 앞길 멀고 험해도 나 주님만 따라가리

2. 함께 본문 읽기

룻기 1:15-18

(15) 나오미가 또 이르되 보라 네 동서는 그의 백성과 그의 신들에게로 돌아
　가나니 너도 너의 동서를 따라 돌아가라 하니
(16) 룻이 이르되 내게 어머니를 떠나며 어머니를 따르지 말고 돌아가라 강

권하지 마옵소서 어머니께서 가시는 곳에 나도 가고 어머니께서 머무
시는 곳에서 나도 머물겠나이다 어머니의 백성이 나의 백성이 되고 어
머니의 하나님이 나의 하나님이 되시리니

(17) 어머니께서 죽으시는 곳에서 나도 죽어 거기 묻힐 것이라 만일 내가 죽
는 일 외에 어머니를 떠나면 여호와께서 내게 벌을 내리시고 더 내리
시기를 원하나이다 하는지라

(18) 나오미가 룻이 자기와 함께 가기로 굳게 결심함을 보고 그에게 말하기
를 그치니라

3. 함께 생각하기　　　　인도자가 읽어줍니다

　　인간이 살아가는 것은 '선택의 연속'이라고 말할 수 있습니다. 이에
대해 찰스 카우만이라는 분은 이런 말을 하였습니다.

　　"우리는 동시에 동서로 여행할 수 없으며, 같은 순간에 북극 지역과
열대 지역 모두에 알맞은 옷을 입을 수 없습니다. 우리는 선택이라는
결단을 내려야 하며, 이것이든 저것이든 하나를 잊어야 합니다. 우리는
동시에 신사와 천박한 자가 될 수 없습니다. 우리는 순수한 동시에 순
수하지 않을 수 없습니다. 또한 수평으로 움직임과 동시에 수직으로 움
직이는 것은 불가능합니다. 마찬가지로 세상적인 것과 친밀하게 지내
면서 동시에 주님과 교제하며 나갈 수는 없는 것입니다. 우리는 세상적
인 것과 주님을 함께 섬길 수는 없습니다. 그것은 마치 두 마리의 토끼
를 쫓으려고 하다가 한 마리도 잡지 못하는 꼴이 되고 말 것입니다."

　　지금 내가 하는 선택이 영원한 운명을 결정할 수도 있습니다. 그러므
로 인생에서 '선택'은 대단히 중요한 것이 아닐 수 없습니다. 우리의

시선을 온전히 하나님께만 고정하고 오직 믿음으로 선택하며 살아갈 때 우리는 마침내 영원한 천국에 다다르게 될 것입니다.

4. 함께 관찰하기   성경 본문을 보며 빈칸을 채웁니다

① ☐☐☐가 또 이르되 보라 네 ☐☐는 그의 ☐☐과 그의 ☐☐에게로 돌아가나니 너도 너의 ☐☐를 따라 ☐☐☐ ☐ 하니

② 룻이 이르되 내게 어머니를 ☐☐☐ 어머니를 따르지 말고 ☐☐☐☐ 강권하지 마옵소서 어머니께서 ☐☐☐ ☐에 나도 ☐☐ 어머니께서 ☐☐☐☐ ☐에서 나도 머물겠나이다

③ 나오미가 룻이 자기와 ☐☐ 가기로 굳게 ☐☐☐을 보고 그에게 ☐☐☐를 그치니라

5. 함께 나누기   질문에 따라 묵상한 내용을 나눕니다

① 살아오면서 나의 기대와 희망이 깨졌거나 바라고 꿈꾸던 목표가 무너졌던 때를 생각해 보고 서로 나누며 격려해 보세요.

② 절망적인 상황 속에서도 끝까지 믿음을 선택한 룻의 신앙이 나 자신과 우리 가정에 도전하는 것은 무엇인지 나누어 보세요.

엘리멜렉과 나오미는 유대 땅 베들레헴에 닥친 큰 흉년을 피해 모압 땅으로 이주하였습니다. 그런데 어느 날 엘리멜렉이 갑자기 죽게 되었고 10년이 지나서 두 아들 말론과 기룐도 죽고 말았습니다. 비극적인 상황을 경험한 후에 나오미는 흉년이 그쳤다는 소식을 듣고 모압을 떠나 유다 베들레헴으로 돌아가기로 작정하였습니다.

　이때 두 며느리는 나오미를 따르겠다고 하였지만 나오미는 그들에게 고향으로 돌아가라고 강권하였습니다. 그래서 작은며느리 오르바는 결국 고향으로 돌아갔지만 큰 며느리 룻은 나오미를 끝까지 따라가겠다고 작정하였습니다. 룻은 심판받을 땅이요 멸망 받을 이 세상을 상징하는 모압으로 가지 않고 하나님의 땅으로 갈 것을 믿음으로 선택한 것입니다.

　시어머니를 좇아 베들레헴에서 살게 된 룻은 나오미를 공양하기 위해 사랑의 마음으로 성실하게 이삭을 줍던 중 우연히, 마침 보아스를 만나게 되었고 아름다운 계대결혼을 통해 다윗의 증조모로서 신앙의 계보를 잇는 영광의 반열에 오르게 되었습니다. 인생을 살아가면서 해야 하는 수많은 선택 가운데 가장 중요한 선택은 바로 '믿음의 선택' 입니다. 약속의 말씀을 따르는 믿음의 선택으로 아름다운 가정을 이루시기를 바랍니다.

6. 함께 기도하기   마무리하며 함께 기도합니다

하나님 아버지! 날마다 주님의 사랑으로 우리들을 붙잡아 주시고 보살펴 주시니 감사합니다. 어렵고 힘든 곤경의 상황 속에서도 언제나 믿음을 택하고 사랑의 길로 나아갈 수 있는 용기와 담대함을 허락하여 주시옵소서. 그리하여 참으로 복되고 아름다운 인생의 열매를 맺는 우리 가정이 되게 하여 주시옵소서. 예수님의 이름으로 기도드립니다. (아멘)

7. 함께 축복하기   찬양하며 서로를 축복합니다

[우리에게 향하신]

오늘의 암송구절

> 어머니의 백성이 나의 백성이 되고 어머니의 하나님이 나의 하나님이
> 되시리니

우리집 가정예배 일지

일 시		참석자	
기도제목 · 응답내용			

PART 7

통일왕조시대

주의 종이 듣겠나이다

044

1. 함께 찬양하기

찬송가 200장

〈 달고 오묘한 그 말씀 〉

1) 달고 오묘한 그 말씀 생명의 말씀은
   귀한 그 말씀 진실로 생명의 말씀이
   나의 길과 믿음 밝히 보여주니
2) 귀한 주님의 말씀은 내 노래 되도다
   모든 사람을 살리는 생명의 말씀을
   값도 없이 받아 생명길을 가니
3) 널리 울리어 퍼지는 생명의 말씀은
   맘에 용서와 평안을 골고루 주나니
   다만 예수 말씀 듣고 복을 받네
(후렴) 아름답고 귀한 말씀 생명샘이로다
       아름답고 귀한 말씀 생명샘이로다

2. 함께 본문 읽기

사무엘상 3:1-9

(1) 아이 사무엘이 엘리 앞에서 여호와를 섬길 때에는 여호와의 말씀이 희
귀하여 이상이 흔히 보이지 않았더라 (2) 엘리의 눈이 점점 어두워 가서 잘

보지 못하는 그 때에 그가 자기 처소에 누웠고 (3) 하나님의 등불은 아직 꺼지지 아니하였으며 사무엘은 하나님의 궤 있는 여호와의 전 안에 누웠더니 (4) 여호와께서 사무엘을 부르시는지라 그가 대답하되 내가 여기 있나이다 하고 (5) 엘리에게로 달려가서 이르되 당신이 나를 부르셨기로 내가 여기 있나이다 하니 그가 이르되 나는 부르지 아니하였으니 다시 누우라 하는지라 그가 가서 누웠더니 (6) 여호와께서 다시 사무엘을 부르시는지라 사무엘이 일어나 엘리에게로 가서 이르되 당신이 나를 부르셨기로 내가 여기 있나이다 하니 그가 대답하되 내 아들아 내가 부르지 아니하였으니 다시 누우라 하니라 (7) 사무엘이 아직 여호와를 알지 못하고 여호와의 말씀도 아직 그에게 나타나지 아니한 때라 (8) 여호와께서 세 번째 사무엘을 부르시는지라 그가 일어나 엘리에게로 가서 이르되 당신이 나를 부르셨기로 내가 여기 있나이다 하니 엘리가 여호와께서 이 아이를 부르신 줄을 깨닫고 (9) 엘리가 사무엘에게 이르되 가서 누웠다가 그가 너를 부르시거든 네가 말하기를 여호와여 말씀하옵소서 주의 종이 듣겠나이다 하라 하니 이에 사무엘이 가서 자기 처소에 누우니라

3. 함께 생각하기   인도자가 읽어줍니다

사람들이 항상 북적이는 마을의 한 장터가 있었습니다. 이곳은 항상 웃음과 논쟁, 다양한 소리들로 가득 차 있었고 사람들은 언제나 바쁘게 움직였습니다. 마을의 현자였던 한 노인은 종종 장터를 방문해 사람들에게 교훈을 전하곤 하였습니다.

어느날 제자가 그에게 물었습니다. "스승님! 우리는 어떻게 이 많은 소음 속에서 가장 중요한 소리를 듣고 깨달음을 얻을 수 있나요?" 노인

은 미소를 지으며 말하였습니다. "여기 잠깐 와 보거라. 내가 하나의 실험을 하겠다." 그는 주머니에서 작은 동전을 꺼내어 장터의 한복판에 떨어뜨렸습니다. 짤랑거리는 미세한 소리가 울렸지만 장터의 소음 속에서 거의 들리지는 않았습니다. 그러나 그 순간 몇몇 사람들은 고개를 돌리며 동전이 떨어진 방향을 바라보았습니다.

이때 노인은 제자에게 말하였습니다. "삶은 장터와 같다. 시끄럽고 복잡한 환경 속에서도 너의 마음을 정원처럼 가꾸어 그 안의 소리를 찾으면 그곳에 늘 진실이 기다리고 있단다. 항상 진리를 찾고자 귀를 기울이면 모든 소음 속에서도 진리를 발견하고 깨달을 수 있단다." 그리스도인은 시끄럽고 복잡한 세속의 수많은 소리 속에서도 하나님의 뜻과 말씀에 집중하여 귀를 기울이며 순종하는 사람입니다.

4. 함께 관찰하기　성경 본문을 보며 빈칸을 채웁니다

① 아이 □□□이 엘리 앞에서 여호와를 섬길 때에는 여호와의 말씀이 □□하여 □□이 흔히 보이지 않았더라

② 하나님의 □□은 아직 꺼지지 아니하였으며 사무엘은 하나님의 □ 있는 □□□의 □ 안에 누웠더니

③ 엘리가 사무엘에게 이르되 가서 □□□□ 그가 너를 부르시거든 네가 말하기를 여호와여 □□□□□□ 주의 종이 □□□□□ 하라 하니 이에 사무엘이 가서 자기 □□에 누우니라

① 중요한 말을 놓쳐서 어려움을 겪었던 경험을 생각해 보고 말을 잘 듣는 것이 얼마나 중요한지 서로 나누어 봅시다.

② 사무엘은 들음의 사람이었는데 그가 하나님 앞에서 보여준 들음의 자세를 찾아보고 어떤 교훈을 받았는지 서로 나누어 봅시다.

사사시대 말기는 혼란스러웠고 도덕과 윤리가 땅에 떨어진 시대였습니다. 교육적으로도, 영적으로도 암울하였습니다. 이런 혼탁한 시대를 마감하고 새 역사를 시작하기 위하여 하나님은 한 인물을 선택하셨는데 그가 바로 사무엘입니다. 그런데 사무엘이 하나님께 쓰임 받게 된 가장 중요한 이유는 사무엘이 '들음의 사람' 이었기 때문입니다.

사무엘이 열두 살쯤 되었을 때 여호와의 전에서 하나님을 섬기고 있던 어느 날 하나님께서 사무엘을 부르셨습니다. 사무엘은 엘리 제사장이 부르는 줄 알고 그에게로 갔지만 엘리는 부르지 않았다고 하였습니다. 이런 일이 세 번째 반복되자 엘리는 하나님께서 사무엘을 부르시는 줄을 깨닫고 사무엘에게 응답하라고 일러주었습니다. 마침내 하나님께서 사무엘을 다시 부르셨을 때에 사무엘은 "말씀하옵소서. 주의 종이 듣겠나이다"라고 응답하였습니다.

이렇게 사무엘이 하나님의 음성을 듣고 하나님 앞에 섰을 때 하나님은 엘리 제사장의 집과 이스라엘 민족에게 일어날 일들에 대해 다 알려주셨습니다. 신앙은 들음의 사건이며 들음은 곧 순종입니다. 하나님은 우리의 간구를 들으시는 분이신데 반대로 우리도 하나님의 음성을 잘

들어야 합니다. 이제부터 우리의 소리를 들으시는 하나님께 간구하여 응답받고 또 하나님께서 말씀하실 때 잘 듣는 믿음의 사람이 됩시다.

6. 함께 기도하기   마무리하며 함께 기도합니다

사랑의 하나님 아버지! 날마다 저희의 기도를 들어주시고 응답하여 주셔서 감사를 드립니다. 요즘 우리가 살아가는 세상이 매우 혼란스럽고 어지럽습니다. 그래도 우리는 하나님의 말씀을 잘 듣고 그 말씀에 순종하며 살아가게 해 주옵소서. 그래서 하나님께 영광을 올려드리는 우리 가정이 되게 하여 주옵소서. 예수님의 이름으로 기도드립니다. (아멘)

7. 함께 축복하기   찬양하며 서로를 축복합니다

[우리에게 향하신]

오늘의 암송구절

사무엘상 3:9

엘리가 사무엘에게 이르되 가서 누웠다가 그가 너를 부르시거든 네가 말하기를 여호와여 말씀하옵소서 주의 종이 듣겠나이다 하라 하니 이에 사무엘이 가서 자기 처소에 누우니라

우리집 가정예배 일지

일 시		참석자	
기도제목 · 응답내용			

벤세메스 길로 바로 행하니라

045

1. 함께 찬양하기   찬송가 213장

〈 나의 생명 드리니 〉

1) 나의 생명 드리니 주여 받아주셔서
   세상 살아갈 동안 찬송하게 하소서
2) 손과 발을 드리니 주여 받아주셔서
   주의 일을 위하여 민첩하게 하소서
3) 나의 음성 드리니 주여 받아주셔서
   주의 진리 말씀만 전파하게 하소서
4) 나의 보화 드리니 주여 받아주셔서
   하늘나라 위하여 주 뜻대로 쓰소서
5) 나의 시간 드리니 주여 받아주셔서
   평생토록 주 위해 봉사하게 하소서 (아멘)

2. 함께 본문 읽기   사무엘상 6:10-16

(10) 그 사람들이 그같이 하여 젖 나는 소 둘을 끌어다가 수레를 메우고 송
   아지들은 집에 가두고
(11) 여호와의 궤와 및 금 쥐와 그들의 독종의 형상을 담은 상자를 수레 위

에 실으니

(12) 암소가 벧세메스 길로 바로 행하여 대로로 가며 갈 때에 울고 좌우로 치우치지 아니하였고 블레셋 방백들은 벧세메스 경계선까지 따라 가니라

(13) 벧세메스 사람들이 골짜기에서 밀을 베다가 눈을 들어 궤를 보고 그 본 것을 기뻐하더니

(14) 수레가 벧세메스 사람 여호수아의 밭 큰 돌 있는 곳에 이르러 선지라 무리가 수레의 나무를 패고 그 암소들을 번제물로 여호와께 드리고

(15) 레위인은 여호와의 궤와 그 궤와 함께 있는 금 보물 담긴 상자를 내려다가 큰 돌 위에 두매 그 날에 벧세메스 사람들이 여호와께 번제와 다른 제사를 드리니라

(16) 블레셋 다섯 방백이 이것을 보고 그 날에 에그론으로 돌아갔더라

 ## 3. 함께 생각하기   인도자가 읽어줍니다

   2006년 1월, 군의관으로 복무 중이던 33세의 한 청년의사가 예기치 못한 병으로 세상을 떠났습니다. 지금도 많은 사람들에게 '참 의사'로 기억되는 고(故) 안수현 씨입니다. 그는 비록 짧은 삶을 살았지만 묵묵히 주님의 뒤를 따라 섬김과 희생의 삶을 살았던 사람입니다.

   그는 바쁜 인턴, 레지던트 시절에도 자신의 돈과 시간의 대부분을 남을 위해 썼습니다. 돈이 없어 검사를 받지 못하는 조선족 할아버지의 검사비를 대신 내주고, 모든 병원 일과가 끝나면 지친 몸을 이끌고 자신이 돌보는 환자들을 찾아가서 잠들어 있는 그들의 머리맡에 앉아 병이 낫기를 간절히 기도하였습니다. 소망이 없다고 생각하며 실의에 빠진 암 환자들의 말동무가 되어주었고, 그들에게 좋은 책과 찬양 테이프를 선

물하며 위로하였습니다. 그의 장례식에 4천 명이 넘는 많은 조문객이 빈소를 찾아왔는데 병원 매점 아주머니, 구두 닦는 아저씨, 방사선 기사 등 모두 병원에서 그의 사랑과 도움을 받았던 사람들이었습니다.

「그 청년 바보의사」를 쓴 작가는 그의 삶을 이렇게 평가했습니다. "그는 어디를 가나 하나님께 속해 있음을 당당히 드러냈습니다. 글을 쓸 때, 사람을 만날 때, 무얼 먹거나 마실 때도 그는 한결같이 크리스천이었습니다. 예수님을 믿는 것이 알려지면 불이익을 받을 것이 확실해도 그는 거리낌이 없었습니다. 그는 마치 오직 예수님의 영광을 위해 한 방향으로 순종하며 걸어가는 순례자와 같았습니다." 우리도 주님의 말씀에 순종하며 묵묵히 주님의 길을 걸어가야 하겠습니다.

4. 함께 관찰하기   성경 본문을 보며 빈칸을 채웁니다

① 그 사람들이 그같이 하여 □ 나는 □ 둘을 끌어다가 □□를 메우고 □□□들은 집에 가두고

② 암소가 □□□□ 길로 바로 행하여 □□로 가며 갈 때에 울고 □□로 치우치지 아니하였고 블레셋 방백들은 □□□ □ 경계선까지 따라 가니라

③ □□가 벤세메스 사람 □□□□의 밭 큰 돌 있는 곳에 이르러 선지라 무리가 □□의 나무를 패고 그 암소들을 □□□로 여호와께 드리고

5. 함께 나누기   질문에 따라 묵상한 내용을 나눕니다

① 누군가의 섬김과 희생을 통해 큰 도움과 은혜를 입었던 적을 생각해 보고 그때 어떤 마음이 들었는지 서로 나눠봅시다.

② 벧세메스로 가는 소는 섬기러 오신 예수님을 예표합니다. 우리도 어떻게 하면 예수님처럼 섬기며 살 수 있을지 서로 나눠봅시다.

사사시대 말엽에 이스라엘은 블레셋과의 전쟁에서 크게 패하였고 언약궤마저 빼앗기고 말았습니다. 그런데 언약궤가 블레셋으로 넘어간 이후 그 지역에 재앙이 닥쳤습니다. 그들은 언약궤를 자신들의 신 다곤 신전에 두었는데 그 신상이 하나님의 언약궤 앞에 부서져 엎드러졌고 언약궤가 가는 곳마다 무서운 독종의 재앙이 나타났습니다. 블레셋 사람들은 큰 두려움에 빠졌고, 결국 언약궤를 본래 있던 곳으로 돌려보내기로 작정하였습니다.

블레셋 방백들은 새 수레를 만들어 거기에 언약궤를 싣고 한 번도 멍에를 메어보지 않은 암소 두 마리가 끌고 벧세메스로 가게 하였습니다. 만약에 이 소들이 벧세메스로 향하면 지금 우리가 당한 재앙이 하나님이 내린 재앙이요, 다른 길로 가면 우연히 당한 재앙으로 생각하자는 것이었습니다. 이런 중에 이 소들은 좌우로 치우치지 않고 울면서라도 대로로 행하여 끝까지 벧세메스로 올라갔고 이방 땅에서까지 하나님의 영광을 드러내었습니다. 그리고 벧세메스에 도착한 소들은 자기들이 끌고 온 수레를 패서 만든 제단 위에서 피 흘려 번제로 드려졌습니다.

벧세메스로 가는 소는 우리 예수님을 예표하고 있습니다. 예수님은 하늘 영광 버리시고 우리 가운데 오사 끝까지 십자가의 길을 걸어가셔서 스스로 희생제물이 되심으로 우리에게 구원을 허락해 주셨습니다. 예수님의 길을 걸어갈 때 우리도 가장 고귀하고 아름다운 인생을 살아갈 수 있습니다.

6. 함께 기도하기   마무리하며 함께 기도합니다

하나님 아버지! 죄인 된 우리에게 예수님을 보내주셔서 예수님의 희생을 통해 우리를 구원해 주시고 하나님의 자녀로 삼아주시니 참 감사합니다. 언제나 이 은혜를 잊지 않고 모든 일에 감사하며 살아가게 하시고, 우리도 예수님처럼 희생하고 은혜를 베풀며 살아가게 하옵소서. 예수님의 이름으로 기도드립니다. (아멘)

7. 함께 축복하기   찬양하며 서로를 축복합니다

[우리에게 향하신]

오늘의 암송구절 사무엘상 6:12

암소가 벧세메스 길로 바로 행하여 대로로 가며 갈 때에 울고 좌우로 치우치지 아니하였고 블레셋 방백들은 벧세메스 경계선까지 따라 가니라

우리집 가정예배 일지

일 시		참석자	
기도제목 · 응답내용			

>> 실패한 사울 삼상 15:17-23

순종이 제사보다 나으니라

046

 ## 1. 함께 찬양하기

찬송가 449장

〈 예수 따라가며 〉

1) 예수 따라가며 복음 순종하면 우리 행할 길 환하겠네
주를 의지하며 순종하는 자를 주가 늘 함께 하시리라
2) 해를 당하거나 우리 고생할 때 주가 위로해 주시겠네
주를 의지하며 순종하는 자를 주가 안위해 주시리라
3) 남의 짐을 지고 슬픔 위로하면 주가 상급을 주시겠네
주를 의지하며 순종하는 자를 항상 복 내려 주시리라
(후렴) 의지하고 순종하는 길은 예수 안에 즐겁고 복된 길이로다

 ## 2. 함께 본문 읽기

사무엘상 15:19-23

(19) 어찌하여 왕이 여호와의 목소리를 청종하지 아니하고 탈취하기에만 급
하여 여호와께서 악하게 여기시는 일을 행하였나이까
(20) 사울이 사무엘에게 이르되 나는 실로 여호와의 목소리를 청종하여 여
호와께서 보내신 길로 가서 아말렉 왕 아각을 끌어 왔고 아말렉 사람
들을 진멸하였으나
(21) 다만 백성이 그 마땅히 멸할 것 중에서 가장 좋은 것으로 길갈에서 당

306 ᅵ 따라하기만 해도 복을 받는 가정예배

신의 하나님 여호와께 제사하려고 양과 소를 끌어 왔나이다 하는지라

(22) 사무엘이 이르되 여호와께서 번제와 다른 제사를 그의 목소리를 청종하는 것을 좋아하심 같이 좋아하시겠나이까 순종이 제사보다 낫고 듣는 것이 숫양의 기름보다 나으니

(23) 이는 거역하는 것은 점치는 죄와 같고 완고한 것은 사신 우상에게 절하는 죄와 같음이라 왕이 여호와의 말씀을 버렸으므로 여호와께서도 왕을 버려 왕이 되지 못하게 하셨나이다 하니

3. 함께 생각하기　　　　인도자가 읽어줍니다

'위클리프 성경번역선교회'라는 단체가 있습니다. 신앙이 투철할 뿐만 아니라 하나님께서 어학에 특별한 달란트를 주신 사람들로 구성된 선교기관입니다. 이 선교기관에서는 남미나 아프리카의 작은 부족들이 모여 사는 곳, 특별히 말은 있어도 글이 없는 주민들을 위하여 그들이 사용하는 언어로 성경을 번역해 주는 일을 하고 있습니다.

이 단체에 소속된 한 선교사가 남미의 고립된 어떤 마을에 들어가서 사역을 하게 되었는데 그들을 위해 성경을 번역하다가 그들의 언어로 '순종'이라는 단어를 어떻게 번역할 것인가 하는 고민에 빠지게 되었습니다.

그러던 어느 날, 어떤 아버지가 아들에게 심부름을 시키는 장면을 목격하게 되었습니다. 아버지는 아들에게 일을 시키면서 꼭 해야 된다는 뜻의 말을 계속 반복하였습니다. 아버지는 아들에게 "이 일을 꼭 해야 된다. 네 모든 마음으로!"라고 거듭 말하였습니다. 그뿐만 아니라 심부름을 떠나는 아들 뒤에서 아버지는 다시 한번 소리쳤습니다.

"네 마음을 나누지 마라."

이 일을 목격한 선교사는 '순종'이라는 단어를 '마음을 나누지 않고 모든 마음으로 따라가는 것'이라고 길게 번역했다는 일화가 있습니다. 순종은 "마음을 여러 갈래로 나누지 않고 모든 마음으로 온전히 따라가는 것"입니다. 이기적 욕심에 마음을 빼앗기지 않고 하나님께서 말씀하신 그대로 온전히 따라가는 것이 바로 진정한 순종입니다.

4. 함께 관찰하기   성경 본문을 보며 빈칸을 채웁니다

① 어찌하여 왕이 여호와의 □□□를 □□하지 아니하고 □□하기에만 급하여 여호와께서 □하게 □□□□□ □을 행하였나이까

② 사무엘이 이르되 여호와께서 □□와 다른 제사를 그의 □□□를 □□하는 것을 좋아하심 같이 좋아하시겠나이까 □□이 □□보다 낫고 □□ □이 숫양의 □□보다 나으니

③ 왕이 여호와의 □□을 버렸으므로 여호와께서도 □을 버려 □이 되지 못하게 하셨나이다 하니

5. 함께 나누기   질문에 따라 묵상한 내용을 나눕니다

① 지난날을 돌이켜 볼 때 어리석고 교만한 행동으로 인하여 하나님께 불순종한 일을 생각해 보고 서로 고백해 봅시다.

② 예수님의 순종으로 우리는 생명과 구원을 얻었습니다. 이 사실을 통해 얻을 수 있는 은혜의 교훈에 대하여 함께 나누어 봅시다.

사무엘을 통하여 기름 부어 세운 사울이 왕이 되기 전에는 아버지의 말씀에 순종할 줄도 알았고 스스로의 미약함을 고백할 줄도 아는 겸손한 사람이었으나, 왕이 된 후부터 그는 변질되고 말았습니다. 그는 아름다운 것을 아름답게 지켜내지 못한 사람이었습니다.

사울은 블레셋과의 전쟁에서 제사제도를 주술적으로 이용하는 과오를 저질렀고, 사무엘이 드려야 할 번제와 화목제를 자신이 대신함으로써 제사장의 영적 권위를 침범하였습니다. 이때에 사무엘은 '사칼' 곧 왕이 망령되이 행하였다고 책망하였고 이 일로 말미암아 사울은 왕위를 잃어버릴 것이라고 선포하였습니다.

또한 아멜렉과의 전쟁에서 모든 대적을 멸하라는 하나님의 명령에 불순종하여 그릇된 욕심으로 노략물을 가져온 사울을 향해 사무엘은 "순종이 제사보다 낫고 듣는 것이 숫양의 기름보다 낫다"는 선포를 하였고 하나님이 바라시는 것은 오직 청종하는 마음이라고 알려주었습니다. 결국 사울은 불순종함으로 왕위를 잃어버렸을 뿐만 아니라 온갖 정신병에 시달렸고 마침내는 블레셋과의 전쟁에서 스스로 목숨을 끊고 말았습니다. 우리가 하나님께 불순종하면 결단코 행복한 인생을 살 수 없음을 알아야 합니다. 하나님의 말씀에 잘 순종하여 하나님께서 베풀어 주시는 아름다운 복을 누리며 살아가는 성도들이 되시기를 바랍니다.

6. 함께 기도하기

마무리하며 함께 기도합니다

우리를 사랑하시어 늘 축복의 길을 깨닫게 하시는 아버지 하나님 참 감사합니다. 사울의 불순종과 그 결국을 교훈삼아 하나님께 온전히 순종하여 생명의 길로 걸어가는 우리 가정이 되게 하여 주시옵소서. 선하고 복된 올람 길을 걸어감으로 반드시 그 끝에 있는 하나님의 나라에 이르게 하여 주시옵소서. 예수님의 이름으로 기도드립니다. (아멘)

7. 함께 축복하기

찬양하며 서로를 축복합니다

[우리에게 향하신]

사무엘이 이르되 여호와께서 번제와 다른 제사를 그의 목소리를 청종하는 것을 좋아하심 같이 좋아하시겠나이까 순종이 제사보다 낫고 듣는 것이 숫양의 기름보다 나으니

우리집 가정예배 일지

일 시		참석자	
기도제목 · 응답내용			

전쟁은 여호와께 속하였느니라

047

1. 함께 찬양하기

찬송가 357장

〈 주 믿는 사람 일어나 〉

1) 주 믿는 사람 일어나 다 힘을 합하여
　　이 세상 모든 마귀를 다 쳐서 멸하세
　　저 앞에 오는 적군을 다 싸워 이겨라
　　주 예수 믿는 힘으로 온 세상 이기네

2) 온 인류 마귀 궤휼로 큰 죄에 빠지니
　　진리로 띠를 띠고서 늘 기도드리세
　　참 믿고 의지하면서 겁 없이 나갈 때
　　주 예수 믿는 힘으로 온 세상 이기네

후렴) 믿음이 이기네 믿음이 이기네
　　　주 예수를 믿음이 온 세상 이기네

2. 함께 본문 읽기

사무엘상 17:43-49

(43) 블레셋 사람이 다윗에게 이르되 네가 나를 개로 여기고 막대기를 가지
　　고 내게 나아왔느냐 하고 그의 신들의 이름으로 다윗을 저주하고

(44) 그 블레셋 사람이 또 다윗에게 이르되 내게로 오라 내가 네 살을 공중

의 새들과 들짐승들에게 주리라 하는지라

(45) 다윗이 블레셋 사람에게 이르되 너는 칼과 창과 단창으로 내게 나아오거니와 나는 만군의 여호와의 이름 곧 네가 모욕하는 이스라엘 군대의 하나님의 이름으로 네게 나아가노라

(46) 오늘 여호와께서 너를 내 손에 넘기시리니 내가 너를 쳐서 네 목을 베고 블레셋 군대의 시체를 오늘 공중의 새와 땅의 들짐승에게 주어 온 땅으로 이스라엘에 하나님이 계신 줄 알게 하겠고

(47) 또 여호와의 구원하심이 칼과 창에 있지 아니함을 이 무리에게 알게 하리라 전쟁은 여호와께 속한 것인즉 그가 너희를 우리 손에 넘기시리라

(48) 블레셋 사람이 일어나 다윗에게로 마주 가까이 올 때에 다윗이 블레셋 사람을 향하여 빨리 달리며

(49) 손을 주머니에 넣어 돌을 가지고 물매로 던져 블레셋 사람의 이마를 치매 돌이 그의 이마에 박히니 땅에 엎드러지니라

3. 함께 생각하기   인도자가 읽어줍니다

제1차 세계대전 말기에 영국의 경건한 기독교인이었던 에드먼드 알렌비(Edmund Allenby) 대장이 이슬람교도들인 터키 군으로부터 예루살렘을 탈환할 때의 일입니다. 그는 예루살렘이 하나님의 거룩한 성임을 생각하고는 그곳에서 피 흘리기를 원치 않았습니다. 그는 공격 결정을 유보하였고 영국 왕은 알렌비 대장에게 기도하고 하나님을 신뢰하며 주의 뜻을 기다리라고 명령하였습니다.

한편 예루살렘 성안의 터키 병사들은 자신들을 공격하러 온 알렌비 대장이 성을 포위한 채 공격은 하지 않자 공포를 느끼기 시작하였습니

다. 더군다나 '알렌비'라는 말은 터키 말로 '하나님이 대항하신다', '하나님이 저주하신다'라는 뜻이었기 때문에 그들은 더욱 큰 두려움에 빠지게 되었습니다.

결국 터키군은 알렌비 군대에 전의를 상실하고 예루살렘 성문을 열고 무조건 항복하였습니다. 이렇게 해서 영국군은 총 한번 쏘지 않고 전쟁에서 승리하게 되었고 모자를 벗어 들고 찬송하면서 예루살렘 성에 입성하였습니다. 전쟁은 칼과 창에 의해 결정되는 것이 아니라 하나님께 속한 것입니다. 이 믿음이 우리를 승리하게 합니다. 하나님을 신뢰하는 믿음으로 날마다 영적 싸움에서 승리하시기를 바랍니다.

 ## 4. 함께 관찰하기 성경 본문을 보며 빈칸을 채웁니다

① 다윗이 블레셋 사람에게 이르되 너는 ☐과 ☐과 ☐☐으로 내게 나아 오거니와 나는 만군의 ☐☐☐의 ☐☐ 곧 네가 모욕하는 이스라엘 군대의 ☐☐☐의 ☐☐으로 네게 나아 가노라

② 또 여호와의 ☐☐☐☐이 칼과 창에 있지 아니함을 이 무리에게 알게 하리라 ☐☐은 ☐☐☐께 속한 것인즉 그가 너희를 ☐☐ ☐☐에 넘기시리라

③ 손을 주머니에 넣어 ☐을 가지고 ☐☐로 던져 블레셋 사람의 ☐☐를 치매 ☐이 그의 ☐☐에 박히니 땅에 엎드러지니라

5. 함께 나누기 질문에 따라 묵상한 내용을 나눕니다

① 지금 내 삶에 골리앗과 같이 큰 두려움과 염려를 주는 것에 대하여 생각해 보고 함께 나누어 봅시다.

② 골리앗에 대항하는 다윗의 말들(45~47절) 중에서 나에게 가장 큰 영감을 주는 말을 생각해 보고 서로 나누어 봅시다.

사울이 하나님을 거역하고 불순종하였을 때 결국 그는 버림받을 수밖에 없었고 하나님은 사무엘을 베들레헴에 사는 이새의 집으로 보내 다윗에게 기름을 부었습니다. 이날 이후로 다윗은 여호와의 영에 크게 감동되었고, 반대로 사울에게서는 여호와의 영이 떠나버렸습니다.

이후에 블레셋이 전쟁을 일으켰고 이스라엘과 블레셋 군대는 엘라 골짜기에서 서로 대치하였습니다. 이때 블레셋 진영에서 싸움을 돋우는 자인 골리앗이 나왔습니다. 골리앗은 키가 2m 80cm가 넘는 엄청난 거인이었습니다. 그가 쩌렁쩌렁한 목소리로 크게 외쳤을 때 사울과 이스라엘 군대는 크게 두려워하며 벌벌 떨 수밖에 없었습니다.

그런데 바로 이러한 절체절명의 순간에 다윗은 아버지의 심부름으로 형들을 찾았다가 골리앗의 모습을 보았고 그가 이스라엘 군대를 위협하는 것을 들었습니다. 다윗은 마음속에 의분이 일어나 "너는 칼과 창과 단창으로 내게 나아 오거니와 나는 만군의 여호와의 이름 곧 네가 모욕하는 이스라엘 군대의 하나님의 이름으로 네게 나아가노라"고 외치면서 물맷돌을 날려 골리앗을 넘어뜨리고 승리하였습니다.

이렇게 다윗이 승리할 수 있었던 것은 그가 하나님을 무한 신뢰했기 때문입니다. 이처럼 전쟁은 여호와께 속한 것이고 하나님을 신뢰하는 것이 참된 승리의 비결입니다. 인생에서 골리앗을 만날 때마다 하나님을 신뢰하며 날마다 승리의 삶을 살아가시기 바랍니다.

6. 함께 기도하기   마무리하며 함께 기도합니다

사랑하는 하나님 아버지! 오늘도 인생의 싸움에서 승리할 수 있는 비결을 알려주시니 감사합니다. 우리의 삶에 골리앗과 같은 역경이 찾아올 때가 있지만 다윗과 같이 하나님을 굳게 신뢰함으로 하나님의 이름으로 날마다 승리하는 우리 가정이 되게 하여 주시옵소서. 예수님의 이름으로 기도드립니다. (아멘)

7. 함께 축복하기   찬양하며 서로를 축복합니다

[우리에게 향하신]

오늘의 암송구절

사무엘상 17:47

또 여호와의 구원하심이 칼과 창에 있지 아니함을 이 무리에게 알게 하리라 전쟁은 여호와께 속한 것인즉 그가 너희를 우리 손에 넘기시리라

우리집 가정예배 일지

일 시		참석자	
기도제목 · 응답내용			

그의 나라를 견고하게 하리라

048

1. 함께 찬양하기　　　찬송가 114장

〈 그 어린 주 예수 〉

1) 그 어린 주 예수 눌 자리 없어 그 귀하신 몸이 구유에 있네
　저 하늘 별들이 반짝이는데 그 어린 주 예수 꼴 위에 자네
2) 저 육축 소리에 아기 잠 깨나 그 순하신 예수 우시지 않네
　그 귀한 예수를 나 사랑하니 새 날이 밝도록 함께하소서
3) 주 예수 내 곁에 가까이 계셔 그 한 없는 사랑 늘 베푸시고
　온 세상 아기들 다 품어주사 주 품 안에 안겨 살게 하소서 (아멘)

2. 함께 본문 읽기　　　사무엘하 7:8-13

(8) 그러므로 이제 내 종 다윗에게 이와 같이 말하라 만군의 여호와께서 이
　와 같이 말씀하시기를 내가 너를 목장 곧 양을 따르는 데에서 데려다가
　내 백성 이스라엘의 주권자로 삼고
(9) 네가 가는 모든 곳에서 내가 너와 함께 있어 네 모든 원수를 네 앞에서
　멸하였은즉 땅에서 위대한 자들의 이름 같이 네 이름을 위대하게 만들
　어 주리라
(10) 내가 또 내 백성 이스라엘을 위하여 한 곳을 정하여 그를 심고 그를 거

주하게 하고 다시 옮기지 못하게 하며 악한 종류로 전과 같이 그들을 해하지 못하게 하여

(11) 전에 내가 사사에게 명령하여 내 백성 이스라엘을 다스리던 때와 같지 아니하게 하고 너를 모든 원수에게서 벗어나 편히 쉬게 하리라 여호와 가 또 네게 이르노니 여호와가 너를 위하여 집을 짓고

(12) 네 수한이 차서 네 조상들과 함께 누울 때에 내가 네 몸에서 날 네 씨를 네 뒤에 세워 그의 나라를 견고하게 하리라

(13) 그는 내 이름을 위하여 집을 건축할 것이요 나는 그의 나라 왕위를 영 원히 견고하게 하리라

 ## 3. 함께 생각하기 　　　　인도자가 읽어줍니다

1982년 호주 브리즈번에서 목사의 아들로 태어난 닉 부이치치는 테 트라-아멜리아 신드롬(Tetra-Amelia syndrom)으로 팔다리가 없이 태어났습니다. 그는 자신의 남다른 몸에 절망하여 여덟 살 즈음에 자살 을 시도하기도 했지만 이후 복음을 전해 듣고 완전히 변화되어 지금은 절망에 빠진 이들에게 희망을 전파하는 메신저로 살아가고 있습니다.

닉 부이치치는 신체적인 불편함을 이겨내며, 대학에서 회계학과 재 무관리를 복수 전공하였습니다. 그뿐만이 아니라 '사지 없는 삶'(Life without Limbs)이라는 장애인 비영리 단체를 만들었고 4개 대륙 12개 국 이상을 다니며 생명과 희망을 전하고 있습니다. 그는 이렇게 말하였 습니다. "여러분 절대로 포기하지 마세요. 하나님은 당신의 그 모습 그 대로를 사랑하시며 하나님의 놀라운 계획이 여러분 안에 있답니다. 사 탄은 끊임없이 절망의 생각을 주지만, 하나님께서는 성경을 통해 우리

가 신묘막측한 존재이며 결국에는 형통하게 될 것이라는 참된 희망을 주십니다."

닉 부이치치는 자신의 강연을 듣고 예수님을 영접하고자 하는 이들을 단상으로 불러들이는데 매번 손을 들고 나오는 사람이 어림잡아 2백 명이 넘는다고 합니다. 그는 절망하고 삶을 포기할 수도 있었지만 예수님 안에서 놀라운 하나님의 사랑을 발견하였고 자신을 향한 약속을 굳게 붙들었습니다. 이처럼 극심한 환난과 역경 속에서도 끝까지 하나님의 약속을 붙드는 믿음은 마침내 아름다운 열매를 맺게 되는 것입니다.

4. 함께 관찰하기 성경 본문을 보며 빈칸을 채웁니다

① 네가 가는 □□ 곳에서 내가 너와 함께 있어 네 모든 □□를 네 앞에서 멸하였은즉 땅에서 □□□ 자들의 □□ 같이 네 □□을 □□하게 만들어 주리라

② 네 □□이 차서 네 조상들과 함께 누울 때에 내가 네 □에서 날 네 □를 네 뒤에 세워 그의 □□를 견고하게 하리라

③ 그는 내 □□을 위하여 □을 건축할 것이요 나는 그의 나라 □□를 영원히 견고하게 하리라

5. 함께 나누기   질문에 따라 묵상한 내용을 나눕니다

① 살아오면서 지금까지 하나님의 분에 넘치는 사랑의 증거로 여겨지는
경험이나 사건들을 생각해 보고 서로 나누어 봅시다.

② 하나님의 구원 역사의 주인공이 되었던 다윗처럼 우리도 아름답게 쓰
임받는 삶을 살기를 사모하며 서로 축복하는 시간을 가집시다.

하나님께서는 거역하고 불순종하는 사울을 폐하시고 하나님의 마음
에 합한 다윗을 이스라엘의 새 왕으로 세우셨습니다. 다윗은 하나님의
섭리로 수많은 반대 세력과 시련을 이겨내고 마침내 통일 이스라엘의
왕으로 즉위하였습니다. 왕이 된 후에도 오직 여호와 신앙에 순결하였
던 다윗에게 하나님께서는 영원한 왕권을 약속하시는 '다윗 계약'을
체결해 주셨습니다.

다윗 계약은 하나님께서 다윗에게 일방적으로 체결해주신 은혜 계약
인데 그 핵심은 다음 네 가지로 요약할 수 있습니다. 첫째는 다윗을 이
스라엘의 주권자로 삼고 그 이름을 위대하게 만들어주시고, 둘째는 다
윗의 후손을 한 곳에 심고 거주하게 하며 평안하게 하시고, 셋째는 다
윗의 후손을 세워 그의 나라와 왕위를 견고하게 하시고, 넷째는 다윗의
후손은 하나님의 아들이 되고 하나님은 그들의 아버지가 되어주시며
범죄시 징계는 하지만 그 위는 결단 빼앗지는 않겠다는 약속입니다.

하나님은 다윗 계약을 통해 구원의 역사를 이루어가기를 원하셨습니
다. 비록 BC 586년 예루살렘의 멸망으로 인해 다윗 왕조는 외면상 사
라졌지만 다윗의 후손이신 예수님께서 영적 이스라엘인 교회의 머리가

되셨으며 장차 하나님의 영원한 신정 왕국인 천국에서 영원토록 자기 백성을 다스리실 것입니다. 다윗처럼 우리도 하나님의 구속사에 쓰임 받는 놀라운 은혜와 사랑을 누리는 성도들이 꼭 되어야 하겠습니다.

6. 함께 기도하기   마무리하며 함께 기도합니다

하나님 아버지! 날마다 놀라운 사랑과 은혜로 우리 가정을 인도하여 주시니 감사합니다. 세상에는 여전히 하나님을 업신여기고 배반하는 사울의 길을 가는 이들이 많지만, 우리 가정은 오직 하나님만 사랑하며 섬기는 다윗의 길을 걸어가서 하나님께 쓰임받는 가정이 되게 하여 주시옵소서. 예수님의 이름으로 기도드립니다. (아멘)

7. 함께 축복하기   찬양하며 서로를 축복합니다

[우리에게 향하신]

오늘의 암송구절

사무엘하 7:9

네가 가는 모든 곳에서 내가 너와 함께 있어 네 모든 원수를 네 앞에서 멸하였은즉 땅에서 위대한 자들의 이름 같이 네 이름을 위대하게 만들어 주리라

우리집 가정예배 일지

일 시		참석자	
기도제목 · 응답내용			

>> 다윗의 범죄와 회개   삼하 12:7-15a

내가 여호와께
죄를 범하였노라

049

1. 함께 찬양하기

찬송가 280장

〈 천부여 의지 없어서 〉

1) 천부여 의지 없어서 손들고 옵니다
   주 나를 외면하시면 나 어디 가리까
2) 전부터 계신 주께서 영 죽을 죄인을
   보혈로 구해주시니 그 사랑 한없네
3) 나 예수 의지함으로 큰 권능 받아서
   주님께 구한 모든 것 늘 얻겠습니다
(후렴) 내 죄를 씻기 위하여 피 흘려주시니
   곧 회개하는 맘으로 주 앞에 옵니다

2. 함께 본문 읽기

사무엘하 12:9-15a

(9) 그러한데 어찌하여 네가 여호와의 말씀을 업신여기고 나 보기에 악을
    행하였느냐 네가 칼로 헷 사람 우리아를 치되 암몬 자손의 칼로 죽이고
    그의 아내를 빼앗아 네 아내로 삼았도다
(10) 이제 네가 나를 업신여기고 헷 사람 우리아의 아내를 빼앗아 네 아내로
    삼았은즉 칼이 네 집에서 영원토록 떠나지 아니하리라 하셨고

(11) 여호와께서 또 이와 같이 이르시기를 보라 내가 너와 네 집에 재앙을 일으키고 내가 네 눈앞에서 네 아내를 빼앗아 네 이웃들에게 주리니 그 사람들이 네 아내들과 더불어 백주에 동침하리라

(12) 너는 은밀히 행하였으나 나는 온 이스라엘 앞에서 백주에 이 일을 행하리라 하셨나이다 하니

(13) 다윗이 나단에게 이르되 내가 여호와께 죄를 범하였노라 하매 나단이 다윗에게 말하되 여호와께서도 당신의 죄를 사하셨나니 당신이 죽지 아니하려니와

(14) 이 일로 말미암아 여호와의 원수가 크게 비방할 거리를 얻게 하였으니 당신이 낳은 아이가 반드시 죽으리이다 하고 (15) 나단이 자기 집으로 돌아가니라

 ## 3. 함께 생각하기 인도자가 읽어줍니다

120년 전 한반도는 일제의 침략 야욕으로 풍전등화와 같은 어려움 속에 있었습니다. 의지할 곳 없던 조선 백성들에게 선교사들이 외친 복음의 메시지는 큰 위안이 되었습니다. 그러나 선교사들 중 일부는 조선 백성들의 믿음을 의심하였고 심지어 업신여기기도 하였습니다. 1903년 여자 선교사들 중심의 성경공부 모임에서 하디(R. A. Hardie) 선교사는 자신이 지금껏 조선 사람들을 우습게 여겼다며 회개하였습니다. 그 고백이 도화선이 되어 삽시간에 성경공부모임은 선교사들의 회개기도 시간이 되었습니다. 이후 회개 운동은 교회에서 교회로 전파되어 나갔습니다.

그런 분위기 속에서 1907년 평양 장대현교회의 신년 사경회가 열렸

습니다. 사경회 강사였던 길선주 목사님은 설교 중에 자신이 친구의 유언을 지키지 않고 친구의 부인을 속였다는 사실을 고백하고 회개하였습니다. 그러자 예배당 여기저기서 자기의 죄를 회개하는 성도들의 통곡소리가 울려퍼졌습니다. 사람들은 너나없이 마음속 깊이 숨겨두었던 죄를 꺼냈고 하나님께 회개하였습니다. 그야말로 회개의 눈물이 바다를 이루었습니다. 장대현교회에서 시작된 회개 운동은 평양의 모든 교회에 전해졌고 전국으로 확산되어 한국교회의 영적대각성을 이끌었습니다. 훗날 이 회개 운동은 '한국의 오순절'이라는 명칭을 얻게 되었고 세계교회 역사 속에 사도행전 이후 가장 강력한 성령의 역사로 기록되었으며 한국교회의 성장에 귀중한 밑거름이 되었습니다.

4. 함께 관찰하기 성경 본문을 보며 빈칸을 채웁니다

① 그러한데 어찌하여 네가 여호와의 말씀을 ☐☐ 여기고 나 보기에 ☐을 행하였느냐 네가 칼로 헷 사람 우리아를 치되 ☐☐ ☐☐의 ☐로 죽이고 그의 아내를 빼앗아 네 ☐☐로 삼았도다

② 이제 네가 나를 ☐☐ 여기고 ☐ 사람 ☐☐☐의 아내를 빼앗아 네 ☐☐로 삼았은즉 ☐이 네 ☐에서 ☐☐토록 ☐ ☐☐ 아니하리라 하셨고

③ 이 일로 말미암아 여호와의 ☐☐가 크게 ☐☐할 거리를 얻게 하였으니 당신이 낳은 ☐☐가 반드시 죽으리이다 하고

① 순간의 실수로 시작하여서 하나님 앞에 큰 잘못을 범했던 적이 있으면 떠올려보고 그때 어떤 교훈을 깨달았는지 나눠봅시다.

② 나단 선지자가 다윗의 죄를 지적했을 때 다윗이 어떤 행동을 취했는지 살펴보고 우리가 배울 점은 무엇인지 서로 나누어 봅시다.

하나님께서는 다윗을 사랑하셔서 이스라엘의 왕으로 삼아주셨고 무조건적인 은총을 베풀어주셔서 '다윗 계약'을 체결해 주셨습니다. 이렇게 하나님의 은총을 입은 후에 다윗은 더욱 승승장구하여 가는 곳마다 정복사업을 성공리에 수행할 수 있었습니다. 이렇게 나라 안팎이 평안해지자 다윗은 영적으로 해이해졌고 나태함 속에서 그만 큰 범죄를 저지르고 말았습니다.

이스라엘이 암몬과 전쟁하고 있었을 때 다윗은 그 전쟁에 나가지 않고 예루살렘에 그대로 있었습니다. 그리고 저녁에 왕궁 옥상을 거닐다가 한 여인이 목욕하는 것을 보았고 정욕이 발동하여 그녀를 불러들여 동침하고 말았습니다. 그 여인은 지금 전장에 나가 있는 우리아 장군의 아내 밧세바였습니다. 그 일이 있은 후 그녀가 임신하였다는 사실을 통보해오자 다윗은 그녀의 남편인 우리아를 맹렬한 전투 가운데 내보내어 죽게 만들었습니다.

하나님은 이렇게 심각한 죄를 범한 다윗에게 나단 선지자를 보내 그의 죄를 지적하셨습니다. 나단 선지자의 말을 들은 다윗은 즉시 자신의 죄를 고백하며 하나님 앞에 회개하였습니다. 다윗이 그 엄청난 잘못에도 여전히 하나님의 사람으로 남을 수 있었던 것은 그의 철저한 회개 때문입니다. 이 세상의 누구도 완벽한 존재는 없습니다. 우리가 인간적인 연약함을 극복하고 날마다 하나님의 사람이 되어가는 것은 회개하는가 회개하지 않는가에 달려 있습니다. 참된 회개가 우리의 살 길입니다.

6. 함께 기도하기　　마무리하며 함께 기도합니다

하나님 아버지! 하나님의 뜻대로 거룩한 삶을 살고 싶어 하지만 순간순간 실수하고 잘못을 범하는 저희들을 불쌍히 여겨주시옵소서. 저희의 죄와 잘못을 깨닫게 하여 주시고 철저히 회개할 수 있는 은총을 베풀어주시옵소서. 그래서 하나님께 용서를 받고 하나님과 더욱 친밀한 관계를 이어가게 하여 주옵소서. 예수님의 이름으로 기도드립니다. (아멘)

7. 함께 축복하기　　찬양하며 서로를 축복합니다

[우리에게 향하신]

오늘의 암송구절

다윗이 나단에게 이르되 내가 여호와께 죄를 범하였노라 하매 나단이
다윗에게 말하되 여호와께서도 당신의 죄를 사하셨나니 당신이 죽지
아니하려니와

우리집 가정예배 일지

일 시		참석자	
기도제목
·
응답내용			

네게 지혜로운 마음을 주노라

050

1. 함께 찬양하기

찬송가 441장

〈 은혜 구한 내게 은혜의 주님 〉

1) 은혜 구한 내게 은혜의 주님 은사 원한 내게 은사의 주님
　신유 구한 내게 신유의 주님 나의 마음 속에 지금 오셨네
2) 말씀 위에 서서 내 뜻 버리고 감정을 버리고 말씀에 서니
　불완전한 믿음 완전해지고 내가 이제부터 주만 붙드네
3) 나의 모든 욕심 던져 버리고 내가 염려하며 계획하던 것
　믿고 기도하며 주께 맡기고 주의 뜻을 따라 살기 원하네
(후렴) 나의 생명 되는 내 주 예수님 영원토록 모셔 내 기쁨 넘치네

2. 함께 본문 읽기

열왕기상 3:7-14

(7) 나의 하나님 여호와여 주께서 종으로 종의 아버지 다윗을 대신하여 왕
　이 되게 하셨사오나 종은 작은 아이라 출입할 줄을 알지 못하고
(8) 주께서 택하신 백성 가운데 있나이다 그들은 큰 백성이라 수효가 많아
　서 셀 수도 없고 기록할 수도 없사오니
(9) 누가 주의 이 많은 백성을 재판할 수 있사오리이까 듣는 마음을 종에게
　주사 주의 백성을 재판하여 선악을 분별하게 하옵소서

(10) 솔로몬이 이것을 구하매 그 말씀이 주의 마음에 든지라

(11) 이에 하나님이 그에게 이르시되 네가 이것을 구하도다 자기를 위하여 장수하기를 구하지 아니하며 부도 구하지 아니하며 자기 원수의 생명을 멸하기도 구하지 아니하고 오직 송사를 듣고 분별하는 지혜를 구하였으니

(12) 내가 네 말대로 하여 네게 지혜롭고 총명한 마음을 주노니 네 앞에도 너와 같은 자가 없었거니와 네 뒤에도 너와 같은 자가 일어남이 없으리라

(13) 내가 또 네가 구하지 아니한 부귀와 영광도 네게 주노니 네 평생에 왕들 중에 너와 같은 자가 없을 것이라

(14) 네가 만일 네 아버지 다윗이 행함 같이 내 길로 행하며 내 법도와 명령을 지키면 내가 또 네 날을 길게 하리라

3. 함께 생각하기

인도자가 읽어줍니다

마피아들이 활개를 치던 뉴욕에서 판사로 근무하다 1933년 시장에 당선된 피오렐로 라과디아(Fiorello La Guardia)는 범죄와의 전쟁을 선포하며 수많은 위협 속에서도 자신의 역할을 지혜롭게 감당한 시장으로 잘 알려져 있습니다. 그가 뉴욕의 즉결 재판부 판사로 있을 때의 일입니다.

어느 날 빵을 훔치다 체포되어 기소된 노인을 재판하게 되었습니다. 그는 어찌하여 빵을 훔쳤냐고 노인에게 물었습니다. 그 노인은 한참을 머뭇거리다 울먹이며 이렇게 대답하였습니다.

"죄송합니다. 배가 너무 고파서 지나가다가 나도 모르게 손이 갔습니다." 그 노인은 어쩔 줄 몰라하며 머리를 숙인 채 자신의 잘못을 시인하며 용서를 구하였습니다.

이를 본 재판장은 "당신의 죄는 10불 벌금형에 해당합니다. 벌금 10
불을 내십시오." 이 판결을 선포한 후 그는 자기 지갑에서 10불을 노인
에게 주며 이렇게 말을 이어갔습니다.

"이 10불은 내가 내겠습니다. 이처럼 배고픈 사람이 거리를 헤매고
있었는데 나는 그동안 너무 좋은 음식을 배불리 먹었습니다. 그 죄로
이 벌금은 내가 내겠습니다."

그러고는 그는 재판장에 있는 사람들을 향해 자신과 같은 죄로 벌금
을 내실 분이 있으면 내어 달라며 이야기하였고 자기의 모자를 벗어 돌
렸습니다. 라과디아는 공정한 재판을 하면서도 사회적 약자를 보호하
며 지혜로운 판결을 하였고 노인은 눈물을 흘리며 재판장을 나갈 수 있
었습니다.

 4. 함께 관찰하기 성경 본문을 보며 빈칸을 채웁니다

① 나의 하나님 여호와여 주께서 ☐으로 종의 아버지 ☐☐을 대
신하여 ☐이 되게 하셨사오나 종은 ☐☐ ☐☐라 ☐☐할
줄을 알지 못하고

② 누가 주의 이 ☐☐ ☐☐을 재판할 수 있사오리이까 ☐☐
☐☐을 종에게 주사 주의 백성을 재판하여 ☐☐을 ☐☐
하게 하옵소서

③ 내가 네 말대로 하여 네게 ☐☐롭고 ☐☐한 마음을 주노니
네 ☐에도 너와 같은 자가 없었거니와 네 ☐에도 ☐☐
☐☐가 일어남이 없으리라

5. 함께 나누기 질문에 따라 묵상한 내용을 나눕니다

① 솔로몬이 하나님께 어떤 마음으로 일천 번제를 드렸을지 생각해 보고 이것의 신앙적 의미를 서로 나누어 봅시다.

② 솔로몬이 하나님께로부터 특별하신 응답을 얻게 된 내용이 무엇인지 찾아보고, 그 응답의 이유에 대해 서로 나누어 봅시다.

다윗의 뒤를 이어 이스라엘의 왕이 된 솔로몬은 자신에게 주어진 막중한 사명을 어떻게 하면 잘 감당할 수 있을까 깊이 고민하였습니다. 그리고 이러한 고민 중에 그는 먼저 하나님께 모든 영광과 감사와 존귀를 올려드리기로 작정하였습니다. 그 결과 솔로몬은 하나님께 일천 마리의 큰 제물을 가지고 하나님께 번제로 드리는 일천 번제를 진행하였습니다. 솔로몬의 일천 번제를 받으신 하나님은 그 중심을 보시며 크게 기뻐하셨고 "내가 네게 무엇을 줄꼬 너는 구하라"고 말씀하셨습니다.

이때 솔로몬은 하나님께 겸손하게 엎드려 지혜를 구하였는데 하나님은 이러한 솔로몬을 크게 기뻐하셨습니다. 하나님이 이렇게 기뻐하신 이유는 ① 일천 번제로 하나님께 최고의 정성을 올려드렸고 ② 자신을 작은 아이라 말하며 겸손한 모습으로 나아왔으며 ③ 이기적이 아닌 이타적인 기도로 지혜를 구하는 모습 때문이었습니다. 하나님은 솔로몬에게 지혜로운 마음뿐만 아니라 구하지 않은 부귀와 영광까지도 허락하여 주셨습니다.

이것은 우리에게 매우 중요한 신앙 원리를 알려줍니다. 온전히 구해야 할 것을 구하면 하나님은 구하지 않은 것까지 허락해 주십니다. 행복하기 위해서는 행복을 포기할 줄 알아야 합니다. 예수님은 "먼저 그의 나라와 그의 의를 구하면 이 모든 것을 더해 주신다"(마 6:33 참조)고 약속하셨습니다.

6. 함께 기도하기　　마무리하며 함께 기도합니다

하나님 아버지! 솔로몬이 먼저 하나님께 감사하며 일천 번제를 드린 것과 같이 우리도 먼저 주신 은혜에 감사할 줄 아는 가정이 되게 하여 주시옵소서. 그리고 자신의 유익이 아닌 이타적 마음으로 지혜를 구하였던 솔로몬을 본받아 먼저 하나님의 나라와 의를 구하는 삶을 살아가게 하여 주시옵소서. 예수님의 이름으로 기도 드립니다. (아멘)

7. 함께 축복하기　　찬양하며 서로를 축복합니다

[우리에게 향하신]

오늘의 암송구절   사무엘상 3:12

내가 네 말대로 하여 네게 지혜롭고 총명한 마음을 주노니 네 앞에도 너
와 같은 자가 없었거니와 네 뒤에도 너와 같은 자가 일어남이 없으리라

우리집 가정예배 일지

일 시	참석자	
기도제목 · 응답내용